竹簡學

中国古代思想的探究

〔日〕汤浅邦弘　著
白雨田　译

東方出版中心

图书在版编目（CIP）数据

竹简学：中国古代思想的探究 / （日）汤浅邦弘著；白雨田译. 一上海：东方出版中心, 2017.1（2019.10重印）
（中国文明研究丛书）
ISBN 978-7-5473-1066-3

Ⅰ.①竹… Ⅱ.①汤… ②白… Ⅲ.①思想史－研究－中国－古代 Ⅳ.①B21

中国版本图书馆CIP数据核字（2016）第284472号

上海市版权局合同登记：图字09-2016-779

竹简学
——中国古代思想的探究

出版发行 东方出版中心
地　　址 上海市仙霞路345号
邮政编码 200336
电　　话 021-62417400
印 刷 者 北京建宏印刷有限公司

开　　本 720mm×1020mm 1/16
印　　张 19.5
字　　数 241千字
版　　次 2017年1月第1版
印　　次 2019年10月第2次印刷
定　　价 55.00元

目　录

序文　/ 001

竹简学用语解说　/ 002

第一部分　儒家思想与古圣王的传说　/ 001

序　章　中国新出土文献研究的历史与发展　/ 003

第一章　战国楚简与儒家思想——“君子”的含义　/ 011

第二章　上博楚简《颜渊问于孔子》与儒家文献形成史　/ 031

第三章　上博楚简《举治王天下》的古圣王传说　/ 043

第四章　太姒之梦与文王的训诫——清华简《程寤》　/ 069

第二部分　王者的记录与教诫——楚王故事研究　/ 085

序　章　上博楚简与楚王的故事　/ 087

第一章　《庄王既成》的“预言”　/ 089

第二章　《申公臣灵王》——灵王的“篡夺”　/ 101

第三章　《平王与王子木》——太子之“知”　/ 113

第四章　《平王问郑寿》——谏言与预言　/ 122

第五章　《昭王毁室》中的父母合葬　/ 135

第六章　教诫书《君人者何必安哉》的意义 / 151

第三部分　新出秦简、汉简中体现的思想史 / 163

序　章　新发现的秦简、汉简 / 165

第一章　岳麓秦简《占梦书》的结构与思想 / 176

第二章　银雀山汉墓竹简“论政论兵之类”考释 / 195

第三章　兴军之时——关于银雀山汉墓竹简《起师》 / 212

第四章　先秦兵学的发展——以《银雀山汉墓竹简(贰)》为线索 / 236

第五章　北京大学藏西汉竹书《老子》的特征 / 241

附录

书评　陈伟等著《楚地出土战国简册(十四种)》 / 265

结语 / 272

中文版后记 / 276

索引 / 277

译者后记 / 283

序文

随着竹简记载的古代文献相继被发现，中国古代思想史的研究正在迎来重大的转折期，古代思想史正在被大幅改写。

尤其是近年来被发现并逐步公开的“上海博物馆藏战国竹书（上博楚简）”、“清华大学藏战国竹简（清华简）”、“岳麓书院藏秦简（岳麓秦简）”、“银雀山汉墓竹简（银雀山汉简）”、“北京大学藏西汉竹书（北大简）”等，成为研究先秦至汉代思想史的重要资料。

在此，本书将通过对以上资料的解读，来阐明中国古代思想中迄今未知的形态。

全书整体上分为三部分：

第一部分以“儒家思想与古圣王的传说”为题，以上博楚简与清华简为中心，对儒家思想的形成史以及尧、舜、禹及周文王等古圣王的传说加以考察。

第二部分，以“王者的记录与教诫——楚王故事研究”为题，以上博楚简中富有特色的 6 篇楚王故事为主，对其特色与文献性质加以分析。

第三部分，以“新出秦简、汉简中体现的思想史”为题，以岳麓秦简、银雀山汉简、北大简为主加以分析。其内容分别为占梦、军事、《老子》等。

虽然以上三部分的论述题目各有不同，但均围绕先秦至秦汉的重要思想问题进行了探讨。其中,既探讨了如楚王故事等,在迄今的思想史研究中几乎未有触及的题目,也探讨了尧、舜、禹的传承及梦、兵学、《老子》等问题,为相关领域的研究提供了一些新的见解。

以下将对竹简的相关学术用语加以说明。这些用语,对于专门从事竹简研究的研究人员来说或许大多已是常识,但一部分还很难说已成为学界的共识;也有一些是随新竹简的发现,近年来逐步引起瞩目的特殊用语。另外,这些用语中,还有一些在中日研究人员之间尚有若干分歧,需要加以注意。

竹简学用语解说

笔者所属的中国出土文献研究会(原名战国楚简研究会),一直致力于竹简用语的整理及解说。其成果包括:《新出土資料と中国思想史》(《中国研究集刊》第 33 号,2003 年)所载的战国楚简研究会《"书志情报"用語解說》(福田哲之撰写)、《戦国楚簡研究二〇〇五》(《中国研究集刊》第 38 号,2005 年)所载的战国楚简研究会《"书志情报"用語解説(二)》、金城未来《中国新出土文献の研究》(2012 年度所提交大阪大学博士学位申请论文)所载附录《新出土文献用語解説》等。但受出土竹简情况的制约需增补之处颇多。以下解说,乃是结合近年新的状况大幅增补修订而成。

简牍——竹简与木简的总称。竹简主要用作文献、文书等,将其编缀后的形状便是汉字的"册"字。纸发明以后,其用途被纸取代,并逐渐受到驱逐。木简则主要用作文书、账簿、名片、货签等,用途较多,纸发明之后,暂与纸并用。

简帛——竹简与帛书的总称。近年发现的主要竹简参阅以下所列项目。著名帛书有 1973 年于湖南省长沙发现的马王堆汉墓帛书。

郭店楚简——1993 年,湖北省荆门市郭店 1 号墓被盗掘后出土的竹简904枚(其中,有文字记载的730枚)。图版、释文的正式名称为《郭店楚墓竹简》(文物出版社)。其为打开20世纪90年代以降新出土文献研究之门的重要竹简群。

上博楚简——1994年,上海博物馆从香港古玩市场购入的战国时期的楚竹简。因以战国楚系文字书写,所以称“楚简”,后该名称逐渐固定下来。共1 200余简,35 000字。其与郭店楚简相同,为新出土文献的研究开拓了新的时代。图版、释文的正式名称为《上海博物馆藏战国楚竹书》(上海古籍出版社)。第一分册至第九分册已经出版,另外,集合残简(后述)的别册及楚系文字字书《字析》也将出版。关于名称,也略称为“上博简”或“上海博楚简”。

岳麓秦简——2007年12月,由湖南大学岳麓书院得到的秦代竹简。总数为2 100枚。完整简(后述)为1 300余枚。其后,于2008年8月,香港某收藏家将同样的秦代竹简共76枚(完整简30余枚)寄赠岳麓书院。因此,总数为2 176枚。图版、释文,由朱汉民、陈松长主编《岳麓书院藏秦简》(上海辞书出版社)以分册形式出版。

清华简——2008年,由清华大学得到的战国时期竹简。总数为2 388枚(含残简)。受清华大学委托,于北京大学进行了碳14(C14)年代测定(后述),其结果表明,清华简的年代为公元前305±30年(即与郭店楚简及上博楚简相同,为战国中期竹简)。图版、释文,由《清华大学藏战国竹简》(中西书局)以分册形式出版。

北大简——2009年由北京大学得到的秦简与汉简的总称。秦简也称为“北大秦简”,汉简也称为“北大汉简”。北大简由北京大学出土文献研究所进行整理,其汉简部分的图版、释文,已由《北京大学藏西汉竹书》(上海古籍出版社)以分册形式先行出版中。汉简总数为3 346枚(其中,完整简为700枚以上,完简为1 600余枚)。

香港中文大学文物馆藏简牍——香港中文大学数年来购入、收藏的259枚简牍。其中,战国简10枚、西汉《日书》简109枚、遣策11

枚、东晋"松人"解除木牍1枚等。战国简均为残简，其中一部分被认为与上博楚简有关。图版、释文收录在2001年出版的《香港中文大学文物馆藏简牍》(陈松长编著，香港中文大学文物馆)。

银雀山汉简——1972年于山东省银雀山汉墓发现的竹简群，总数约5 000枚。于1985年出版了《银雀山汉墓竹简(壹)》(文物出版社)，公开了《孙子》、《孙膑兵法》等的图版、释文，其后出版一度中断，后在2010年出版了《银雀山汉墓竹简(贰)》，公开了"论政论兵之类"等文献。

简长——竹简的长度。以厘米为单位来表示竹简上端至下端的长度。在新出土文献中，除郭店楚简《语丛二》、《语丛四》中可见15厘米的短简外，上博楚简大致上是以30厘米至50厘米的竹简居多。长简中，有如银雀山汉墓竹简《元光元年历谱》的69厘米长的竹简。

简端——竹简的首尾两端。现阶段，按照其形状分为以下三种：

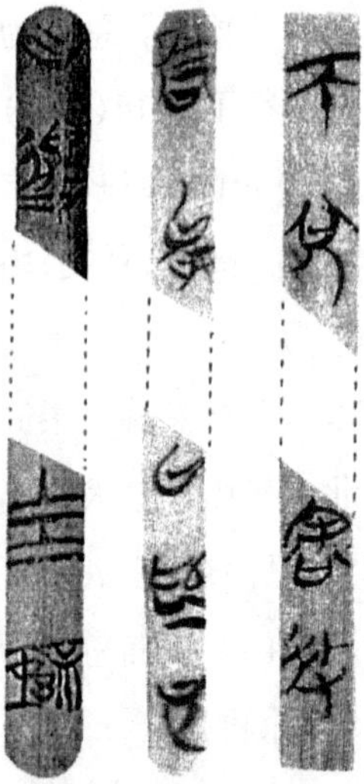
简端(右起，分别为平齐、梯形、圆端的例子)

① 平齐：简两端切割平整，呈方状。见于郭店楚简《老子》乙本、丙本和《太一生水》；上博楚简《缁衣》、《性情论》等多数竹简。上端平齐也称"平头"。

② 梯形：简两端均切去小角，呈梯形状。见于郭店楚简《老子》甲本、《缁衣》、《鲁穆公问子思》、《穷达以时》、《五行》、《六德》等。

③ 圆端：简两端经加工，呈圆状。见于上博楚简《孔子诗论》、《鲁邦大旱》等。

编线——编缀简的纽绳及其根数。也作编绳。现阶段，以以下二种类型为代表：

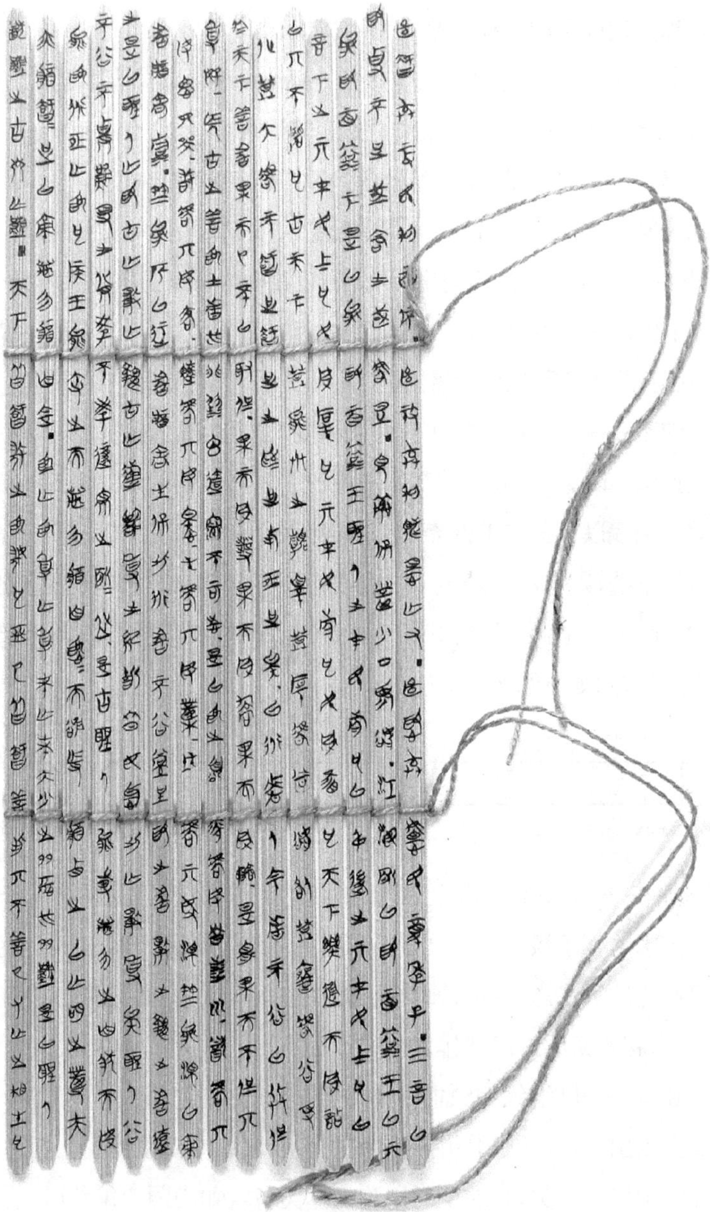

两道编线（郭店楚简《老子》的复制品）

① 两道：竹简上下两处各以一根纽绳编缀的类型。也作两道编线。郭店楚简中的文献几乎均为两道编线。

② 三道：竹简上中下三处各以一根纽绳编缀的类型。也称三道编线。上博楚简中的竹简几乎均为三道编线。

但是，古代竹简在出土之际，编线原样残存的例子极为罕见。编线到底为何种状态，可从竹简的编线痕以及契口（后述）进行推定。而且，从编线与文字关系的角度而言，虽然大多编线痕并不与文字重合，但其中也有一部分编线痕与文字重合的例子。可以认为，前者是在编线编缀简后进行书写的，而后者则是在书写文字之后才进行编线编缀的。

编距——上下或上中下编缀纽绳之间的距离。例如，一般情况下三道编线时，从竹简上端至第一编线之间的距离较短，而第一编线至第二编线以及第二编线至第三编线之间则基本上等距，第三编线至竹简下端，则与从上端至第一编线相同，距离较短。试以三道编线（两端平齐），编距从上至下各为 3 厘米、20 厘米、20 厘米、3 厘米的竹简为例，则如下图所示。

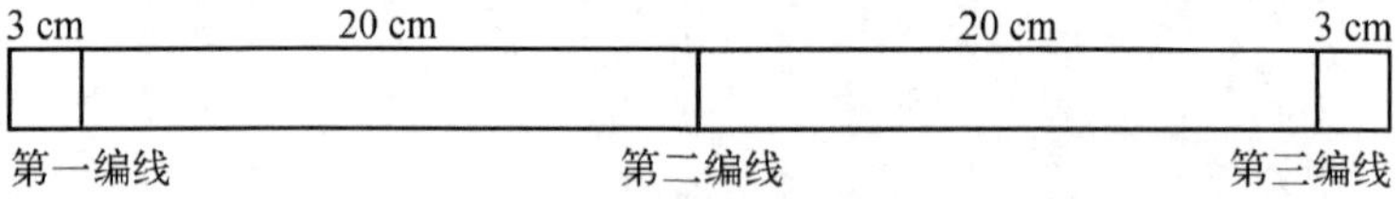

册书——以纽绳编缀竹简而成的文献形态。但是，竹简以册书形态出土的例子极为罕见，几乎都因岁月久远编缀竹简的纽绳大部分呈腐朽散乱状态，抑或被埋没在泥块中出土。另外，在重新编缀竹简之际，将本来的排序错排，称为“错简”。

契口——以编线编缀竹简成为册书时，为不使编线滑离距离，在竹简上刻出的楔形缺口，并将编线嵌入该切口内编缀竹简。在竹简右侧的契口称右契口，左侧的则称为左契口。如为两道编线时，上下的契口各称为上契口与下契口；三道编线时，从上至下称为第一契口、第二契口、第三契口。契口在显示原来的编线位置的同时，也成为在复原竹简的排序及接续之际有力的线索。此外,在同一竹简中,契口不会左右分开契刻。

完简——完整无缺的简。

残简——竹简只残余一部分的简。也作残缺简或断简。

整简——将两枚或三枚以上的残简接合后,基本可以复原为完整的简。在中国,有时也将其称为“完整简”。另外,在接合残简进行复原之际,有以下一些线索:

① 书体:书体的同一性。同一文献内,罕有书手交替的情况(一个文献由数人书写),一般情况下,一个文献多由一人书写,书体的同一性可以作为一个大的证据。

② 形状:断裂的形状上下一致。恰好如拼板组合一样可以接合。

③ 内容:文意的连续性。即所谓从上下文进行的推定。

④ 契口:契口的位置。如为册书,则契口的位置一致。另外,具有右契口的竹简与具有左契口的竹简不作为同一简进行接合的看法也较为妥当。

⑤ 墨线及划痕(后述):在竹简背面所引的墨线及划痕的位置。

满写简——从上端或者上端附近的部分,至下端或者靠近下端附近的部分写满文字的简。与文字间隔的宽窄无关。

留白简——上端与下端,或其一方无文字书写而留有一定空白的简。在篇章末尾处的简中的文章末尾附有墨钩、墨节(后述)等分断符号,其后多有留白。

契口(上博楚简《颜渊问于孔子》第六简。中央处可见右契口与编线痕)

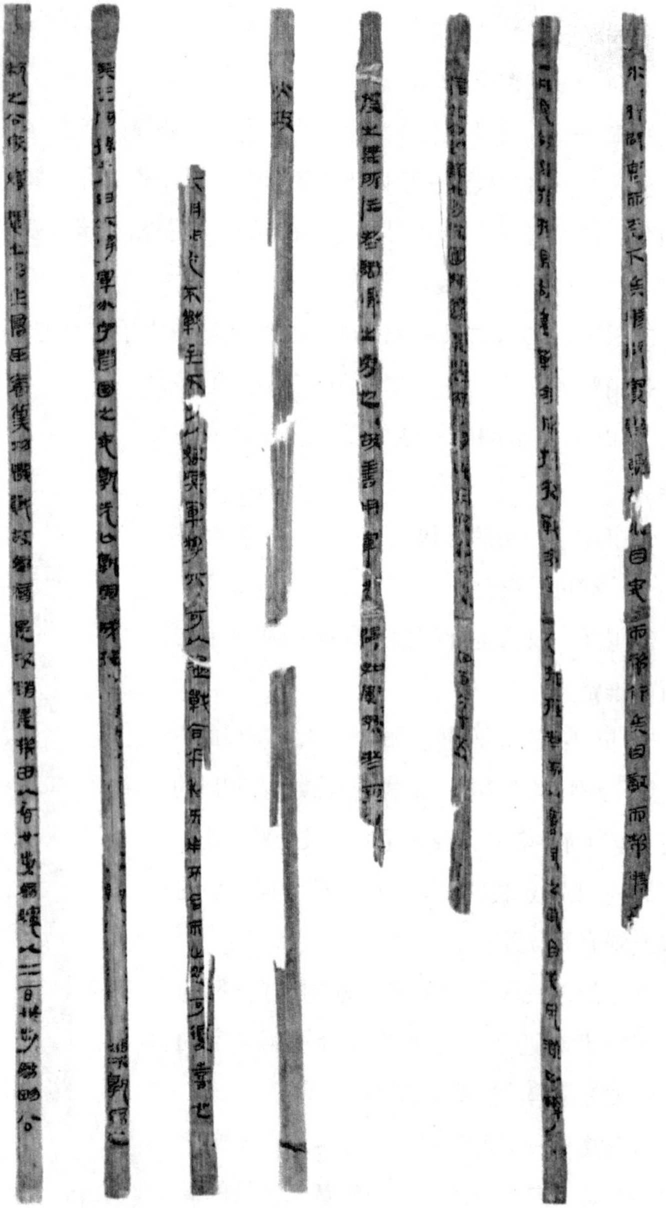

银雀山汉简《孙子》(残缺简较多)

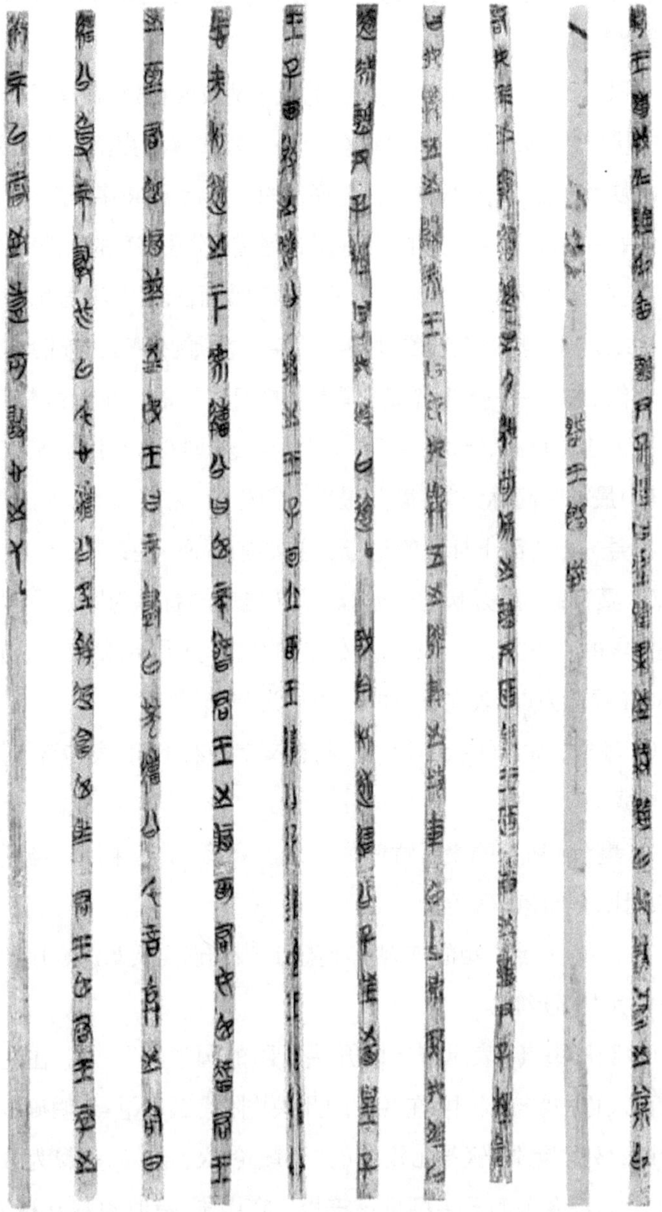

满写简与留白简(上博楚简《庄王既成 申公臣灵王》。右起第二枚为第一简的背面。篇题“庄王即成”的前后留白。最终简文末之后为留白)

白简——完全没有书写文字的竹简。写有文字的竹简通常称为“有字简”。

分段书写——在一枚竹简中分为上下两段或者分为三段以上进行书写的状况。例如,岳麓秦简中,《质日》为六段,《为吏治官黔首》为三段,《占梦书》为二段,分段书写。与通常的文献相异,将多个简短事项进行分条书写,可以认为是为了方便阅览的举措。分段书写的竹简应该按照何种顺序阅读,虽然尚无法断言,但就《占梦书》而言,则可以推测为首先从右至左阅读上段,其次移至第二段再从右至左阅读的横断式的阅读方式。

首简、末简——上博楚简《周易》的相关用语。在上博楚简《周易》中,一卦(卦画、卦名、首符、卦辞、爻题、尾符)使用二至三枚竹简,其中最初一简称为“首简”,最后一简称为“末简”。

标号——竹简上标记的记号。主要有以下一些:

① 墨钉:小型方状的或近似方形(也有的看似为圆点)的墨点。附在文字的右下方,表句读点及章、篇的末尾。另外,墨钉中,有时将更小的(看似为点)表句读点的一类称为“句读符”。

② 墨钩:如钓钩状的记号。附在文字的右下角,表句读点及章、篇的末尾。

③ 墨节:所引的横断竹简的墨线。表篇、章的末尾。与墨钉及墨钩相比,分断意识更强。

④ 短横、小点:短的横划及小墨点,表句读点及章的末尾。有时也被称为“句读符”。

⑤ 圆形墨点:表示章节的开头所附的圆形点“·”。在北京大学藏西汉竹书《老子》中,在各章的开头均附有圆形墨点,明确表示章的分断之处。另外,银雀山汉简的“论政论兵之类”的多篇为分条书写的文体,在各节的开头可见该符号。在中国,有时也将其称为“提示符”。也有“分章符”的称呼,但这是章的开头部分所附的圆形墨点与章末所附的墨钩等的并称,并不一定仅指开头部分的圆点。

满写简与分段书写（岳麓秦简《占梦书》。第一简［右］为满写简，第九简［左］为分段书写。）

上博楚简《周易》革卦的首简（从上至下依次为卦画、卦名“革”、首符、卦辞的开头部分）

墨钉(上博楚简《昭王毁室》第五简)

墨钉(上博楚简《陈公治兵》第十一简)

墨钩(上博楚简《申公臣灵王》。文末的墨钩之后为留白)

墨节(上博楚简《昭王毁室》第五简。以墨节为界,前为《昭王毁室》,后为《昭王与龚之脽》)

⑥ 首符、尾符:上博楚简《周易》中所见的6种符号。首符,是位于卦名之后、卦辞之前的符号。尾符,是爻辞整体末尾的符号,被认为是在表示每一卦的结束。

⑦ 重文号:重复同一字的记号,迭字符号。多数场合,在该文字右下角以“₌”来表示。与以下的合文号相同,是为了书写省力的符号。

⑧ 合文号:表示合文的记号。所谓合文,是书写法的一种形式,或为了减轻书写的劳力,将不同两个汉字(也有三字等的例外)合为一字进行书写。笔画较多的汉字在右下角附以“₌”的记号。有代表

性的例子是，上博楚简的“孔=”（孔子）、“夫=”（大夫）、“先=”（先人）、“孙=”（子孙）等。此外，重文与合文均以“=”来表示，是合文还是重文需要从上下文来判断。

墨节（上博楚简《子羔》第十四简）

圆形墨点（北大简《老子下经》第四十五章开头部分）

重文“少少”（上博楚简《平王问郑寿》第四简）

合文“孔子”（上博楚简《颜渊问于孔子》第六简）

⑨ 编号：参阅后述的竹简号码以及编号条目。

篇题——标记在竹简上的该文献及篇的名称。多记在册书开头附近的竹简背面。之所以如此标记，是因为竹简在卷合保存之际，写有文本的一面是从末尾向内侧卷起。如此一来，则在卷合后的简册表面（竹简背面）可以确认到篇题。总之，篇题大多是为方便起见，取文章最初的数字或一字来命名，并非一定具体显示文本的内容。如此记载方法，可见于《论语》的《学而》、《为政》等篇，可以认为是古代文献的通例。此外，竹简在无法确认篇题之际，则由整理者根据内容附以拟称。

墨线——竹简背面所引的斜向墨线。可以认为其是在记录文字之前，或在书写之后，在竹简背面依斜向所画，以防止错简的发生。可依此墨线来推定竹简的连接顺序。上博楚简原则上并未公开其背面，但在《庄王既成》第一简背面、《命》第十一简背面、《王居》第一简背面等处，可以确认墨线的存在。此外，在上海博物馆，因为各竹简贴在衬纸上并覆盖玻璃，原则上无法阅览竹简背面。仅有背面附有篇题的竹简，因该处挖空衬纸可以进行确认。以下竹简可以确认墨线的存在，也是因为该处恰好有篇题的缘故。因此，该简前后或也引有墨线。《庄王既成》、《命》、《王居》以外的文献抑或也引有墨线，但现阶段未详。

划痕——竹简背面斜刻的划痕状的线。也称划线。与墨线同样，可以认为是为防止竹简误排序的一种举措，是重新排序竹简之际的有力线索。现阶段，可见于清华简、上博楚简、北大简等。特别是，在北大简《老子》中，划痕分布全简，在竹简排序的复原上起到了很大的作用。

竹简号码——有以下两个意义：

① 在制作释文之际，为方便起见，所附的竹简的排序号码。在接合两个残简成为整简时，有时也表示为"3a+b"或"12A+2B"等。原释文的竹简号码基本上比较可信，但有时也会发生错误，此时则不得不进行大幅度的修正。另外，也有如岳麓秦简一样，具有在整理的初期阶段赋予的拟定号码，与制作原释文时修正竹简排序后赋予的号码等两种号码。

② 为表示竹简的排序，原本在竹简上墨书的汉字数字，相当于现在的页码。在清华简中，几乎所有文献的竹简背面的中央部（竹节

篇题与墨线(上博楚简《庄王既成》第一简。右为表面,左为背面。背面上部有墨线,中央部可见篇题"庄王既成")

篇题与墨线(上博楚简《命》第十一简。右为表面,左为背面。背面上部为墨线,中央部可见篇题"命")

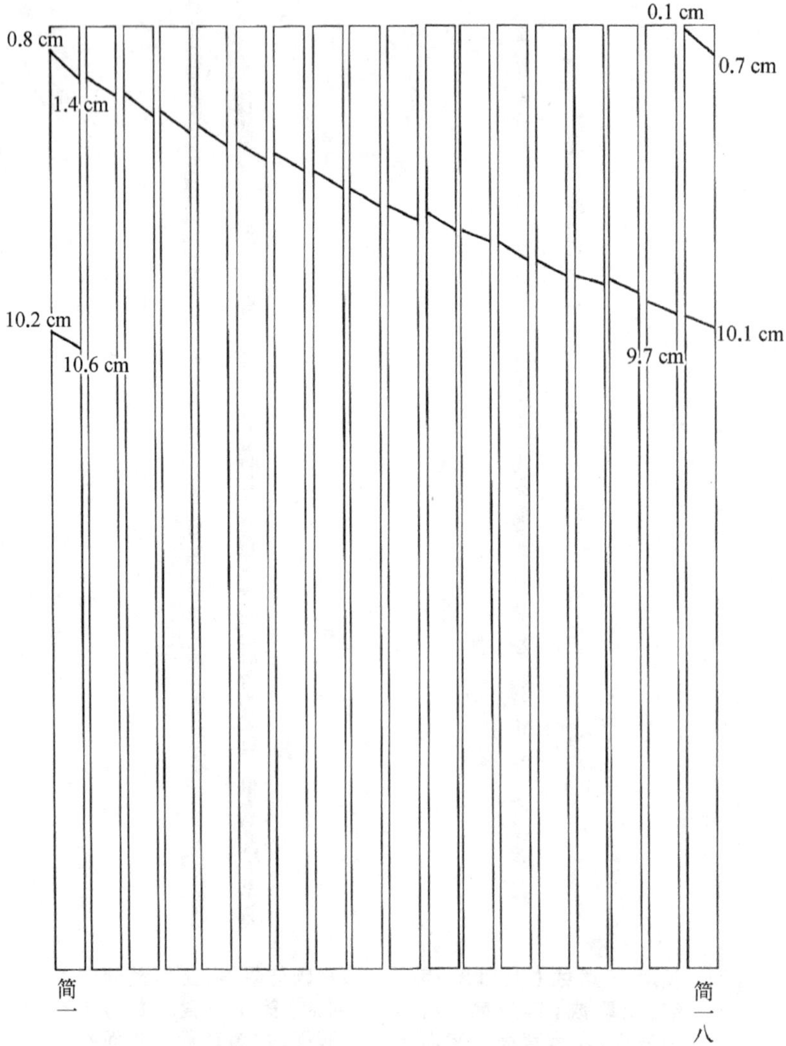

划痕（图示北大简《老子》背面的划痕状况。
引自《北京大学藏西汉竹书（贰）》）

部)均有墨书的汉字数字。此外,在上博楚简中,《卜书》全10简中4枚竹简的文字面下端右侧,可见较小的“一”、“二”、“七”、“八”(其他竹简因残缺无法确认)等号码。在中国,这称为“编号”(参阅次项)。

编号——竹简上所记的排序号码。现阶段,在清华简背面与上博楚简《卜书》的文字面可以确认。一般的出土竹简,因编线断裂发现时大都呈散乱状态,因此如何将竹简重新排序成为一个极大的问题。但是,如果竹简上附有该号码,则基本上不会发生这样的问题,竹简的排序也会自动得以确定。在中国,上博楚简中的这种号码,称为“简序编号”,而在清华简中则称为“次序编号”。

纪年简——具体记录年号的简。例如,北京大学藏西汉竹书中,数术类竹简中有记录“孝景元年”的竹简。孝景元年相当于公元前156年,因此可以推测,该竹简年代应为西汉中期,多为武帝时期(公元前140—前87年在位)书写。另外,岳麓秦简《质日》(历谱)中有“秦始皇二十七年”、“三十四年”、“三十五年”等纪年,据此可推定成书年代的下限为秦始皇三十五年(公元前212年)。如上所述,纪年简是推定竹简的形成、书写年代的重要线索。如不具备如此线索时,碳14年代测定法(后述)就成为有力的手段。

原释文——出土文献的最初整理者提出的释文。上博楚简、清华简等以分册方式公开其图版与释文,其中所登载的称为“原释文”。与此相对,各研究人员在各自的研究成果的基础上对原释文进行修正后所提示的,只称为“释文”。

隶定——将上博楚简、清华简等战国简中所记古文字以隶书字体置换并认定。通常,将其表示为楷书制定释文。战国时期的古文,特别是上博楚简所记的楚系文字,因为字体复杂,如不置换则大多无法认识及表记。因此,为方便起见,使用更为简洁的隶书字体来辨认。在原释文中,有时一面注意该字的形音义,一面将其以更为易懂

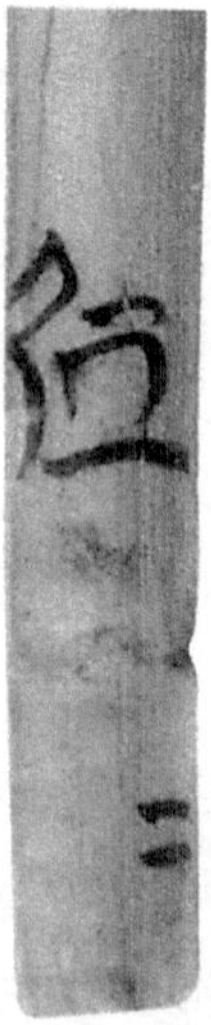

编号（上博楚简《卜书》第二简末尾的编号“二”）

编号（清华简《尹至》第四简背面的编号“四”）

编号（清华简《尹至》第五简背面的编号“五”）

的其他通用字来进行置换，并在其后的括号“（）”中予以明示。在其他研究人员的释文中，有时也考虑到这样的通用关系，将文字完全置换后，以“释读”方式予以表示。

碳14年代测定法——利用碳元素的具有放射性的同位素碳14（C14）的特性（半衰期）进行的年代测定法。测定结果，以1950年为定点的国际标准进行表示。对竹简而言，除其中含有“纪年简”以外，缺乏特定书写年代的线索。因此，在以文字的字体、出土竹简的墓葬的形态以及其他的随葬品等来进行年代推定的同时，有时还对竹简本身进行碳14测定。上博楚简便公开了中国科学院上海原子核研究所对其的测定值为2 257±65年以前。据以1950年为定点的国际基准，则为公元前308±65年，即公元前373年至前243年。据此，便可以推定上博楚简的大致书写时期，为距今约2 300年前的战国中期左右。另外，清华简也公布了在北京大学进行C14测定的结果为公元前305±30年，可知基本上为相同时期的战国简。

【附记】

“竹简学用语解说”中登载的照片、图版，除笔者所有的复制品照片以外，均引用自以下诸文献（本书正文部分亦然）：

《郭店楚墓竹简》（文物出版社）。

《银雀山汉墓竹简》（文物出版社）。

《上海博物馆藏战国楚竹书》（上海古籍出版社）。

《岳麓书院藏秦简》（上海辞书出版社）。

《清华大学藏战国竹简》（中西书局）。

《北京大学藏西汉竹书》（上海古籍出版社）。

第一部分

儒家思想与古圣王的传说

序　章
中国新出土文献研究的历史与发展

莫高窟与敦煌学

1900年(清光绪二十六年)5月26日,在敦煌的莫高窟中,道士王圆箓偶然发现了5万余卷的文物。王圆箓本是湖北人,因饥荒于1897年流浪至莫高窟,便留在当地做了道士。

保存文物的第17窟"藏经洞"在第16窟的甬道内部(入口右侧[北侧]通路的壁中),为东西2.7米,南北2.8米,高2.5米的小窟。在此保存了从魏晋(4世纪)至宋代初期(11世纪)的5万卷文书。

关于大量文书被隐藏于此的原因,有数种说法。除了因西夏王朝入侵敦煌,敦煌的佛教徒为躲避袭击将重要的文书隐藏于小窟中的所谓"避难说"以外,还有"废弃说"、"书库改造说"等说法。真相尚是一个谜团,不过由于这些文物的发现,后来开辟出了"敦煌学"这个巨大的学问领域。

首先是英国探险家奥莱尔·斯坦因(Marc Aurel Stein, 1862—1943)。他于1907年3月来到莫高窟,经过数度交涉,于同年5月,从王圆箓处购得数千件文书和绘画,并费时一年半进行搬运,于1909年1月到达伦敦,将文物入藏大不列颠博物馆。后来,斯坦因又于1914年再度来到敦煌,两次合计带回了15 000件以上的资料。

其次是法国汉学家、探险家保罗·伯希和(Poul Pelliot,1878—

1945)。他于1908年2月到达莫高窟,凭深厚的语学功底,在藏经洞滞留三周,阅览了所有的文书,并拍摄了照片,其后又购得了其中价值较高的近1万件文书,将这些收集品移送至巴黎,其中的写本类现收藏于法国国立图书馆东方写本部。

另外,日本的大谷探险队、俄罗斯的奥登堡探险队及美国的华尔纳探险队也带走了一些资料。大谷探险队中由大谷光瑞派遣的橘瑞超与吉川小一郎,于1912年从敦煌获取了数百件的资料。奥登堡探险队于1914年到达敦煌,获取了1万件左右的文书类资料。收藏品现在收藏于俄罗斯的科学院、艾尔米塔什美术馆。华尔纳探险队于1924年将从石窟剥取的20余件的壁画以及塑像328件带回本国。这些资料现在收藏于哈佛大学。

就这样,敦煌文书流散到了世界各地。据管理莫高窟的敦煌研究院统计,敦煌文书现在收藏于世界11个国家,计44个研究机构及博物馆等。造成文物如此流失的首要原因,当然是因为王圆箓将资料占为已有并大肆贩卖的结果,但从中国方面看来,也可以说是贵重文物遭到了外国人的掠夺。

总之,正是这次偶然的发现与文物的流失,开拓了"敦煌学"。新发现的资料,带来了一个新的研究领域的诞生。

竹简与中国思想史研究

中华人民共和国成立后在中国发现的出土资料为中国古代思想史的研究领域带来巨大影响,是1970年以后的事情。例如,银雀山汉墓竹简、马王堆汉墓帛书、睡虎地秦墓竹简等便是其代表性的资料。

1972年,在山东省发现的银雀山汉墓竹简(银雀山汉简)中,包含有《孙子兵法》、《孙膑兵法》、《尉缭子》、《六韬》等古代兵书。特别是两个《孙子》的发现,成了揭开现行本《孙子》成书状况之谜的一大要因。

1973 年,在湖南省长沙发现的马王堆汉墓帛书(马王堆帛书)中,除了西汉时期的两种《老子》写本以外,还含有多种古佚书。再加之被认为是《战国策》的基础资料的《战国纵横家书》、古代医书等,马王堆汉墓帛书共计 28 种、总字数达 12 万字。

另外,1975 年,从湖北省云梦县睡虎地的秦代墓中出土了睡虎地秦墓竹简(云梦秦简)。其内容,正是恶名昭著但却实际情况不明的秦帝国的法律及其相关文书。该资料作为揭开秦的法治的实际状况及其法思想之谜的资料,备受瞩目。

就这样,20 世纪 70 年代发现的新出土文献,对中国古代思想史的研究产生了极大的影响。银雀山汉墓竹简,为以两个《孙子》为首的兵学思想研究的发展作出了贡献;马王堆汉墓帛书,则推进了《老子》及道家思想的新研究;睡虎地秦墓竹简,为研究秦的法治及法律思想的实际情况提供了重要的线索。

但是,为思想史研究带来翻天覆地变化,且影响更为深远的,却是 20 世纪 90 年代以后发现的竹简群。

首先,在 1993 年发现了郭店楚墓竹简(郭店楚简)。其中含有大量的儒家古佚文献以及《老子》的三种写本等,竹简总数 804 枚,记有文字的竹简有 730 枚。墓葬年代,从墓葬形态及出土器物推测,应为“战国中期偏晚”,公元前 4 世纪中叶至公元前 3 世纪初期。年代下限,以当地(旧郢的楚国贵族的陵墓区内)为秦将白起攻取的公元前 278 年较为有力。从墓葬形态及随葬品来判断,墓主应为楚国的上士。特别是,从出土的漆耳杯上可见“东宫之杯”的字样,墓主被推定为楚王的太子横(后顷襄王)的老师。

其次,1994 年上海博物馆从香港的古玩市场购入的上海博物馆藏战国楚竹书(上博楚简),也是含有迄今不为人知的近百种古代文献的竹简群。这是战国时期的楚的竹简,共 1 200 余简,35 000 字。

因为是盗掘品，所以出土地不明，不过后来公开了 2 257±65 年前这个中国科学院上海原子核研究所的碳 14（C14）年代测定的测定值。根据以 1950 年为定点的国际基准，年代应为公元前 308±65 年，即公元前 373 至前 243 年，据此，可推定上博楚简的大致书写时期为，至今约 2 300 年前的战国中期前后。其内容以儒家文献为中心，并包含道家、兵家、楚国故事等相关文献，现在其图版与释文，已经以《上海博物馆藏战国楚竹书》（一—九）（2001 年 11 月—2012 年 12 月）的形式出版。

作为战国时期的竹简引人瞩目的，还有清华大学收藏的竹简群。清华简公开的时日尚不久，所以，以下将基于笔者的实地调查进行说明。

清华简的发现

2008 年夏，在即将召开北京奥运会的中国，发生了一件大事。7 月 15 日，清华大学毕业的某实业家从古董商手中购入大量的竹简，并将之寄赠给母校。这批简称“清华简”的竹简群，经过第一次调查结果判明，为战国时期竹简，共约 2 000 余枚。上述的郭店楚简约 700 枚，上博楚简约 1 200 枚，而清华简的数量更是远超其上。

因竹简的一部分发霉劣化，清华大学立即成立了专门的工作室进行了清洗与保护。当世人正为奥运会狂热的时候，研究人员们却夜以继日地投入整理工作中。

10 月 14 日，整理工作终于告一段落，清华大学便召集了中国国内的 11 名研究人员举行了一次竹简鉴定会。以古文字学研究的权威裘锡圭为首，在出土文献研究领域经验丰富的研究人员参加了此次会议。鉴定的结果认为，这批竹简毫无疑问是战国时期的竹简。于是，清华大学立刻将清华简的概要在媒体公开，引起了极大的反响。尤其令人瞩目的是，其中包含有或为《尚书》的文献，以及与《竹书纪年》类似的编年体史书等文献。

其后，清华大学着手清华简的拍摄工作。在此过程中，确认了竹简的总数为2 388枚（含残简）。

12月，受清华大学的委托，在北京大学进行了碳14（C14）年代测定。其结果，判明了清华简的年代为公元前305±30年，也证实了先前的鉴定结果。清华简与郭店楚简及上博楚简同为战国中期竹简的事实，终于得到了科学的证明。

以战国时期的楚文字书写在竹简上的这些出土文献，立刻受到了世界的瞩目。在中国大陆、中国台湾地区、美国等地相继召开了国际会议，同时在互联网上也每天都在公开新的论文。中国古代思想史的研究，迎来了一个新的局面。

2009年4月25日，清华大学正式成立了“出土文献研究与保护中心”（以下略称中心），担任中心主任的李学勤教授对清华简的概况与意义进行了说明。当时，李学勤介绍了拟称为《保训》的由11枚竹简构成的文献。其中有一段“惟王五十年”起始的文章，文章的内容被证实为是迎来在位50年的周文王为其子太子发（武王）所立的遗训。

在如何对待清华简问题上，同时也出现了一些批判的声音。因为中心在未公布清华简的照片的情况下，就零星地发表了一部分释文。结果网络上开始出现一些仅基于释文而做的研究，进而还出现了对那些研究进行的批判。释文的公布显得有些操之过急了。

当然，中心可能是出于好意尽快介绍一部分内容，但这也使国内外无法见到实物的研究人员，不得不以中心介绍的释文为前提展开讨论。是否公开实物及照片，关系到清华大学对待学问的态度。但是，考虑到郭店楚简，从发现至正式公开用了5年时间，上博楚简也是在7年后才终于开始公开，清华简在得到的第二年便及早介绍其中一部分这件事还是应该予以积极评价。《保训》的照片（计11枚竹简)与中心的释文的正式公开,是在《文物》杂志 2009 年第 6 期上。但是,清华简的实物还未公开。

因此,笔者于 2009 年 7 月与中心取得联系,提出拜会李学勤,并阅览清华简实物的愿望。这也是因为,以笔者为代表的研究小组正好申请到了日本学术振兴会共同研究项目“战国楚简与先秦思想史的综合研究”平成 21 年度至平成 25 年度(2009—2013)的科学研究、基盘研究(B)的研究基金。承蒙中心的好意,我们于 8 月 30 日来到北京。

我们首先就被领到了收藏清华简的房间。房间配有保安人员。或许是空调的缘故,略有些寒意。在中心的刘国忠、赵桂芳、沈建华三位研究员陪同下,我们阅览了除去盖子的 4 个托盘中的竹简。房间内共有 70 个托盘。允许我们阅览的是第 66 号至 69 号等 4 个托盘。托盘各覆以透明的玻璃板。竹简收藏的状况如下所示:

第 66 号托盘　竹简号码 2272 至 2291　竹简枚数 20

第 67 号托盘　竹简号码 2292 至 2318　竹简枚数 27

第 68 号托盘　竹简号码 2319 至 2335　竹简枚数 17

第 69 号托盘　竹简号码 2336 至 2360　竹简枚数 25

(但第 69 号托盘,为展示保存状态,仅展示了竹简背面。因此其上未记录文字,即所谓白简的状态。)

各枚竹简均放在细长的玻璃板上,以白绳固定,整齐地排列在托盘当中。竹简整体颇黑,但文字鲜明。字体类似于郭店楚简及上博楚简中所见的楚系文字。简长除较短的残简外,大致为 30 cm 到 40 cm 左右。竹简两端平齐,无圆形或梯形的情况。不知道是否因为专门挑选比较美观的竹简展出,不见有如张家山汉简一般弯曲的竹简,留给人的印象是整体的保存状态比较良好。

托盘内的竹简,并非同一种类的文献。例如,第 66 号托盘中,从

“一”(阳)与“八”(阴)构成的卦画可见,其为与《周易》有关的文献。第68号托盘中,还收藏有与其他的竹简相异的宽幅的两枚竹简。其他竹简的宽度不满1 cm,而这两枚则为1.5 cm左右。其中,一枚竹简上记录着两行文字,并且,文字与文字间划有红色横线,明显为图表形式的竹简。另外,还有记录有年代及国名的像是史书的文献。

我们后来转移到其他房间,与李学勤举行了会谈。除了陪同阅览竹简的三位以外,李均明研究员也参加了会谈。会谈中的以下几点引人瞩目。首先,清华简未称为“楚简”,是因为整体的详细调查工作尚未结束,为了慎重起见使然。我们所阅览的竹简上的确是楚系文字,70个托盘中,是否还有无法断定之物?而且,虽然近年发现的竹简称为“楚简”,但尚未发现有其他地域,例如齐、鲁、三晋等地的战国竹简。如此一来,则判明出土地的郭店楚简姑且不论,可否将清华简称为“楚简”,的确现阶段尚无法判断,也许正是因为还有这方面的慎重考虑。

其次,郭店楚简、上博楚简、清华简的书写时期的问题,中心依据科学方法测定(前述的碳14测定)、文字、内容三点,认为基本上是同一时期。如果是战国中期的书写,则文献的形成当然更早。因此有可能是战国前期或更早的春秋时期的文献。

此外,迄今的出土文献与墓主的关系问题引人瞩目。例如,睡虎地秦墓竹简为与秦的法律相关的文书,所以墓主或为法吏;银雀山汉墓竹简中兵书占有大半,因此墓主或为与军事有关人员。清华简又如何呢?虽然尚未公布全貌,但据中心公布的内容,其内容或为《尚书》组成部分的文献、类似《竹书纪年》的编年体史书、类似《国语》的楚的史书、与《周易》有关的文献、类似《仪礼》的文献、音乐方面的文献、关于阴阳月令方面的文献、与马王堆汉墓帛书《相马经》相类似的文献等。因此,完全可以考虑墓主或为史官的可能性。

竹简学的诞生

如上所述,作为继郭店楚简、上博楚简之后的第三个战国竹简群,清华简作为研究对象浮出了水面。新出土竹简一跃成为思想史研究的主角。中国古代思想史的研究,已经到了无视这些新资料就无法成立的地步。接踵而来的竹简的发现与公开,创出了新的研究状况。这正可以称为“竹简学”的诞生。

因此,首先在第一部分中,以上博楚简与清华简为主,就儒家思想与古圣王的传说,分为四章加以考察。

【附记】

本序章旨在导入本书,因此尽可能平易行文。“莫高窟与敦煌学”一项,参考文献众多,笔者主要参考了近年出版的以下文献:

刘进宝:《敦煌文物流散记》(甘肃人民出版社,2009 年)。

罗华庆:《发现藏经洞》(华东师范大学出版社,2010 年)。

秦川编著:《敦煌书法》(凤凰出版社,2010 年)。

赫春文:《よみがえる古文書——敦煌遺書》,[日] 高田時雄监译,[日] 山口正晃译(东方书店,2013 年)。

第一章
战国楚简与儒家思想——“君子”的含义

序　言

“人不知而不愠，不亦君子乎？”如《论语·学而》开头一章中所表述，“君子”是儒家思想中最重要的词语之一。本章将以近年不断被公开的战国楚简为线索，对儒家思想中的“君子”加以考察。

一、战国楚简中的“君子”

《季康子问于孔子》、《君子为礼》、《弟子问》均为《上海博物馆藏战国楚竹书（五）》（马承源主编，上海古籍出版社，2005 年 12 月）一书中所收的儒家文献。《季康子问于孔子》是以鲁国的季康子和孔子的问答形式，讲述了关于“君子大务”的文献。《君子为礼》篇的篇名《君子为礼》是基于首简中的“君子为礼”四字而拟的假称，全篇以君子的言行作为一个主题。另外，《弟子问》也是由孔子和弟子的对话构成的，其中含有关于“君子”的问答。这三个文献均把“君子”作为重要话题，在这一点上具有很大的共同之处。

首先,《季康子问于孔子》是从以下的问答开始的[1]:

季康子问于孔子曰:"……请问,君子之从事者于民之【1】[上,君子之大务何?"孔子曰:"仁之]德,此君子之大务也。"康子曰:"请问何谓仁之以德?"孔子曰:"君子在民【2】之上,执民之中,施教于百姓,而民不服焉,是君子之耻也。"【3】

此处季康子问道:"从事政治的君子在面对民众时,他最大的任务是什么?"对此,孔子答道:"以道德来慈爱民众,是君子的主要任务。"也就是说,季康子心头所念的是为政者的君子,孔子也说以德来慈爱民众,教化民众是君子的任务。而且,孔子还说如果得不到民众的信赖则是君子的耻辱。

以下一节也显示了作为君子的条件:

孔子曰:"言则美矣。然【15A】异于丘之所闻。丘闻之,臧文仲有言曰:'君子强则遗,威则民不【9】道,卤(?)则失众,猛则无亲,好刑则【10A】不祥,好杀则作乱。'是故贤人之居邦家也,夙兴夜寐,【10B】降(?)端以比,民之劝(?)美,弃恶毋归。"【19】

此处孔子以引用臧文仲的话的形式,叙述了"君子强则遗,威则民不道"。即认为不实行强权政治是君子的重要条件。接下来,强烈否定了"卤"、"猛"、"好刑"、"好杀"等丧失民众信赖,招致国家混乱等要素。反之,作为被赞美的要素,列举了"夙兴夜寐"等勤勉的

---

[1] 关于《季康子问于孔子》的竹简的编联问题,福田哲之的《上博楚簡〈季康子問於孔子〉の編聯と構成》(《中国研究集刊》别册特集第41号《戦国楚簡研究二〇〇六》,2006年)中有详细的分析。在竹简的排列问题上,本章就是基于其分析的结果。此外,以下【1】、【2】等数字是《上海博物馆藏战国楚竹书》的释文所示的竹简号码,(?)是同释文中未详的难读字,[ ]是补缺字处。

姿态。

这种作为具有高尚道德性的为政者“君子”形象，在《季康子问于孔子》中是一以贯之的。

孔子【11B】辞曰：“子之言也已重。丘也闻，君子【18A】面(?)事皆得。其劝而强之，则邦有干。”【5】

然则邦平而民随矣。此君子从事者之所啇趋(?)也。【23】

在前一段中，孔子说，“君子”勤勉于政治，则“邦”就有了主干。在后一段中，由于竹简的编联未详，不能确定是谁的发言，但其内容还是在讲述“君子”的存在，可以带来国家的平稳和民众的和睦。

接下来，看一下《君子为礼》的开头部分[1]：

颜渊侍于夫子。夫子曰：“回，君子为礼，以依于仁。”颜渊作而答曰：“回不敏，弗能少居。”夫子曰：“坐，吾语汝。言之而不义，【1】口勿言也。视之而不义，目勿视也。听之而不义，耳勿听也。动而不义，身毋动焉。”颜渊退，数日不出。【2】

首先，在这一部分设定了这样一个场面，面对颜回，孔子从“君子为礼，以依于仁”开始说起，对不明真意的颜回，孔子说明真意。孔子的解说是，关于“不义”之物，不说，不看，不听，不动。但颜回未能理解，在退出孔子处后，“数日不出”。

---

[1] 关于《君子为礼》，浅野裕一《上博楚簡〈君子爲禮〉と孔子素王説》(《中国研究集刊》别册特集第41号《戦国楚簡研究二〇〇六》，2006年)中有详尽的分析。

其后，尽管存在断简和编联未详的部分。但可以推测出大致内容是孔子在向颜回说明关于“君子”的情况。

> [颜]渊起逾席曰：“敢问何谓也？”夫子[曰]：“知而[能]信，斯人欲其【4】也。贵而能让，[则]斯人欲长贵也。”【9B】

此处孔子对于颜回的疑问，回答道：“有智慧也不炫耀而能示以诚意，人们就会愿其……有尊贵的身份也不炫耀而能示以谦逊的态度，人们就会愿其长为贵人。”这部分也可以推测为是解说君子的要件的部分。“知”和“贵”（尊贵的身份）被作为君子的基本要件这一点非常重要。

其后的续简内容如下：

> 凡色毋忧，毋佻，毋作，毋摇，毋……【5】
>
> 凡目毋游，定见是求。毋钦毋去，听之晋徐，称其众寡。【6】
>
> [其在]廷则欲齐齐，其在堂则……【8】

第五简是关于人的容色的叙述。不可以显示出忧郁、轻率、羞耻、动摇等表情。第六简中“凡目毋游，定见是求”也在叙述要警戒目光的游移不定。第八简叙述在朝廷中的态度应该有条不紊。

此处没有直接出现“君子”这个词语。但是，如果注重前后文关系，从《君子为礼》的开头部分的文意来推测，这些都是关于作为为政者的理想的君子进行论述的内容。

接下来，《弟子问》又如何？《弟子问》中残简很多。竹简的编联几乎都未确定。不过，个别竹简中，有时可以见到比较有条理的句子。

宰我问君子。子[1]曰:“予,汝能慎始与终,斯善矣。为君子乎?【11】汝焉能也。”【24】[2]

以上第十一简和第二十四简中,宰我对孔子提出了何为“君子”的问题。孔子答道:“能够慎始与终,就是善,就可以称为君子。不是你可以做到的。”宰我(名予,字子我)是孔门十哲之一,长于言语、辩论,仕于齐,为都大夫。在以《论语》为首的传世文献中,没有关于宰我向孔子问“君子”的记载,但在此文献中,孔子和宰我之间有如上的问答。

另外,关于“慎始与终”的句子,在《左传》、《礼记》等其他的传世文献中也有几乎相同意思的句子。

大叔文子闻之,曰:“……君子之行,思其终也,思其复也。书曰:‘慎始而敬终,终以不困(蔡仲之命)。’诗曰:‘夙夜匪解,以事一人(《大雅·烝民》)。’”(《左传·襄公二十五年》)

子曰:“事君慎始而敬终。”(《礼记·表记》)

《左传·襄公二十五年》的例子,是大叔文子批判宁喜轻易答应卫献公归国的言语。此处以“慎始而敬终”为“君子”的行为。另外,在《礼记》中,“慎始而敬终”作为孔子的言语,被当作“事君”时的要义。无论在哪个句子中,都可以认为与《弟子问》有类似性。

上博楚简《季康子问于孔子》、《君子为礼》、《弟子问》中的“君子”,大致可以理解为为政者(居上位者),但《弟子问》的这一条,

---

[1] 原释文中为“宰我问君子。曰”,但是李天虹《〈上博(五)〉零识三则》(武汉大学简帛网,2006年2月26日)中称,这个“子”的右下角隐约可见的一处短横“-”不是句读符号,而是重文号,并释读为“宰我问君子。子曰”。本稿从之。

[2] 关于第十一简和第二十四简的接续问题,依据陈剑《谈谈〈上博(五)〉的竹简分篇、拼合与编联问题》(简帛网,2006年2月19日)的看法。

如参考《礼记》的例子的话，可理解为“事君”者（侍奉君主的臣下）。也就是说，虽然一概称“君子”，但对于设想为什么程度的为政者，君主是否包括于“君子”之中等问题，还有必要进行慎重的分析。

关于这一点，《从政》（《上海博物馆藏战国楚竹书（二）》所收）提供了重要的线索。《从政》是基于内容的假称。在此文献中，“从政”者“君子”的姿态被作为主题。在《从政》中，把能够参与国政的优秀的重臣定义为“君子”。而且，“君子”的言行，并非只是作为一种理念被记录下来，而是作为儒家集团自身所必要的“从政”时的具体心得被讲述下来[1]。以下一段中很明显地表现出这种“君子”的立场言行：

> [先]人则启道之，后人则奉相之，是以曰君子难得而易使也，其使人器之。小人先之，则绊敌之。[后人]【17】则暴毁之，是以曰小人易得而难使也，其使人必求备焉。【18】

一看就明白，以“是以曰”提及的内容，与《论语·子路》中“子曰：‘君子易事而难说也。说之不以道，不说也；及其使人也，器之。小人难事而易说也。说之虽不以道，说也；及其使人也，求备焉。’”的内容几乎相同。

但是，如《论语》中“君子易事而难说也”、“小人难事而易说也”的说法，“君子”（或“小人”）与用其者形成对照。从部下的角度来看，“君子”之所以被当作容易服侍的上司，是因为君子“器之”。也

---

[1] 有关上博楚简《从政》的详细情况，请参见《竹簡が語る古代中国思想——上博楚簡研究》（[日]浅野裕一编，汲古书院，2005年）中第三章、第四章的拙稿以及拙著《战国楚简与秦简之思想史研究》（台湾万卷楼出版社，2006年）第四章《〈从政〉的竹简连接与分节》、第五章《〈从政〉与儒家的“从政”》。

就是说，决不强行给部下出难题，而是根据部下的能力安排相应的工作。而之所以很难让君子喜悦，是因为“说之不以道，不说也”。就是说，对于君子甜言蜜语和贿赂是行不通的。

相对于此，小人之所以很难侍奉，是因为小人把自己的问题搁置一旁不管，却一味地给部下强出难题，要求部下具备各种能力来应对工作，不能出错。而且，之所以说容易让小人喜悦，是因为使用不正当手段让其喜悦是很容易的事情。

如上所述，在《论语・子路》中，身居上位者和其部下之间的关系，主要是从“事(侍奉)”、“说(让其喜悦)”等部下的观点来对照说明其难易的。

在《从政》中，同样具有将“君子”和“小人”相对比的结构。但是，君子被高度评价的理由却是如下所示：首先，当君子自身能力和业绩优于他人时，不会蔑视或不顾他人，而是对能力较弱的人给予指导，帮其开拓快捷方式以奋发进取。相反，当自身不及他人时，不会去拉后腿，嫉妒他人，而是尽量去尊重和支持他人。正因为君子在人际关系上有这些优点，因此(孔子也)说，君子并非到处都有，而是很难得、很宝贵的存在。一旦发现君子的才能而加以录用，那么作为上司来说，用起来就会得心应手。如果让其带领部下，也不会给部下强出难题，而是能做到人尽其才。

而小人之所以被批判，其理由如下：如果小人得知自己超过他人时，为了确保自身的有利地位，会把他人留在现有的位子上，不让其进一步接近自己。反之，在落后于他人时，为排挤他人不惜造谣中伤。小人是在人际关系上容易导致很多问题的人，因此(孔子也)说，小人易得，但实际用起来就会发现异常难用。小人在役使部下时，也会只对他人求全责备。

《从政》首先分别假设了“君子”和“小人”优于他人和劣于他人两种情况，然后论述不管在哪种情况下，君子总是能够构筑良好人际关系,并保持人格高尚,而小人却总是不适应社会。而且,在《从政》中,还分别假设了起用"君子"和"小人"时的情况,就起用者上司和被起用者(君子)的关系,及被起用者(君子)和服侍君子的部下之间的关系,引用与《论语·子路》中类似的言语进行说明。即,此处可以说是就发现"君子"的人物(君主)和应该被起用的"君子(从政者)"以及侍奉君子的部下三者之间的关系进行了论述。

参考《从政》的例子,便知可以把"君子"作为"从政"者来理解。此处的从政者,具体是指可以左右国政的重臣。即,并非君主其人,而是统治阶层的贵族。而且,对君子的这种认识,可以说对前面所提到的《季康子问于孔子》、《君子为礼》和《弟子问》几乎完全适用。可以认为,季康子所问的,并非君主的姿态,而是君子(从政者)的任务,在《君子为礼》和《弟子问》中孔子教给弟子们的,也是就作为从政者的君子而言的。

二、传世文献中的"君子"

那么,这种对"君子"的认识,在其他的传世文献中是否也可以通用呢? 首先在《尚书》中,可以见到以下的"君子"和"小人"的对比。

> 兹有苗,昏迷不恭,侮慢自贤,反道败德,君子在野,小人在位。(《虞书·大禹谟》)

这是就有苗的无道进行论述的一段,意思为本来应该是在位者的"君子"却在"野",相反,本来应该是在"野"人物的"小人"却就了上"位"。因此,此处的"君子"能理解为居上位者的意思。可以说这是一个把"君子"的本来意思很直接地表达出来的例子。

像这样的表达了"君子"本来含义的例子,在《墨子》中也可以见到。

是故子墨子曰："今天下之王公大人士君子，请将欲富其国家，众其人民，治其刑政，定其社稷，当若尚同之不可不察，此之本也。"(《尚同中》)

此处"王公大人士君子"，也是表示为政者的身份。根据以上这段记载，具体相当于"君子"的并非王和君主，而是卿大夫和士。

在"君子"表示居上位者这一点上，以下《孝经》的例子也是同样的。

子曰："……不在于善，而皆在于凶德，虽得之，君子不贵也。君子则不然，言思可道，行思可乐，德义可尊，作事可法，容止可观，进退可度，以临其民。是以其民畏而爱之，则而象之。故能成其德教，而行其政令。《诗》云：'淑人君子，其仪不忒。'"(《圣治章》)

子曰："君子之教以孝也，非家至而日见之也。教以孝，所以敬天下之为人父者也。教以悌，所以敬天下之为人兄者也。教以臣，所以敬天下之为人君者也。《诗》云：'恺悌君子，民之父母。'非至德，其孰能顺民，如此其大者乎。"(《广至德章》)

前者叙述了君子的言行带给民众的巨大影响。用适当的言行"临其民"，民众就会敬爱为政者，政令就会得到实行。后者论说了君子教给民众孝悌的重要性，以引用诗歌的形式，把"恺悌君子"表达为"民之父母"。两者都是作为统治民众的居上位者(为政者)的君子的例子。

此处的君子，具体是指国家的重臣(卿大夫阶层的人物)。在并非指君主自身这一点上,《孝经》中以下的例子可作参考。

> 子曰:"君子之事上也,进思尽忠,退思补过,将顺其美,匡救其恶。故上下能相亲也。《诗》云:'心乎爱矣,遐不谓矣。中心藏之,何日忘之?'"(《事君章》)

从章名就可推测到,此处的"君子"是指处于侍奉"上"的立场的人物。其中论述在侍奉君主之际,只有竭力尽忠或匡正谬误才是君子。这可以说正显示了作为从政者的君子。

那么,在记录孔子的言行最多的《论语》中,"君子"是如何理解的?关于这点值得注意的是,桥本高胜在《从天罚到人怨》(《天罰から人怨へ》,启文社,1990年)中的如下见解。即,《论语》的"君子"言说,有必要分为向"君主"期求"君子"和向"在野人士"期求应该出来做官的"君子"两种情况,分别看待。这种说法的前提是,"君子"的原义是君主,后来变成了指在野的具有高尚人格者这种见解。

那么,能否把《论语》中的君子,如此明快地分为两类呢?如果仔细分析《论语》就会发现,还是应该理解为"从政者"的例子居多。下面就列举这方面的例子。

> ① 子谓子产:"有君子之道四焉。其行己也恭,其事上也敬,其养民也惠,其使民也义。"(《公冶长》)
>
> ② 曾子曰:"可以托六尺之孤,可以寄百里之命,临大节而不可夺也。君子人与?君子人也。"(《泰伯》)
>
> ③ 子路从而后,遇丈人以杖荷蓧。子路问曰:"子见夫子乎?"丈人曰:"四体不勤,五谷不分。孰为夫子?"植其杖而芸。子路拱而立。止子路宿,杀鸡为黍而食之,见其二子焉。明日子

路行以告。子曰:“隐者也。”使子路反见之。至,则行矣。子路曰:“不仕无义。长幼之节,不可废也。君臣之义,如之何其废之?欲洁其身,而乱大伦。君子之仕也,行其义也。道之不行,已知之矣。”(《微子》)

④ 子夏曰:“君子信而后劳其民。未信,则以为厉己也。信而后谏。未信,则以为谤己也。”(《子张》)

⑤ 子张问于孔子曰:“何如斯可以从政矣?”子曰:“尊五美,屏四恶,斯可以从政矣。”子张曰:“何谓五美?”子曰:“君子惠而不费,劳而不怨,欲而不贪,泰而不骄,威而不猛。”子张曰:“何谓惠而不费?”子曰:“因民之所利而利之。斯不亦惠而不费乎?择可劳而劳之,又谁怨?欲仁而得仁,又焉贪?君子无众寡,无小大,无敢慢,斯不亦泰而不骄乎?君子正其衣冠,尊其瞻视,俨然,人望而畏之,斯不亦威而不猛乎?”子张曰:“何谓四恶?”子曰:“不教而杀,谓之虐;不戒视成,谓之暴;慢令致期,谓之贼;犹之与人也,出纳之吝,谓之有司。”(《尧曰》)

①是有关郑国的子产的评论。孔子列举了君子的四个主要条件,虽然是间接的,但内容是把子产作为君子来表彰的。②认为足以托付“六尺之孤”即幼小的君主的人物才是君子。这也是在预先假设了有能力实行摄政的重臣时的论述。③是说,和隐者相遇的子路对隐者评论道,这种隐居生活缺乏社会性,君子之所以出来做官,是欲行使社会的大义。该评论的背后,也存在活跃于政治舞台上的人物为君子这种意识。

作为从政者的君子形象更加明确的例子是④和⑤。在④中,首先论述了君子在得到民众的信任后役使民众的必要性。接着论述“信而后谏”。也就是说,君子在作为治理民众的为政者的同时,也是侍奉上司的臣下。可以说正是假定了作为从政者的君子。

在⑤中，子张问孔子“何如斯可以从政矣”，孔子在回答中，列举了“尊五美，屏四恶”的要件。更具体地说，如“君子惠而不费，劳而不怨，欲而不贪”一样，将这些要件作为君子的姿态加以说明。此处分明将君子理解为“从政”者。

而明显将君子作为君主的例子却几乎未见[1]。而且，《论语》中的君子是否单指在野的具有高尚人格者也很值得怀疑。看上去似乎可以如此理解的例子，其实还是理解为上述的“从政者”比较妥当。实际上，这个观点从其他学派对儒家的批判也可以得到证实。以下为《墨子》的例子。

又曰：“君子若钟，击之则鸣，弗击不鸣。”应之曰：“夫仁人事上竭忠，事亲得孝，务善则美，有过则谏，此为人臣之道也。今击之则鸣，弗击不鸣，隐知豫力，恬漠待问而后对，虽有君亲之大利，弗问不言，若将有大寇乱，盗贼将作，若机辟将发也，他人不知，己独知之，虽其君亲皆在，不问不言。是夫大乱之贼也。以是为人臣不忠，为子不孝，事兄不弟，交，遇人不贞良。夫执后不言之朝物，见利使己虽恐后言，君若言而未有利焉，则高拱下视，会噎为深，曰‘唯其未之学也’。用谁急，遗行远矣。夫一道术学业仁义者，皆大以治人，小以任官，远施周偏，近以修身，不义不处，非理不行，务兴天下之利，曲直周旋，利则止，此君子之道也。以所闻孔某之行，则本与此相反谬

[1] 但是，《论语·微子》：“周公谓鲁公曰：‘君子不施其亲，不使大臣怨乎不以，故旧无大故，则不弃也。无求备于一人。’”此处须略加注意。这是周公对其子，即成为鲁国的君主即将赴任的伯禽，叙述作为“君子”的思想准备的内容，要他不要忘记亲族，对大臣不可以使之因为不被起用就生怨恨之心等。也就是说，在这个例子中，是可以把“君子”作为“君主”来理解的，但不是孔子和其弟子们的言说，应该作为例外来考虑。

也。”(《非儒下》)

墨家抓住儒家“君子若钟,击之则鸣,弗击不鸣”的言语,对儒家展开了严厉的批判。

本来服侍居上位者而尽忠,服侍双亲而尽孝,遇善则赞,遇过则谏才是人臣之道。而所谓击之则鸣,弗击不鸣,则是极端消极的态度,隐藏余力,不能说是在尽忠。

墨家是在“君子”为“人臣”的前提下,作出如此论述的。墨家并非就君主或在野的人格高尚者进行论述,而是设定为在朝廷中接受君主下问的臣下,对儒家进行批判。

从墨家的这一论述,也可以推测到儒家的君子是被理解为从政者的。儒家集团认为如果被起用为其他国家的重臣,参与国政,就可以实现儒家的理想。因而,儒家把“义”作为君子的要件,尤其重视,是理所当然的。

子曰:“君子之于天下也,无适也,无莫也。义之与比。”(《论语·里仁》)

子曰:“君子喻于义,小人喻于利。”(《论语·里仁》)

子曰:“君子义以为质,礼以行之,孙以出之,信以成之。君子哉。”(《论语·卫灵公》)

子路曰:“君子尚勇乎?”子曰:“君子义以为上。君子有勇而无义,为乱。小人有勇而无义,为盗。”(《论语·阳货》)

子路曰:“不仕无义。长幼之节,不可废也。君臣之义,如之何其废之?欲洁其身,而乱大伦。君子之仕也,行其义也。道之不行,已知之矣。”(《论语·微子》)

此处的“义”,已经不只是原有的正义的意思,而是在此基础上又加入了儒家所认定的理想。儒家在他国做官，在成为从政者之际，并非准备去为其国或其君殉死，他们在根本上还是尊重儒家的理想“义”。“义”之所以作为君子的要件受到尊重，正与儒家的这种姿态密不可分。

也就是说，可以推断在《论语》中，反映了儒者自身作为“君子”即“从政者”，参与国政这样一种意识。

三、“君子”和孔子

那么，儒家究竟具体是如何认识“君子”的？让我们重新分析一下《论语》中的“君子”。首先，在《论语》中，有时很明显地把“君子”想定为一个特定的人物来论述。

① 子谓子贱：“君子哉，若人。鲁无君子者，斯焉取斯？”（《公冶长》）

② 子谓子产：“有君子之道四焉。其行己也恭，其事上也敬，其养民也惠，其使民也义。”（《公冶长》）

③ 曾子有疾。孟敬子问之。曾子言曰：“鸟之将死，其鸣也哀；人之将死，其言也善。君子所贵乎道者三：动容貌，斯远暴慢矣；正颜色，斯近信矣；出辞气，斯远鄙倍矣。笾豆之事，则有司存。”（《泰伯》）

④ 司马牛忧曰：“人皆有兄弟。我独亡。”子夏曰：“商闻之矣：死生有命，富贵在天。君子敬而无失，与人恭而有礼，四海之内，皆兄弟也。君子何患乎无兄弟也？”（《颜渊》）

⑤ 南宫适问于孔子曰：“羿善射，奡荡舟，俱不得其死然。禹稷躬稼而有天下。”夫子不答。南宫适出。子曰：“君子哉，若人。尚德哉，若人。”（《宪问》）

⑥ 子曰：“直哉，史鱼。邦有道如矢，邦无道如矢。君子哉，

蘧伯玉。邦有道则仕,邦无道则可卷而怀之。”(《卫灵公》)

①中孔子把弟子子贱评价为“君子哉,若人”。子贱是孔子的弟子,据说在出任鲁国单父的宰的时候,施行善政。可以说正是从政者的典型人物。如此直接的表述,在⑤、⑥中也可以见到。⑤中,孔子评价南宫适说“君子哉,若人”。⑥中,对于卫大夫蘧伯玉去留进退的样子,孔子评价道“君子哉,蘧伯玉”。

②如前所述,是彰显郑国的子产的内容。在③中,在鲁国的重臣孟敬子看望得了重病的曾子之际,曾子对孟敬子说道,像阁下一样的君子在人道中所贵者有三。在④中,对于因为没有兄弟而忧虑的司马牛,子夏说道君子哪里有必要为没有兄弟的事烦忧。③④均为间接地把孟敬子和司马牛当作君子的论说。

如上所述,在《论语》中,确实存在指名道姓,或者假定某个人物,并称其为君子的情况。这些人均为孔子的优秀的弟子或他国的重臣。

那么,孔子自身就没有被看作君子吗？如下所示,在《论语》中的确有孔子明确地自称还不及“君子”的段落。

① 子曰:“文莫吾犹人也。躬行君子,则吾未之有得。”(《述而》)

② 大宰问于子贡曰:“夫子圣者与？何其多能也。”子贡曰:“固天纵之将圣,又多能也。”子闻之曰:“大宰知我乎。吾少也贱,故多能鄙事。君子多乎哉？不多也。”(《子罕》)

③ 子曰:“先进于礼乐,野人也。后进于礼乐,君子也。如用之,则吾从先进。”(《先进》)

④ 子曰:“君子道者三,我无能焉:仁者不忧;知者不惑;勇者不惧。”子贡曰:“夫子自道也。”(《宪问》)

在①中,孔子说"躬行君子,则吾未之有得",表示关于君子的实践,自己还没有做到。在②中,孔子被揶揄为在"鄙事"上"多能",他说这是因为自己年少时家里贫穷,所以得多艺,而君子没有必要"多能鄙事"。在③中,孔子比较了周王朝初期的礼乐和后世的礼乐,认为前者是朴素的,后者是君子的(比较洗练),并宣称自己更尊重前者的朴素。④是说,君子之道有三样重要的东西,孔子说自己哪样都不具备[1]。似乎可以认为,以上几条均在讲述孔子认为自己并非君子。

然而,在《论语》中,也可以看到他人把孔子想定为"君子"的言论。

① 仪封人请见,曰:"君子之至于斯也,吾未尝不得见也。"从者见之。出曰:"二三子何患于丧乎？天下之无道也久矣。天将以夫子为木铎。"(《八佾》)

② 陈司败问:"昭公知礼乎?"孔子曰:"知礼。"孔子退。揖巫马期而进之,曰:"吾闻君子不党。君子亦党乎？君取于吴,为同姓,谓之吴孟子。君而知礼,孰不知礼?"巫马期以告。子曰:"丘也幸。苟有过,人必知之。"(《述而》)

③ 在陈绝粮。从者病,莫能兴。子路愠见曰:"君子亦有穷乎?"子曰:"君子固穷。小人穷,斯滥矣。"(《卫灵公》)

④ 陈亢问于伯鱼曰:"子亦有异闻乎?"对曰:"未也。尝独立,鲤趋而过庭。曰:'学诗乎?'对曰:'未也。''不学诗,无以言。'鲤退而学诗。他日,又独立,鲤趋而过庭。曰:'学礼乎?'对曰:'未也。''不学礼,无以立。'鲤退而学礼。闻斯二者。"陈

---

[1] 紧接其后有"子贡曰:'夫子自道也。'"关于其解释有多种不同的看法,其中一种解释是"老师在很谦逊地谈论自己"的说法(也可理解为老师就是君子)。有关孔子与君子的关系问题将在后面进行论述。

亢退而喜曰:“问一得三。闻诗,闻礼,又闻君子之远其子也。”(《季氏》)

⑤ 佛肸召,子欲往。子路曰:“昔者由也,闻诸夫子曰:‘亲于其身为不善者,君子不入也。’佛肸以中牟畔。子之往也,如之何?”子曰:“然,有是言也。不曰坚乎,磨而不磷;不曰白乎,涅而不缁。吾岂匏瓜也哉?焉能系而不食。”(《阳货》)

⑥ 子贡曰:“君子亦有恶乎?”子曰:“有恶。恶称人之恶者,恶居下流而讪上者,恶勇而无礼者,恶果敢而窒者。”曰:“赐也,亦有恶乎?”“恶徼以为知者,恶不孙以为勇者,恶讦以为直者。”(《阳货》)

在①中,一个相当于卫国仪邑的出入境管理官员(封人)的人想见到孔子一行,说道“君子之至于斯也,吾未尝不得见也”。这番话是在承认孔子是君子的前提下说的。②是说,陈国的司法大臣(陈司败),在评论庇护鲁昭公的孔子时说道,听说君子不党,但君子(孔子)还不是在庇护他人吗?虽然稍有讽刺的意味,但其前提还是把孔子视为了君子。③是,孔子一行在陈国绝粮七日,陷入困境之际,子路责问道“君子亦有穷乎”,对此孔子答道“君子固穷”。以子路的口吻,把“君子”置换成孔子也是完全可以说得通的。

④是,陈亢向孔子的儿子伯鱼询问孔子的教育。对于伯鱼的回答,陈亢高兴地说“问一得三。闻诗,闻礼,又闻君子之远其子也”。此处的所谓“君子”,除了“其子(伯鱼)”的父亲孔子之外别无他人。⑤是说,晋大夫佛肸招聘孔子,孔子意欲应招,子路不满地说,以前听老师说过“亲于其身为不善者,君子不入也”。可以推测,这与上面的③同样,是子路对孔子表达不满的言论。同样在⑥中,也是弟子在问孔子时,不直接称作“子”(先生)的例子。子路问道“君子亦有恶

乎”。这并非不加针对地就“君子”的笼统提问，而是可以理解为在问，老师您也有憎恨人的事吗？[1]

如上所述，在《论语》中，可以见到他人把孔子想定为“君子”的情况，实际上，也有孔子把自己暗示为“君子”的例子。

① 子曰：“学而时习之，不亦说乎？有朋自远方来，不亦乐乎？人不知而不愠，不亦君子乎？”（《学而》）

② 子欲居九夷。或曰：“陋。如之何？”子曰：“君子居之，何陋之有？”（《子罕》）

③ 子路曰：“卫君待子而为政，子将奚先？”子曰：“必也正名乎。”子路曰：“有是哉，子之迂也。奚其正？”子曰：“野哉，由也。君子于其所不知，盖阙如也。名不正，则言不顺；言不顺，则事不成；事不成，则礼乐不兴；礼乐不兴，则刑罚不中；刑罚不中，则民无所措手足。故君子名之，必可言也。言之，必可行也。君子于其言，无所苟而已矣。”（《子路》）

关于①，阮元认为该章是在论述孔子本人，这个观点值得参考[2]。“人不知而不愠”的“君子”姿态，被认为就是孔子的人生写照。在②中，孔子感叹乱世，欲去夷狄之地，说即使是蛮夷之地，如果有“君子”居住的话，周围就会受到感化，哪里还有鄙俗之事？去蛮夷之地居住的“君子”，在此处是假想为孔子自身而言的。在③中，孔子说在政治上首先应该着手去做的事是“正名”，并说明其理由是“君

[1] 朱子《论语集注》，注为“勇无礼，则为乱。果而窒，则妄作。故夫子恶之”，认为表现出憎“恶”的是“夫子”。

[2] 阮元《揅经室集》谓：“人不知者，世之天子诸侯皆不知孔子，而道不行也。不愠者，不患无位也。学在孔子，位在天命。天命既无位，则世人必不知矣，此何愠之有乎？孔子五十而知天命者，此也。此章三节皆孔子一生事实，故弟子论撰之时，以此冠二十篇之首也。二十篇之终曰‘不知命，无以为君子’，与此始终相应也。”

子名之，必可言也。言之，必可行也。君子于其言，无所苟而已矣”，且“正名”是政事的最重要的基础。此处虽然只是假想，但所谓欲实践“正名”的“君子”，除了孔子自己以外别无他人[1]。

如上所述，在《论语》中，也可以见到孔子暗示自己就是君子的言论。如果结合上述诸例综合考虑，就有充分的理由认为，对于当时的儒家集团和《论语》的撰写者以及读者来说，很有可能把君子形象和孔子形象重合在了一起[2]。孔子的弟子门人们，正是基于这样的具体的君子形象，将其言行当作自己的目标的。

而且，这种作为从政者的君子，以及具体以孔子形象为准的君子，似乎也被后世继承下来。例如，在《孟子》中有“孟子曰：‘君子之厄于陈蔡之间，无上下之交也’”，把困在陈蔡之间的孔子称为君子。与前面所指出的《论语·卫灵公》中的例子相同。即使对于后来的儒家，所谓君子也并非他人而正是意味着孔子其人[3]。

结　语

本章探讨了在战国楚简中频繁出现的“君子”一词的用法，并且综合以《论语》为首的传世儒家文献，对其中“君子”的含义进行了重新考察。

在儒家文献中经常把“君子”作为重要的话题之一，其中之所以

[1] 朱子《论语集注》中，将此处的君子当作了孔子，注为“夫子为政，而以正名为先”。
[2] 此外，对于《论语·乡党》的“君子不以绀緅饰”，朱子《论语集注》中注为“君子，谓孔子”。
[3] 这样的君子的理解，在战国楚简中也可以得到验证。笔者以往就郭店楚简《六德》中所见的“君子”做过讨论。关于郭店楚简《成之闻之》中记载的“君子”，郭沂推测是指子思，但是，那是基于包括《六德》、《成之闻之》在内的郭店楚简儒家文献是子思学派或思孟学派的著作这样一个判断之上的假说。对此，笔者还留意了传世文献和郭店楚简《六德》、《成之闻之》、《忠信之道》等出土文献的关系，指出其中所说的“君子”，对其著作者以及读者来说，不是他人，可能正意味着孔子。详细论述，请参考拙著《战国楚简与秦简之思想史研究》第三章《〈六德〉之全体结构及其著作目的》。

有时从政治的含义上进行论述，与儒家集团自身的意识和活动有密切的关系。所谓“君子”，不是仅仅把具有高尚人格者作为一种理念型的东西提出来，而是显示了儒家自身迫切追求的“从政者”形象。而其“君子”的具体形象，则可以说很有可能是强烈地意识到了孔子的形象[1]。

[1] 此外，还需要提及的一点是，如此理解君子并非适用于所有资料。多见于传世儒家文献中的君子的例子，很多过于抽象，难以把握其具体的形象。但是，由于以往对“君子”的理解，均过于偏重道德、人格一面，因此，特在此以战国楚简为线索，指出了其“从政者”的性质。而所谓“从政者”，本来即指道德完备人格高尚之人，不道德的人自然无法胜任。不过，在此之前，不可忽视对“君子”的原义，即地位及身份（具有可左右国政的地位的贵族）的理解。本章指出了在儒家文献中，君子的具体形象与孔子形象重叠的可能性。只是，正如孔子“素王说”所象征的一样，之后孔子超越君子被推为“圣人”。本章虽然无暇详细触及此点，但可以说孔子被“圣人”化的基础之一，已存在于如此对“君子”的理解中。

第二章
上博楚简《颜渊问于孔子》与儒家文献形成史

序　言

2011 年 5 月,《上海博物馆藏战国楚竹书(八)》出版。其中,含有以“颜渊问于孔子”为题的儒家的古佚文献(竹简 14 枚)。其内容,是关于颜渊询问孔子“君子在从事国内政治时是否有应取之道”的事情。文章的一部分,与《论语》有类似点,但竹简较多混乱,解读起来较为困难。

本章首先列举出该文献的释文,以确认文献整体的含义。其次,考察该文献中颜渊的形象和孔子集团的特征。再次,通过与传世儒家文献的对比,明确该文献的思想特征,同时对先秦时期儒家文献形成过程提出若干观点。

一、《颜渊问于孔子》的概况

首先,确认一下竹简的概况[1]。

① 该竹简因附着在泥块的表层,发生了损坏和散佚,能够确认的竹简共 14 简。除此之外,还有存在残简的可能性。

---

[1] 以下信息,是参考《上海博物馆藏战国楚竹书(八)》的说明,并对照片及释文加以确认后,经笔者整理的内容。

此简所示文字为“□颜渊问于孔子”

② 从完简第七简以及其他竹简的现状进行综合分析可知，简长为 46. 2 cm，宽 0. 6 cm，厚 0. 12 cm。

③ 竹简的两端平齐，三道编线。

④ 契口在右端，各竹简上端到第一契口为 2. 6 cm，从第一契口到第二契口为 20. 5 cm，第二契口到第三契口为 20. 5 cm，第三契口到下端为 2. 6 cm。

⑤ 文字记录在第一契口到第三契口之间，各简 31 字左右。字数总计 313 字。其中合文有 7 处，重文有 6 处。

⑥ 本篇为儒家的佚文，没有篇题，《颜渊问于孔子》为基于首句的假称。但如下图所示，事实上“颜渊问于孔子”并非首句，其上方还有一字左右的缺损。而且，此简也有可能并非是首简。

二、《颜渊问于孔子》释读

原释文（濮茅左整理），共为 14 简，并且从 1 排列至 14，但复旦吉大古文字专业研究生联合读书会则提出如下的重排方案[1]。

1+（12A+2B）+（2A+11+12B）+5+6+7+9+10

根据这一重排方案，虽然留有意思不连贯的竹简第三、四、八、十三、十四简，但到第十简的文意大致通顺，因此，以下就按照此方案进

[1] 复旦吉大古文字专业研究生联合读书会：《〈上博（八）·颜渊问于孔子〉校读》（复旦大学出土文献与古文字研究中心主页，2011 年 7 月 17 日）。

行释读。

另外，虽然第十简末尾大致上可认为是文本的末尾，但原释文认为下面尚有脱文，联合读书会则认为与第八简的文意相连。

以下，“₌”表示重文符号，【1】、【2】等数字表示竹简号码，A 和 B 分别表示断裂竹简的上部和下部。另外，[ ]内的汉字是根据上下文对竹简残缺部分所作补充。

原文：

□。颜渊问于孔₌（孔子）曰：“敢问君子之内事也有道乎？”

孔₌（孔子）曰：“有。”

颜渊：“敢问何如？”

孔₌（孔子）曰：“敬又（宥）征（过），而【1】[先]有司，老₌（老老）而慈幼，豫绞而收贫，禄不足则请，有余则辞。【12A】敬又（宥）征（过），所以为乐也。先【2B】[有]司，所以【2A】得情。老₌（老老）而慈幼，所以处仁也。豫绞而收贫，所以亲【11】也。禄不足则请，有余【12B】则辞，所以明信也。盖君子之内事也如此矣。”

颜渊曰：“君子之内事也，回既闻命矣。敢问【5】君子之内教也有道乎？”

孔₌（孔子）曰：“有。”

颜渊：“敢问何如？”

孔₌（孔子）曰：“修身以先，则民莫不从矣。前【6】以博爱，则民莫遗亲矣。导之以俭，则民知足矣。前之以让，则民不争矣。或（又）迪而教【7】之，能₌（能能），贱不肖而远之，则民知禁矣。如进者劝行，退者知禁，则其于教也不远矣。”

颜渊曰：“【9】君子之内教也，回既闻矣₌（矣已）。敢问至明（名）？”

孔$_{=}$（孔子）曰：“德成则名至矣。名至必卑身$_{=}$（身，身）治大则（则大）禄【10】。”

残简：

[君子让]而得之，小人争而失之。【8】

示则斤，而母（毋）谷（欲）旻（得）安（焉）。【14】

𡗜（素?）行而信，先尻（处）忠也，贫而安乐，先尻（处）【13】

内矣。庸言之信，庸行之敬【4】

必不在兹之内矣。颜渊西【3】

文章大意：

颜渊向孔子询问道：“敢问，君子在从事国内政治时是否有应取之道？”

孔子说：“有。”

颜渊说：“敢问是怎样的道？”

孔子说：“慎重对待宽恕惩罚的对象，使官吏率先而行，尊敬老人慈爱幼儿，推迟征税收容贫困者，俸禄不足则申请，有余则辞退。慎重对待宽恕惩罚的对象，并将此作为乐趣。使官吏率先而行，是为了得到实情。尊敬老人慈爱幼儿，是为了处于仁德。推迟征税收容贫困者，是为了得到亲近。俸禄不足则申请，有余则辞退，是为了明确信任。我想君子从事国政就是这样的。”

颜渊说：“关于君子从事国政一点，我已经请教过您了。敢问君子在国内教导人民时，是否有应取之道？”

孔子说：“有。”

颜渊说：“敢问是怎样的道？”

孔子说："如果能修养自身并率先而行，则民众必定会追从。积极地去博爱民众，则民众就不会忘记亲爱之情。以勤俭的精神来教导民众，则民众就会知足。以谦让的精神示范民众，则民众就不会有争执。在教导民众时，如果能对有能力者予以承认，并以不肖者为卑贱对其进行疏远，则人民就会知道何为禁（鼓励做什么和不鼓励做什么）。如果能使进者积极行动，退者知禁，那么离其教导目的的实现就不远了。"

颜渊说："我已经向您请教了有关君子在国内进行教导时的事情。敢问有关至名的事情？"

孔子说："德如果完成，名就自然会到来。名如果到来，必定会卑躬低身。如果自身得以治理，就能得到大的俸禄。"

连接未详的残简部分的文章大意（第三、十三、十四简省略不译）：

君子谦让而（由于谦让相反会）获得，小人争夺而（由于争夺相反会）失去。（第八简）

日常的言语要去除虚伪，日常的行动要谨慎。（第四简）

语注：

① 内事：有若干个意思，此处大体上指国内的政事。《穀梁传·庄公十一年》有云："公败宋师于鄑。内事不言战，举其大者，其日，成败之也。"特别是，作为宫中之事，《周礼·春官·世妇》记载道："凡内事有达于外官者，世妇掌之。"作为宗庙的祭祀，或祭祀内神（一家之神），《礼记·曲礼下》中说："践阼，临祭祀，内事曰'孝王某'，外事曰'嗣王某'。"但原释文作为一说读"入事"，陈伟[1]进一步读为"入

[1] 陈伟：《〈颜渊问于孔子〉内事、内教二章校读》（简帛网，2011年7月22日）。

仕”,黄人二、赵思木[1]同意此说。但因颜渊的第二个问题为“内教”,此处也当以“内事”对应为佳。

② 敬又(宥)怔(过):“怔”字,原释文读“正”,联合读书会谓待考。黄人二、赵思木读“苟有荒”,难解其意。苏建洲[2]读“祸”,而郑公渡[3]读“过”,以此句为“敬宥过”。虽从字形难以联想,但意思应当如此。

③ 豫绞:从联合读书会,读“豫绞”,取免除赋税之意。而黄人二、赵思木也认定为“豫绞”,并读为“逸劳”,认为是使劳动者休息之意。

④ 内教:陈伟以之与开始的“入仕”相对应,读“入教”,然“使教化深入人心”之理解颇为勉强。由于该段是在说君子如何教导教化国内的民众,所以还是应读为“内教”。

⑤ 能₌(能能):黄人二、赵思木接前句读为“教之以能”,但在此还是重视重文符号,读“能能”,取将有能力者作为有能力者予以公正评价的意思。

⑥ 矣₌(矣已):原释文,解为“矣已”。联合读书会以“₌”为衍字,黄人二、赵思木改为“命矣”。与开头颜回的“回既闻命矣”相比较,此处确实并无“命”字,重文符号变得多余,但没有必要勉强与前句对应。

三、颜渊形象的特色

在该文献中,首先引人瞩目的是,向孔子提问的是颜渊这一点。虽然《论语》中也可以看到孔子和颜渊的对话,但看不到这样的对话。

---

[1] 黄人二、赵思木:《读〈上海博物馆藏战国楚竹书(八)·颜渊问于孔子〉书后》(简帛网,2011年7月26日)。
[2] 根据网络上对前引《〈上博(八)·颜渊问于孔子〉校读》的评论。
[3] 同上。

在此,首先来确认一下传世文献中有代表性的颜渊形象。

① 子曰:“回也其庶乎,屡空。赐不受命,而货殖焉,亿则屡中。”(《论语·先进》)

② 孔子曰:“贤哉回也。一箪食,一瓢饮,在陋巷,人不堪其忧,回也不改其乐。”(《史记·仲尼弟子列传》)

③ 孔子谓颜回曰:“回,来。家贫,居卑,胡不仕乎?”颜回对曰:“不愿仕。回有郭外之田五十亩,足以给𫗴粥;郭内之田十亩,足以为丝麻;鼓琴足以自娱,所学夫子之道者,足以自乐也。回不愿仕。”(《庄子·襄王》)

④ 颜渊问于孔子曰:“渊愿贫如富,贱如贵,无勇而威,与士交通,终身无患难,亦且可乎?”孔子曰:“善哉回也。夫贫而如富,其知足而无欲也。贱而如贵,其让而有礼也。无勇而威,其恭敬而不失于人也。终身无患难,其择言而出之也。若回者,其至乎。虽上古圣人,亦如此而已。”(《韩诗外传》卷十)

⑤ 颜渊问为邦。子曰:“行夏之时,乘殷之辂,服周之冕,乐则韶舞。放郑声,远佞人。郑声淫,佞人殆。”(《论语·卫灵公》)

如此,颜渊在传世文献中,通常被描绘为不愿出仕(接受俸禄)而宁愿过清贫生活的形象。其中最著名的,应该是上述资料①、②中的孔子之言。资料③、④也同样,特别是在资料③中,颜回明言不愿仕官。如此一面,最终形成了常虚怀若谷的具有道家风骨的颜渊形象[1]。

[1] 对于如此颜渊形象的变迁,参见[日] 衣笠勝美:《魏晋·南北朝時代の顔回像》(《新しい漢字漢文教育》第26号,1998年)、[日] 山際明利:《宋儒の“屢空”説》(北海道中国哲学会《中国哲学》第27号,1998年)、[日] 柴田篤:《“顔子没而聖学亡”の意味するもの》(《日本中国学会報》第51集,1991年)。

那么,颜渊是否就对政治全无关心?有关此点,具体还不太清楚,但如资料⑤所示,在《论语》中也有他对“治邦”方法进行提问的记载。这样看来,在传世文献中,颜渊虽然主要是过着远离政治的清贫生活,但也有对政治略有关心并请教于孔子的一面。

而在《颜渊问于孔子》中登场的颜渊,就“内事”、“内教”、“至名”等与出仕深有关联的内容接连向孔子提问。因此,《颜渊问于孔子》中的颜渊形象,可以说是强调了颜渊实际上对政治也抱有极大的关心这一面。可以推测,虽然颜渊比孔子更早亡故,但有后学晚辈怀念他的品德,并对其加以表彰。《颜渊问于孔子》的特色,首先可以从这点上得到答案。

四、儒家和为政

接下来要注意的是问答的内容。关于“内事”、“内教”、“至名”等的提问,均关乎国内的政治活动,这明确显示了以为政为目标的儒家集团的特征。特别是,关于接受俸禄的论述,在《论语》中也是值得瞩目之处。

① 子张学干禄。子曰:“多闻阙疑,慎言其余,则寡尤。多见阙殆,慎行其余,则寡悔。言寡尤,行寡悔,禄在其中矣。”(《论语·为政》)

② 子曰:“君子谋道不谋食。耕也,馁在其中矣。学也,禄在其中矣。君子忧道不忧贫。”(《论语·卫灵公》)

③ 公曰:“禄不可后乎?”子曰:“食为味,味为气,气为志,发志为言,发言定名,名以出信,信载义而行之,禄不可后也。”(《大戴礼记·四代》)

④ 贤能失官爵,功劳失赏禄,爵禄失则士卒疾怨,兵弱不用,曰“不平”也。不平则饬司马。(《大戴礼记·盛德》)

如资料①中所见,《论语》中想学习有关谋求俸禄的方法的,是孔子的弟子子张。孔子虽然规诫这种露骨的态度,但并不是对谋求俸禄本身进行否定。如资料③、④所示,在传世的儒家文献中也明确地论述了俸禄的重要性。

在资料③之前,孔子说:"德以监位,位以充局,局以观功,功以养民,民于此乎上。"对此,哀公问道:"禄不可后乎?"孔子回答说:"名以出信,信载义而行之,禄不可后也。"而且,在资料④中也论述道,若丧失长幼之序、君臣之义,有德者也会失去官职,有功者也会失去赏禄;若失去爵禄,则士卒怨恨怠工,军队实力就会削弱而不为所用。

同样在《颜渊问于孔子》中,孔子也说如俸禄不足则提出请求,多余则辞退是显示信用的方法。虽然语句未必一致,但此类资料,正显示了儒家重视爵禄,并将其看作为人的信义的根据。同时,儒家自身也是在此根据的基础上来展开政治活动的。

儒家集团绝非纯粹的学术研究集团。他们希望通过成为为政者在现世实现自己的理想。因此,谋求俸禄也即仕官便成为一个大的前提。此文献,可以说是充分体现了儒家集团的这一性质。

五、儒家文献的形成

最后需要注意的是,在此文献中还可以见到如下与《论语》、《孝经》、《周易》、《礼记》、《仲弓》、《荀子》等部分类似的内容。

① 敔又(宥)征(过),而【先】有司,老=(老老)而慈幼

仲弓为季氏宰,问政。子曰:"先有司,赦小过,举贤才。"(《论语·子路》)

老老慈幼,先有司,举贤才,宥过赦罪。(上博楚简《仲弓》)

② 修身以先,则民莫不从矣。

欲政之速行也者,莫若以身先之也。欲民之速服也者,莫若

以道御之也。(《大戴礼记·子张问入官》)

③ 前以博爱,则民莫遗亲矣。

先之以博爱,而民莫遗其亲。陈之于德义,而民兴行。先之以敬让,而民不争。导之以礼乐,而民和睦。示之以好恶,而民知禁。(《孝经·三才章》)

公曰:"寡人虽无似也,愿闻所以行三言之道,可得闻乎?"孔子对曰:"古之为政,爱人为大。所以治爱人,礼为大。所以治礼,敬为大。敬之至矣,大昏为大,大昏至矣。大昏既至,冕而亲迎,亲之也。亲之也者,亲之也。是故君子兴敬为亲,舍敬,是遗亲也。弗爱不亲,弗敬不正。爱与敬,其政之本与?"(《礼记·哀公问》)

子曰:"夫民教之以德,齐之以礼,则民有格心。教之以政,齐之以刑,则民有遯心。故君民者子以爱之,则民亲之;信以结之,则民不倍;恭以涖之,则民有孙心。"(《礼记·缁衣》)

④ 导之以俭,则民知足矣。

九曰以度教节,则民知足。(《周礼·地官·大司徒》)

⑤ 前之以让,则民不争矣。

大司徒之职……,而施十有二教焉。一曰以祀礼教敬,则民不苟。二曰以阳礼教让,则民不争。三曰以阴礼教亲,则民不怨。四曰以乐礼教和,则民不乖。(《周礼·地官·大司徒》)

⑥ 德成则名至矣。名至必卑身₌(身,身)治大则(则大)禄。

故曰:贵名不可以比周争也,不可以夸诞有也,不可以执重胁也,必将诚此然后就也。争之则失,让之则至。遵道则积,夸诞则虚。故君子务修其内而让之于外,务积德于身而处之以遵道。如是,则贵名起如日月,天下应之如雷霆。故曰:君子隐而显,微而明,辞让而胜。(《荀子·儒效》)

⑦ 庸言之信,庸行之敬

庸言之信,庸行之谨。(《周易·乾卦》文言传)

庸言必信之，庸行必慎之。（《荀子·不苟》）

其中，特别是资料①，与《论语·子路》和上博楚简《仲弓》有类似的文字，均在论述政治的要义。不过，句子的构成要素与排列则如下所示略有不同：

《颜渊问于孔子》：敬宥过、而先有司、老老而慈幼

《论语》：先有司、赦小过、举贤才

《仲弓》：老老慈幼、先有司、举贤才、宥过赦罪

而资料②，则论述了为政者一方通过修身率先而行，才能使民众追从，与《大戴礼记》的"欲政之速行也者，莫若以身先之也"这一记述相似。资料③则是论述积极博爱民众，民众才会不忘亲爱之情，具有与《孝经》"先之以博爱，而民莫遗其亲"、《礼记·哀公问》"君子兴敬为亲……弗爱不亲"、《缁衣》篇"君民者子以爱之，则民亲之"等处极为相似的句子。另外，在资料⑥中，论述了得到名声后，若降低姿态，反而能得到大的俸禄。乍看之下令人想起《老子》的思想，但如上所述，从中也可见到与儒家文献的《荀子》"争之则失，让之则至"相类似的思想。

这种类似现象又该如何看待？应该说，此类文献正显示了在儒家文献形成的过程中，曾存在过各种跨越诸文献的不同传承。

例如，就资料①而言，可以认为，《论语》并非在某一时期收集了孔子的言语后立刻编辑完成，而是弟子们将各自保存的孔子的言语记录到多个文献中，这些略有差异的言语被传承下来之后，最终编纂为《论语》。可以推测，《论语》的编纂具有一个复杂的过程。

另外，就资料⑦而言，虽接续未详，但如果《易传》的问世早于《颜渊问于孔子》，则有可能是孔子及其弟子们学习《周易》，并将与之类似的言语记录到了该文献中。

上博楚简《颜渊问于孔子》和传世儒家文献的类似现象，正表明

了儒家文献是通过相互间的不断影响而形成的这一状况。

结　语

本章以《上海博物馆藏战国楚竹书(八)》中公开的《颜渊问于孔子》为主,对其内容及其在思想史上的意义,以及儒家文献的形成加以若干考察。在战国时期,虽有"世之显学儒、墨也"(《韩非子·显学》)之称,但于后世却极少留有反映儒家的思想活动等具体内容的资料。因此,上博楚简中包含的儒家古佚文献,为弄清孔子以降的儒者们如何开展活动等方面提供了宝贵的线索。

第三章
上博楚简《举治王天下》的古圣王传说

序　言

2013 年初,《上海博物馆藏战国楚竹书(九)》(马承源主编,上海古籍出版社)终于出版。虽然版权页标明为"2012 年 12 月",但实际在中国的出版为 2013 年 1 月,而进口到日本,则又到了同年 2 月之后。

第九分册收录了 7 部文献,其中称为《举治王天下》的文献,记述了尧舜等古圣王的传说。特别令人感兴趣的是,具体的君臣问答部分,为以往的神话及传说中所未见。尧、舜、禹虽为儒家和墨家推崇的古圣王,但相关传说的详情尚有诸多不明之处。

因此,本章就以《举治王天下》全五篇中,记载尧舜禹传说的三篇为主,对其进行释读,并与传世文献及其他的新出土文献的传说进行比较,对于在古圣王传说上本文献的特征及意义加以考察。

一、《举治王天下》的概况

首先,参考《上海博物馆藏战国楚竹书(九)》的图版及释文考释,对《举治王天下》的概况总结为以下几条:

① 原释文整理者为濮茅左。

② 本卷原保存在泥块中,后于流传过程中发生残缺。

③ 五篇文章连续抄写，篇与篇之间以墨节划分。

④《古公见太公望》、《文王访之于尚父举治》两篇，记载了古公亶父（周文王之祖父）、文王与尚父（太公望吕尚）的“举治”（关于统治的方法）问答。

⑤《尧王天下》、《舜王天下》、《禹王天下》三篇记载了尧、舜、禹提出的治国、治民的议题。

⑥ 共35简，728字。其中完简5枚（第五、六、八、九、三十简）。

⑦ 简长46 cm，宽0.6 cm，厚0.1～0.2 cm。

⑧ 上下简端为平头，有契口，三道编线。

⑨ 上端至第一契口为1.4 cm。第一契口至第二契口为22.3～22.5 cm。第二契口至第三契口为20.3～20.5 cm。第三契口至下端为1.5 cm。

⑩ 文字记于竹黄面，竹青面无文字。

⑪ 前两篇中完简的文字数，一简约27～33字。后三篇中完简的文字数，一简为39字左右。

⑫ 篇题无记载，《举治王天下》及其他各篇的名称，为整理者基于内容所加的拟称。

需要注意的是，此五篇的排序与一致性。按历史顺序，应为尧、舜、禹、古公、文王。按此五篇，则为古公、文王、尧、舜、禹。虽然《古公见太公望》竹简残缺严重，尚无法明言，前两篇完简的文字数为一简27～33字左右，而后三篇完简的文字数为一简39字左右，写法也略有不同。另外，据说明还有区分篇与篇的墨节，但可确认的，只有“尧王天下”之前与“禹王天下”之前两处。

因此，《举治王天下》的抄写底本，到底是否完结于此五篇，且是否如此排序，尚留有疑问。或许也有可能是抄手根据两个以上底本，出于某种意图，而作如此抄写。若是如此，将意指前两篇的“举治”一语与后三篇中的“王天下”一语接合为《举治王天下》这个篇题（拟称），不能不令人留有一些疑问。

但这五篇均为君臣问答，内容都与王政有关，具有许多共同点。现阶段，以《举治王天下》来总结还是值得评价。如后所述，这五篇的内容并无较强的连续性，完全可对各篇进行分别探讨。但关于《文王访之于尚父举治》篇，邬可晶在《〈上博（九）·举治王天下〉“文王访之于尚父举治”篇编联小议》（简帛网，武汉大学简帛研究中心，2013年1月11日）一文中，就其与上博楚简《成王既邦》的编联问题提出意见，今后尚需慎重对待。

二、《尧王天下》、《舜王天下》、《禹王天下》释读

以下，将对《尧王天下》、《舜王天下》、《禹王天下》三篇进行释读。【】内数字为原释文竹简号码，“■”为墨钉，“₌”为重文，“▋”为墨节记号。

《尧王天下》篇如下所示：

> ▋尧王天下备方■。恒客长明，行四……【21】访之于子曰：“从政何先？”禹答曰：“惟志■。”尧……【22】则物生，犊则知成。金厚不流，玉则不戡。尧以四害之斋为未也，乃问于禹曰：“大害既制，小……【23】居时何先？”曰：“毋忘其所不能。”尧曰：“呜呼，日月闳间，岁聿□……【24】諓之于尧₌（尧，尧）始用之嘉德……”【25】

该篇的内容为，已“王天下”并平定四方的尧，对太平是否能够持续下去抱有悬念，于是访问“子”（禹）进行下问。尧首先问“从政”之际何者优先。对此，禹答曰应重视“志”。之后部分文章因竹简的残缺而难以读懂，以下再次出现尧和禹的问答。尧的问题是：“居时”何为优先？禹答道：“毋忘其所不能。”

此处首先应该注意的是尧和禹直接进行问答这一点。在以下的《禹王天下》篇中,禹也是直接仕于尧,答复尧的下问,这一点可谓是《举治王天下》的共同特征。

《舜王天下》篇如下所示:

> 舜王天下■,三苗不宾,舜不割其道,不揁其……【26】……曰:“齐政固在攠,请……【27】……失也。怨并之众人也,非能合德于世者也。……【28】明则保国,知贤政治■,教美民服■。”【29】

此篇因竹简残缺较多,有无君臣问答,尚不甚明了。不过,可知其为舜“王天下”之际的记述。而且可知,对于不服从的“三苗”,舜采取了“不劏其道”等温和的应对。并非以武力,而是以德来服三苗这一点,因在传世文献中,例如《尚书·大禹谟》与《韩非子·五蠹》中也有记述,可见作为舜的传说比较有名。

但舜讨伐三苗(有苗),有的记载为此事发生在尧的时期,有的记载说此事乃禹所为[1],在传说上稍有出入。

《禹王天下》篇如下所示:

> ■禹王天下,服深恒厚……【29】五年而天下正。一曰,禹事尧,天下大水。尧乃就禹曰:“乞汝其往,疏川起谷,以渎天下。”禹疏江为三,疏河【30】为九,百川皆导,塞敷卆₌(九十),夬渎三百,百纠置身鲶䱇,禹使民以二和,民乃尽力■,百川既【31】导,天下能恒。二曰,禹奉舜重德,施于四国,诲以劳民,畿而尽力。禹奋中疾志,有欲而弗【32】违,深陟固疏,有功而弗废■。三曰,

[1] 前者例如《荀子·成相》,后者例如《银雀山汉墓竹简(贰)》中所收“论政论兵之类”的《选卒》篇。各自详情如后所述。

禹王天下昭，大志不私……【33】弃身■，生行劳民■，死行不祭■，前行建功，中行固同，终行不［穷］……【34】五曰，恕而不寡，不爱其……【35】

此篇中，首先说禹“王天下”，治世五年而天下正[1]。而且，以五点说明其经过。

第一，禹的治水事业。这是在尧的统治下，按照尧的指令进行的一项事业。禹仕于尧时，发生大洪水，尧便命禹赴各地疏川起谷以贯通天下。禹执行了尧的命令，民众也为禹尽全力，终于疏通所有河川，平定了天下。

第二，作为舜的臣下竭尽全力。但舜和禹的具体问答未有记载。

第三，禹已为王，天下已定。不过，因竹简残缺，其后应有的“四曰”部分未详，“五曰”也仅残留开头部分，内容不详。

此篇中需要注意的是禹的治水传说。禹仍被描写为因治水而取得功绩的人物。但是，与传世文献中禹治水的传说稍有不同。首先，该治水事业是在尧而非舜的指令下进行的。而且，尧时治理洪水的共工，以及因治水失败被舜所杀的禹的父亲鲧并未登场。尧时发生的洪水，是在尧的直接命令下由禹进行治理的。还有，与《尧王天下》篇相同，此处也是尧和禹直接问答，舜并未登场。

只是，有关此点是否就不存在竹简误排的可能性？也必须探讨因竹简排序有误，导致看上去似为尧和禹的对话的可能性，因此以下将以《尧王天下》篇为例进行确认。

访之于子曰：“从政何先？”禹答曰：“惟志■。”尧……【22】

---

[1] 如后所述，郭店楚简《缁衣》以及《礼记·缁衣》中作“三年”。

《举治王天下》第二十二简

如上,第二十二简开头为“访之于子曰:‘从政何先?’”“子”为谁暂时不详,其后接续“禹答曰:‘惟志■。’尧……”,所以“子”为禹,毫无疑问应为尧和禹的问答。因为书于同一竹简,不可能存在由竹简误排引起的错读。

《禹王天下》篇中还有如下内容:

> 五年而天下正。一曰,禹事尧,天下大水。尧乃就禹曰:“乞汝其往,疏川起谷,以渎天下。”禹疏江为三,疏河【30】为九……

第三十简为完简,本来就无误接的问题。且在此处,为“禹事尧,天下大水。尧乃就禹曰”,很明显尧和禹为君臣关系,并直接进行问答。与《尧王天下》篇同样,这一点可以说是《举治王天下》的一个极大的特色。

此外,尚无显示《举治王天下》的成书年代及地域性的直接材料。关于年代,众所周知是参考了上博楚简的碳 14 测定数值,并介绍了中国科学院上海原子核研究所 2 257±65 年前的测定数值,根据以 1950 年为定点的国际基准,则应为公元前 308±65 年,即公元前 373 年到前 243 年。因为下限为秦将白起占领郢都的前 278 年的可能性极大,所以书写年代可推定为公元前 373 年至前 278 年之间。

在地域性方面,迄今为止公开的上博楚简中既有明显具备楚地特征的本地文献,也有可能是在中原形成的文献,而本文献并没有确切的依据。由于没有明显的楚地特征,从消极的理由判断,本文献有可能是在中原形成的文献。

三、传世文献中的古圣王传说

那么,《举治王天下》的古圣王传说,与传世文献中记载的传说是什么关系?

首先,对禹的治水事业加以确认。作为太古的治水传说,最著名的是在尧的时代发生大洪水之际,尧命鲧(禹之父)治水但遭到失败,于是舜命禹治水,最终取得成功。该传说在《尚书》的《尧典》、《舜典》、《禹贡》、《大禹谟》(伪古文),《史记》的《五帝本纪》、《夏本纪》,《大戴礼记·五帝德》,《山海经·海内经》等传世文献中均有记载。以下来看《尚书》中的两个记载:

> 帝曰:"咨四岳,汤汤洪水方割。荡荡怀山襄陵,浩浩滔天,下民其咨。有能俾乂?"佥曰:"於,鲧哉。"帝曰:"吁,咈哉。方命圮族。"岳曰:"异哉。试可乃已。"帝曰:"往钦哉。"九载绩用弗成。(《尚书·尧典》)

此处,尧问应派谁治水,众人皆推荐"鲧"。尧命鲧治水,九年未果。

> 舜曰:"咨四岳。有能奋庸熙帝之载,使宅百揆亮采。惠畴。"佥曰:"伯禹作司空。"帝曰:"俞,咨禹。汝平水土,惟时懋哉。"(《尚书·舜典》)

以上引文中,尧禅位于舜后,帝舜求辅佐,众人皆推禹,舜命禹为司空,负责治水。

《尚书》中的传说为,在尧的时代由鲧治水失败,至舜的时代后,禹受舜之命治水而取得成功。

但在《孟子》中，该治水传说则稍有出入。以下先引用《滕文公上》篇的传说：

> 当尧之时，天下犹未平。洪水横流，泛滥于天下，草木畅茂，禽兽繁殖，五谷不登，禽兽偪人，兽蹄鸟迹之道，交于中国。尧独忧之，举舜而敷治焉。舜使益掌火，益烈山泽而焚之，禽兽逃匿。禹疏九河，瀹济漯而注诸海，决汝汉，排淮泗而注之江，然后中国可得而食也。当是时也，禹八年于外，三过其门而不入，虽欲耕得乎？（《孟子·滕文公上》）

据此可知，在尧的时代，天下犹未平，洪水横流。为此忧患不已的尧起用舜来治世。舜遂命禹治水，而禹专心治水八年。此处的系谱为尧—舜—禹，禹进行治水，是受命于当时帝尧的臣下舜。只是在该记述中，实施治水到底是在尧的时代还是在舜受到禅让之后，尚且不明。

接下来，需要注意的是同为《孟子·滕文公下》的如下记述：

> 当尧之时，水逆行，泛滥于中国，蛇龙居之，民无所定，下者为巢，上者为营窟。书曰“洚水警余”。洚水者，洪水也。使禹治之，禹掘地而注之海，驱蛇龙而放之菹。水由地中行，江淮河汉是也。（《孟子·滕文公下》）

据此可知，在尧的时代，发生大洪水，泛滥中国。因此尧命禹治水，禹掘地而治退洪水，形成了今日的江、淮、河、汉。在此，鲧与舜并未登场。治水是由尧直接下命令，由禹执行的。这该理解为《滕文公上》篇传说中的省略记述，还是反映了其他系统的传说？

在探讨这个问题之前，需要重新来看古圣王系谱在传世文献中是如何记载的。先就结论而言，在传世文献中，绝大多数记载为“尧舜”、“舜禹”、“尧舜禹”、“尧舜禹汤文武”等系谱、组合词。

其中最多的为“尧舜”。先来看《论语》中的例子：

子贡曰：“如有博施于民而能济众，何如？可谓仁乎？”子曰：“何事于仁，必也圣乎。尧舜其犹病诸。”（《论语·雍也》）

在回答子贡的问题时，孔子将“尧舜”作为伟大的圣人进行了彰显[1]。

而且，在《尧曰》篇中，还有以尧—舜、尧—禹等君臣关系为前提的传说：

尧曰：“咨尔舜。天之历数在尔躬。允执其中。四海困穷，天禄永终。”舜亦以命禹。（《论语·尧曰》）

此处，尧训示舜，舜又命禹，可以确认“尧—舜”及“舜—禹”的君臣关系。

在《孟子》中，孟子常倡导“性善说”，来彰显“尧舜”。

滕文公为世子，将之楚，过宋而见孟子。孟子道性善，言必称尧舜。（《孟子·滕文公上》）

并显示了“尧—舜”、“舜—禹、皋陶”的君臣关系。

---

[1] 上下文多少存在差异，但有关尧舜的同样语句，也可见于《宪问》篇中：“子路问君子。子曰：‘修己以敬。’曰：‘如斯而已乎？’曰：‘修己以安人。’曰：‘如斯而已乎？’曰：‘修己以安百姓。修己以安百姓，尧舜其犹病诸。’”

尧以不得舜为己忧,舜以不得禹、皋陶为己忧。(《孟子·滕文公上》)

以下引文记载了“尧舜”没后,天下大乱,以此彰显“尧舜”:

尧舜既没,圣人之道衰,暴君代作,坏宫室以为污池,民无所安息;弃田以为园囿,使民不得衣食;邪说暴行又作,园囿污地沛泽多,而禽兽至。及纣之身,天下又大乱。(《孟子·滕文公下》)

这种对圣王的彰显,在《荀子》中也可以看到:

权者重之,兵者劲之,名声者美之。夫尧舜者一天下也,不能加毫末于是矣。(《荀子·王制》)

此处,“尧舜”作为“一天下”的代表受到彰显。

在关于禅让的议论中,也有如下记载:

世俗之为说者曰:“尧舜擅(禅)让。”是不然。天子者,执位至尊,无敌于天下,夫有谁与让矣。(《荀子·正论》)

世俗一般认为,“尧舜”为禅让的王的典型,而《荀子》则对此种说法予以否定。不过,由此可知在当时一般的认识中对“尧舜”的彰显。

对于尧舜不能教化人民的世俗之说,《荀子》予以否定。其子朱、象未能被感化,并非尧舜的责任,乃是朱、象的责任。

世俗之为说者曰:"尧舜不能教化。"是何也?曰:"朱、象不化。"是不然也。尧舜,至天下之善教化者也,南面而听天下,生民之属莫不振动从服以化顺之。(《荀子·正论》)

在阐述性恶说时,尧舜也作为君臣登场。

尧问于舜曰:"人情何如?"舜对曰:"人情甚不美,又何问焉?"(《荀子·性恶》)

在此,尧就"人情"问于舜,舜答曰"人情甚不美"的故事,是为了引出"性恶说"。

另外,还说到得良师益友的重要性,作为其实践的典型举出了"尧舜禹汤"。

得贤师而事之,则所闻者尧舜禹汤之道也。(《荀子·性恶》)

此类"尧舜"的组合,在儒家文献以外也可得到确认。以下来看《墨子》及《韩非子》的例子。

故古者尧举舜于服泽之阳,授之政,天下平;禹举益于阴方之中,授之政,九州成。(《墨子·尚贤上》)

从《墨子》的这一处例子,可以见到"尧—舜"及"禹—益"的君臣关系。

《韩非子》中也有几处这样的例子。在《难势》篇中,论述了如果由"尧舜"操纵权势则天下治,由"桀纣"操纵则乱。

今以国位为车，以势为马，以号令为辔，以刑罚为鞭策，使尧舜御之则天下治，桀纣御之则天下乱，则贤不肖相去远矣。（《韩非子·难势》）

在《显学》篇中，指出儒墨均彰显“尧舜”，何为正统学说无法判别的问题。

孔子、墨子俱道尧舜，而取舍不同，皆自谓真尧舜。尧舜不复生，将谁使定儒、墨之诚乎？（《韩非子·显学》）

另外，在《忠孝》篇中的例子则如下：

皆以尧舜之道为是而法之。是以有弑君，有曲于父。尧舜汤武，或反君臣之义，乱后世之教者也。尧为人君而君其臣，舜为人臣而臣其君，汤武为人臣而弑其主，刑其尸。而天下誉之。此天下所以至今不治者也。（《韩非子·忠孝》）

此处指出了天下虽尊“孝悌忠顺”之道，但无人能够察其实状并正确实行，如“尧舜”及“汤武”的非道。虽为否定的文意，但从中可以确认世间对于“尧舜”乃是伟大圣王的共同认识。

如上所示，“尧舜”是古圣王的固定组合语，而“舜禹”的组合语也相当多见。

子曰：“巍巍乎，舜禹之有天下也，而不与焉。”（《论语·泰伯》）

此为孔子彰显“舜禹”的资料，称赞其并未直接干预天下（天下自治）。

同样，《孟子》中也可见到舜禹的组合语。

> 孟子曰："子路人告之以有过则喜。禹闻善言则拜。大舜有大焉：善与人同，舍己从人，乐取于人以为善。自耕稼陶渔，以至为帝，无非取于人者。取诸人以为善，是与人为善者也。故君子莫大乎与人为善。"（《孟子·公孙丑上》）

此处将子路及禹与舜作比较，在"善与人同"这一点上，对舜进行了高度评价。虽然舜得到更高彰显，但禹也得到一定的评价。

对舜禹的彰显，在《荀子》中也有如下记述：

> 一天下，财万物，长养人民，兼利天下，通达之属莫不从服，六说者立息，十二子者迁化，则圣人之得执者，舜禹是也。（《荀子·非十二子》）

在《非十二子》篇中，"舜禹"作为"圣人之得执者"得到了彰显。以下记载也彰显了"舜禹"：

> 如是，则舜禹还至，王业还起，功一天下，名配舜禹。（《荀子·王霸》）

即君主应不问亲疏贵贱，谋求有能之人。如此，则臣下也会不留恋职位，让与贤人并听从之。如此，则可以实现舜禹[1]的圣人功绩，

[1] 诸本此处作"禹舜"，但不合时代顺序。金谷治《荀子》（岩波文库）认为，后紧接有"舜禹"，所以此处当为误倒。

王业也可兴起，功绩统一天下，得到与舜禹并肩的名声。在此，作为圣王的代表举出了“舜禹”之名。

在《强国》篇中，也可见到“舜禹”的组合语。依靠武力的政治受阻，依靠道德的政治得行。《荀子》认为，秦虽比汤王武王的威势还要强大，比舜禹的领土还要广大，但同时还抱有无数的忧患。

力术止，义术行，曷谓也？曰：秦之谓也。威强乎汤武，广大乎舜禹，然而忧患不可胜校也。（《荀子·强国》）

在《韩非子》中也可以看到舜和禹的组合语：

昔者舜使吏决鸿水，先令有功而舜杀之；禹朝诸侯会稽之上，防风之君后至而禹斩之。（《韩非子·饰邪》）

此处虽然是主张对先令而行者及后令而至者严厉处刑，但同时也举出了舜和禹行刑的故事。

以下也同样为舜和禹的组合语。举出了在古代舜和禹的仁义奏过功效的故事，但认为在当今的时代仁义不再奏效。《韩非子》认为时代改变，做法也会发生改变。

当舜之时，有苗不服，禹将伐之。舜曰：“不可。上德不厚而行武，非道也。”乃修教三年，执干戚舞，有苗乃服。（《韩非子·五蠹》）

如上所示，多见尧—舜、舜—禹的组合语。另外，也有的明确记述了“尧舜禹”、“尧舜禹汤文武”等圣王的系谱。

> 尧禅天下，虞舜受之，作为食器，斩山木而财之，削锯修之迹，流漆墨其上，输之于宫以为食器，诸侯以为益侈，国之不服者十三。舜禅天下而传之于禹，禹作为祭器，墨漆其外，而朱画其内，缦帛为茵，蒋席颇缘，觞酌有采，而樽俎有饰。此弥侈矣，而国之不服者三十三。（《韩非子·十过》）

首先为《韩非子》的例子。虽为批判性文意，但此处可以看到尧舜禹的圣王系谱。尧质朴俭约，而无不服之国。尧禅让天下于舜，舜即饰以食器，诸侯以为其变奢侈，因而不服之国十三。舜让天下于禹，禹制作新的祭器，益发奢侈，因此不服之国多及三十三。《韩非子》认为世界按尧舜禹的顺序发生劣化。

其次为《孟子》所谓的五百年周期说中所见的圣人系谱。

> 孟子曰："由尧舜至于汤，五百有余岁。若禹、皋陶，则见而知之；若汤，则闻而知之。由汤至于文王，五百有余岁。若伊尹、莱朱，则见而知之；若文王，则闻而知之。由文王至于孔子，五百有余岁。若太公望、散宜生，则见而知之；若孔子，则闻而知之。由孔子而来至于今，百有余岁。去圣人之世，若此其未远也；近圣人之居，若此其甚也。然而无有乎尔，则亦无有乎尔。"（《孟子·尽心下》）

此处论述了尧舜禹汤文武孔子等圣人的系谱及其时间间隔。[1]

《荀子》也同样念及圣王系谱，对于"两帝四王"[2]的军事活动，

[1] 在与《孟子》中禹的治水事业的关系上需要注意的是，对于"尧舜"之世，"禹、皋陶，则见而知之"一点。

[2] 诸本此处作"四帝两王"，金谷治《荀子》从刘师培说，改为"两帝四王"。另外，上博楚简《举治王天下·文王访之于尚父举治》中，可以看到"四帝二王"的说法，则"四帝两王"一语也无法一概否认，但遗憾的是其内容未详。

提出了如下主张：

> 是以尧伐驩兜，舜伐有苗，禹伐共工，汤伐有夏，文王伐崇，武王伐纣。此两帝四王，皆以仁义之兵，行于天下也。（《荀子·议兵》）

作为“仁义之兵”行于天下的代表性事例，举出了尧舜禹汤文武的举兵。

而在道家文献中，更加入了黄帝，形成黄帝、尧、舜、禹、汤、文、武的圣王系谱。

> 世之所高，莫若黄帝，黄帝尚不能全德，而战涿鹿之野，流血百里。尧不慈，舜不孝，禹偏枯，汤放其主，武王伐纣，文王拘羑里。此六子者，世之所高也。孰论之，皆以利惑其真，而强反其情性。其行乃甚可羞也。（《庄子·盗跖》）

如上所示，《庄子》的特色是，未见于先秦儒家文献中的黄帝成为首位。《天下》篇也同样，提到黄帝、尧、舜、禹、汤、文、武的圣王系谱。

> 黄帝有咸池，尧有大章，舜有大韶，禹有大夏，汤有大濩，文王有辟雍之乐，武王、周公作武。古之丧礼，贵贱有仪，上下有等，天子棺椁七重，诸侯五重，大夫三重，士再重。今墨子独生不歌，死不服，桐棺三寸而无椁，以为法式。（《庄子·天下》）

以上确认了传世文献中的古圣王记载。以“尧舜”、“舜禹”、“尧舜禹”、“尧舜禹汤文武”等圣王的系谱为前提的记述占到绝大多数[1]。那么,是否还存在如《举治王天下》一般,尧和禹以直接的君臣关系进行问答的传说?以下将对近年来发现的其他新出土文献进行探讨。

四、新出土文献中的古圣王传说

首先来看郭店楚简。郭店楚简于1993年从湖北省荆门市郭店1号墓出土,1998年以《郭店楚墓竹简》公开全貌,其中发现了数例有关古圣王传说的资料。

> 有天有人,天人有分。察天人之分,而知所行矣。有其人,亡其世,虽贤不行矣。苟有其世,何难之有哉?舜耕于历山,陶拍于河浒,立而为天子,遇尧也。(郭店楚简《穷达以时》)

在《穷达以时》中,首先引人瞩目的是《荀子》之前“天人之分”的观点。此处还论述了舜从庶人成为天子,是因为遇到尧。其主旨是人的穷达在于“时”,并且将尧舜记述为君臣关系。

在同为郭店楚简的《唐虞之道》中,主题是圣王的禅让。文中明确记述了尧禅让于舜并给予极高评价,却未提及由舜到禹的禅让,关于禹则仅提及其治水事业。这是《唐虞之道》将禅让视为唯一的王位继承方法的独特观点。彰显受到禅让并禅让给他人的唯一圣王舜,而不愿提及受到禅让却令其子启世袭王位的禹。

> 汤(唐)吴(虞)之道,禅而不传。尧舜之王,利天下而弗利

[1] 在将古圣王组合起来加以彰显之外,当然也有或单独,或将王与(王以外的)其他人物组合后进行彰显的情况。单独彰显禹的,有《论语・泰伯》的“禹吾无间然矣。菲饮食而致孝乎鬼神,恶衣服而致美乎黻冕,卑宫室而尽力乎沟洫。禹吾无间然矣”为其代表。

也。禅而不传,圣之盛也。(郭店楚简《唐虞之道》)

《唐虞之道》还从“爱亲尊贤”的观点彰显了“尧舜”。

尧舜之行,爱亲尊贤。(郭店楚简《唐虞之道》)

《唐虞之道》也并非未彰显禹。在以下部分,在舜之后彰显了禹的治水事业,但仍未明确提及从舜至禹的禅让,并且,也未提及尧和禹具有直接关系。

爱亲尊贤,虞舜其人也。禹治水,益治火,后稷治土,足民养□□□(郭店楚简《唐虞之道》)

而明记为君臣关系的,仍为尧与舜。以下部分说明了尧录用舜的理由:

古者尧之与(举)舜也,闻舜孝,智(知)其能养天下。(郭店楚简《唐虞之道》)

以下来看郭店楚简《缁衣》。内容与现行本《礼记·缁衣》基本相同,记述了禹的事迹[1]。据此,禹三年完成治世,但本来并非因为有仁于民。此处,禹单独登场,而未提及与尧舜的关系。

子曰:“禹立三年,百眚(姓)以仁道,岂必尽仁?”(郭店楚简《缁衣》)

---

[1] 现行本《礼记·缁衣》作:“子曰:‘禹立三年,百姓以仁遂焉,岂必尽仁?’”

其次，来看清华简《良臣》。清华大学战国竹简（简称“清华简”），于2010年以《清华大学藏战国竹简（壹）》进行公开，《良臣》为其第三分册（2012年12月出版）中收录的文献。

> 尧之相舜₌（舜，舜）又（有）禹₌（禹，禹）有伯夷，有益，有史皇，有咎【1】囚。（清华简《良臣》）

《良臣》从黄帝开始记述至春秋时代的诸侯，对其“良臣”进行了列举，是一部颇有意思的文献。其中明确记述了尧的宰相为舜，舜的臣下为禹。

在银雀山汉墓竹简中也有相关资料。银雀山汉墓竹简于1972年被发现以来，于1985年出版《银雀山汉墓竹简（壹）》，之后续编迟迟未予公开。后终于在2010年出版了《银雀山汉墓竹简（贰）》。其中含有集50篇古佚文献的“论政论兵之类”。其中一篇为《选卒》。

> ……胜不服于吕遂。禹以算（选）卒万人胜三苗。汤以篡（选）[卒]七千人遂（逐）桀，挩（夺）之天下。武王篡（选）卒虎贲三千人□牧之野，杀纣，挩（夺）之天□。□公……诸侯，朝天下。（《银雀山汉墓竹简（贰）》所收“论政论兵之类”《选卒》篇）

因竹简存在残缺，在禹之前是否也有类似文句未详，文中论述了禹、汤、文、武的军事行动因“选卒”（选拔精锐之兵）而取得胜利。

《银雀山汉墓竹简（贰）》“论政论兵之类”中还有一篇《君臣问答》。内容可以整理为三节：（一）尧与善卷、许由；（二）舜与牟成杓；（三）禹。因竹简残缺严重，释读极为困难，但可知记述了尧与善卷、许由，以及舜与牟成杓的问答。但禹与谁进行问答尚且不明。

最后来看上博楚简。本章注目的第九分册所收《举治王天下》由五篇构成，其中的《文王访之于尚父举治》篇也可以看到“古圣王”的名字。虽然竹简的接续尚有未详部分，但在文王与太公望(尚父)的问答中，可以看到“舜”、“四帝二王”、“黄帝”、“尧”、“汤”的名字。但王的系谱尚且不详，且未见有“禹”之名。

同样收录在上博楚简第九分册的《史蒥问于夫子》也引人瞩目。因竹简断裂较大，大多难以判读，但文中论述了应以“禹汤”的统治为规范。

收录在第二分册的《容成氏》，记载了从古代帝王“容成氏”至周的文王武王的王者系谱，并对其王位继承进行了论述。文中仅将禅让视为王朝交替的理想方式，与郭店楚简《唐虞之道》类似。但《容成氏》的特色在于，不仅论述了尧舜禹，还论述了从容成氏至武王的整个中国历史。其中记述的尧舜禹本身的系谱也与传世文献契合。尧因老衰而禅让于舜，登上王位的舜录用了四位贤人。其中之一的禹被任为司工，受命治水。其治水的情形，虽与《尚书・禹贡》所记相异，但禹受舜之命断然治水，治理全中国的大框架并无不同。并且，因禹的功绩及禹本为贤人，舜遂行三顾之礼而禅让于禹[1]。

同样收录于第二分册的《子羔》中，在子羔与孔子的问答中可以看到“尧舜”与“三王”(禹、契、后稷)的记述。在“尧舜”部分，可以看到有关禅让的议论，在“三王”部分，以父亲身份卑微但终成天子的舜为话题。前半的“尧舜”部分与后半的“三王”部分被认为缺乏较强的连续性，但可以认为，从中可以看到不是很紧密的尧舜禹的系谱[2]。

通过对郭店楚简、上博楚简、清华简、银雀山汉墓竹简等记载的古圣王记述的考察，笔者发现基本上均未与传世文献中的圣王系谱矛盾。

[1]《容成氏》的详细情况，参见曹峰、李承律：《上海博物馆藏战国楚竹书〈昔者君老〉〈容成氏〉(上)译注》(上海博楚简研究会编，2005 年)，[日] 浅野裕一：《〈容成氏〉における禅讓と放伐》[《竹简が語る古代中国思想——上博楚簡研究》(汲古书院，2005 年)]。

[2] 详情参见[日] 福田哲之：《上海博物館藏戦国楚竹書〈子羔〉の再検討》(《中国研究集刊》第 33 号，2003 年)。

“尧舜”或“尧舜禹”的古圣王系谱从此类文献中也可得到确认。

那么，记录尧和禹的问答的《举治王天下》，可否认为是较为特别的传说？

五、尧和禹

传世文献中是否有与《举治王天下》相类似的传说？通过重新详细考察发现，确有与以上系谱相异的，尧和禹或为君臣关系，或被组合起来受到彰显的例子。首先来看《庄子》中的例子：

> 昔者尧攻丛枝、胥敖，禹攻有扈。国为虚厉，身为刑戮，其用兵不止，其求实无已。是皆求名实者也。（《庄子·人间世》）

在《人间世》篇中，作为圣王举兵的例子，将尧和禹组合论述，而未见舜之名。但在基本引用同文的《齐物论》谓“昔者，尧问于舜曰：‘我欲伐宗、脍、胥敖。南面而不释然。其故何也？’舜曰……”，则为尧舜的问答，而禹并未登场。虽然同一文献中的同样的故事也有尧禹或尧舜的出入，但毕竟可以看到尧禹的组合语的例子。

其次为《荀子》中彰显“尧禹”的记述：

> 以修身自强，则名配尧禹，宜于时通，利以处穷。礼信是也。（《荀子·修身》）

此处论述说，只要努力以礼修身，则可并肩尧禹，穷达均可应对[1]。

---

[1] 诸本中，“自强，则名”作“自名则”，无“强”字。金谷治《荀子》中指出《韩诗外传》卷一的引用中有“自强则名”并改之。

以下同为彰显“尧禹”的部分。论述说尧禹并非生来就是那样，而是在改变旧态努力而为后才具备的[1]。

> 尧禹者，非生而具者也。夫起于变故，成乎修为，待尽而后备者也。（《荀子·荣辱》）

下面也同为彰显“尧禹”的部分。论述说“学”可使人向上，可并乎“尧禹”。

> 我欲贱而贵，愚而智，贫而富，可乎？曰：其唯学乎。彼学者，行之，曰士也；敦慕焉，君子也；知之，圣人也。上为圣人，下为士君子，孰禁我哉！乡也，混然涂之人也，俄而并乎尧禹，岂不贱而贵矣哉！（《荀子·儒效》）

同样，以下例子中也可以看到组合“尧禹”进行彰显的例子：

> 有物于此，居则周静致下，动则綦高以巨。圆者中规，方者中矩。大参天地，德厚尧禹。精微乎毫毛，而充盈乎大寓。（《荀子·赋》）
>
> 天下不治，孙卿不遇时也。德若尧禹，世少知之。（《荀子·尧问》）

前者，在“云”赋中喻云之德厚若“尧禹”，后者喻荀子之德厚若“尧禹”。

---

[1] 以下“修为”语，诸本作“修修之为”，金谷治《荀子》中，从俞樾之说（因下文有“修为”语，且与前“变故”对应），削“修之”二字。

在《荀子》中，较为多见对"尧禹"的彰显，但如前所述，也多见组合"尧舜"及"尧舜禹汤"进行的论述，绝非统一。在此意义上，以下的《王霸》篇的记述引人瞩目：

故治国有道，人主有职……若是则一天下，名配尧禹。(《荀子·王霸》)

在此，论述了只要全治国之道(琐碎政务则一任小吏)与人主之职(任用有能的宰相，使群臣及官员以就正道)，其名声即会与"尧禹"并肩。在前述的同篇有"如是，则舜禹还至，王业还起，功一天下，名配舜禹"，用语虽类似，但相关部分则为"舜禹"。这也是同一文献中略有出入的例子。

在《性恶》篇中，甚至在同一章中混有"尧舜"与"尧禹"。

凡人之性者，尧舜之与桀跖，其性一也；君子之与小人，其性一也。今将以礼义积伪为人之性邪？然则有曷贵尧禹，曷贵君子矣哉？(《荀子·性恶》)

"尧舜之与桀跖"部分被指出存在问题，金谷治的《荀子》注本中认为，诸本中为"尧舜"，但据下文此处当为"尧禹"之误写，并进行了改正。总之，"尧舜"还是"尧禹"，这是在同一章中稍有出入的例子。

在儒家以外的文献中，除如前所举的《庄子》，尧禹的组合还见于以下文献。在《鹖冠子》中，作为圣王讨伐的例子，举出了尧和禹，而舜没有出现。

尧伐有唐，禹服有苗。(《鹖冠子·世兵》)

同样,舜未登场,只有尧禹组合的,有《韩非子》的例子:

尧之王天下也,茅茨不翦,采椽不斫,粝粢之食,藜藿之羹,冬日麑裘,夏日葛衣,虽监门之服养,不亏于此矣。禹之王天下也,身执耒臿,以为民先,股无胈,胫不生毛,虽臣虏之劳不苦于此矣。(《韩非子·五蠹》)

此处论述说,让天子之位,至多是脱离了看门人般的生活,摆脱了仆人奴隶般的劳动,并无因让天下与人而值得赞赏之处。作为"王天下"而生活俭朴的代表人物举出了尧和禹。

另外,虽然成书年代未详,《世本》中也有尧直接命令禹的例子:

尧使禹作宫室。(《世本·作篇》[孙冯翼集本])

还有时代较晚的《史记》中,也可以看到"尧禹"的例子:

故申子曰"有天下而不恣睢,命之曰以天下为桎梏"者,无他焉,不能督责,而顾以其身劳于天下之民,若尧禹然。故谓之"桎梏"也。(《史记·李斯列传》)

在此,作为尽瘁天下辛勤劳动的圣王举出了"尧禹"的例子。

而且,在以下的太史公言中还说,未成就事业的尧,在得到禹后天下才变得安宁。

太史公曰:……尧虽贤,兴事业不成,得禹而九州宁。(《史记·匈奴列传》)

通过以上对传世文献中“尧禹”例子的考察可知，虽然数量较少，但的确存在这样的例子。只因尧舜禹汤文武的圣王系谱的印象过于强烈，迄今并未对其意思进行过充分考察。而且，对于为何舜虽然存在却被排除，尧禹的说法是否成立等问题尚无说服力较强的说明。

在此种状况之下，可以说《举治王天下》的发现，给予了古圣王传说研究以重要的启示。《举治王天下》中，尧和禹为直接的君臣关系，而且尧和禹进行了具体的问答。以上的传世文献中，即使提到“尧禹”时，也均未记载两者具体的会话。但是，如果假设《举治王天下》那样的传说在当时已经具有了一定的认知度，那么，即使使用“尧禹”也不会有太大的不妥。

而且，《举治王天下》中记述如此传说的背景，可以认为是受到禹的治水大业的强烈影响。禹治理天下洪水，或许本为神话，但人们认定其奠定了中国的地理基础。将禹直接作为尧的臣下，也并非毫无根据。另外，舜也被作为伟大的圣王，《举治王天下》中也有《舜王天下》篇。但出身微贱而被尧起用并登天子位的舜，虽为至孝有德之王，但从诸传说来看，似乎并未取得过如禹一般伟大的功绩。可以推测，这也成为将尧和禹直接接合的一个重要原因。

结　语

在传世文献以及近年发现的众多出土文献中，“尧舜禹汤文武”等圣王的系谱，或“尧舜”、“舜禹”等以君臣关系为前提的记述占到绝大多数。但也有未言及舜，而以尧和禹为君臣关系，直接组合尧禹的记述。

若将基于“尧舜”、“尧舜禹”、“尧舜禹汤文武”一类系谱的记述称为“尧舜”型传说，而将尧和禹直接组合的传说称为“尧禹”型传说，那么本章所考察的状况即可以整理为，在古代中国“尧舜”型传说较为有力,同时也并存有“尧禹”型传说[1]。

而《举治王天下》,则是以君臣问答的形式,具体地显示了存在“尧禹”型传说的贵重资料。或许在“尧舜禹”或“尧舜禹汤文武”等圣王系谱的形成过程中,“尧舜”型传说变得较为有力,而作为“尧禹”型传说的痕迹,则表现为在传世文献中也存在对“尧禹”的彰显以及尧禹的组合词(即舜未出现),以及在同一文献或同一章中也混有“尧舜”型与“尧禹”型传说。

在迄今为止的神话研究中也有学者指出,中国的古传说,是经过相当长时期的整理与合理化后形成的,在“尧舜禹”或“尧舜禹汤文武”的圣王系谱形成以前,可能并存过多种类型的传说[2]。在显示这类古老传说存在的意义上,《举治王天下》是极为贵重的资料。

---

[1] 但是,此处所说的“尧禹”型,绝非尧禅让于禹的意思,而是有别于王位继承关系,仅作为尧和禹被连称的,或进行直接问答的传说意义上的拟称。另外,如果假定舜和禹在年龄上相差无几,在尧的治世下同为臣下存在,则可以说“尧舜”型与“尧禹”型并不矛盾,大致上并无太大的相违。有关此点,已在第57页注[1]中指出过其可能性,另外在《说苑・君道》中,还有“当尧之时,舜为司徒,契为司马,禹为司空”等,明确记载了在尧的治世下舜和禹作为臣下同时存在,值得注意。

[2] 另外,此前的神话研究中,在尧、舜、禹的考察方面,以追究其原初形态为主。关于禹,则注目于其原初形态(例如水神)、治水事业的意义以及与鲧的关系,未见有探讨尧和禹的关系的研究。详细请参见[日] 森三樹三郎:《支那古代神話》(大雅堂,1944年),[日] 御手洗勝:《古代中国の神々》(创文社,1984年),[日] 白川静《神話と経典》(《白川静著作集》第六卷,平凡社,1999年。初出为1976年),袁珂:《中国古代神話》(みすず書房,伊藤敬一等译,1971年新版)等。

第四章

太姒之梦与文王的训诫——清华简《程寤》

序　言

2008年7月，清华大学获取了大量的竹简。经第一次调查发现，这批略称为“清华简”的竹简群乃是2 000余枚战国时期的竹简。近年公开的为世界瞩目的竹简当中，郭店楚墓竹简（郭店楚简）共约700枚，上海博物馆藏战国楚竹书（上博楚简）共1 200枚。而清华简的数量则远远超过这些竹简。

因为一部分竹简有发霉劣化现象，清华大学立刻成立了专门的工作室来进行清洗和保护工作。10月14日，工作告一段落，清华大学便召集了中国国内11位学者，举行了竹简鉴定会。以古文字学研究权威裘锡圭为首的与会人员，均是在出土文献研究方面取得了很多实绩的学者。经过鉴定，学者们一致认为，这批竹简毫无疑问就是战国时期的竹简。在这一阶段，清华大学方面由李学勤在媒体上公布了清华简的概况，取得了极大的反响。特别是，其中含有据推测相当于《尚书》、《逸周书》的文献，以及与《竹书纪年》相类似的编年体史书等，十分引人瞩目。

其后，清华大学便开始着手清华简的拍摄工作。在此过程中，确认了竹简的总数为2 388枚（含残简在内）。

12月，受清华大学委托，在北京大学进行了碳14（C14）年代测定。测定结果判明了清华简的年代为公元前 305±30 年，也证明了先前的鉴定结果可靠。至此，清华简与郭店楚简和上博楚简等同样也是战国中期的竹简的论断，得到了科学证明[1]。

其后，2010 年 12 月，《清华大学藏战国竹简（壹）》（清华大学出土文献研究与保护中心编，李学勤主编，中西书局）得以出版。而进口到日本，笔者拿到手则是 2011 年 1 月 26 日。其中，收录了《尹至》、《尹诰》、《程寤》、《保训》、《耆夜》、《周武王有疾周公所自以代王之志（金縢）》、《皇门》、《祭公之顾命（祭公）》、《楚居》等九篇文献。

本章将以其中的《程寤》为主，对其全体进行释读，同时对其主题及在思想史上的意义、与传世文献的关系等问题加以初步的考察。

一、《程寤》释读

首先是书志情况。《程寤》，共有竹简 9 枚，三道编线，简长 45 cm。无篇题，“程寤”是编者基于内容赋予的拟称[2]。清华简中，竹简背面中央记有大写数字，或为排序号码，但遗憾的是，《程寤》中并未记录任何号码。原释文的整理者为清华大学的刘国忠。

内容方面，似为《艺文类聚》、《太平御览》等文献中零星引用的《逸周书・程寤》（古佚书）。详细内容容后详述，大致内容则如下所示：

周文王之妻太姒做梦，梦中殷商朝廷的庭中生棘，太子发（后来

[1] 包括笔者在内的研究小组“中国出土文献研究会”，于 2009 年 9 月访问清华大学，并得到了阅览清华简的机会。有关详情，请参见本书第一部分的序章。
[2] 关于本文献称为《程寤》的理由，后述的《太平御览》卷第八十四《皇王部九・周文王》所引《帝王世纪》中有详细记载。

的周武王)取周的王庭之梓植于其间,梓立刻化作松柏棫柞。由此,文王察知了周的受命,然而念及殷的实力依然强大,在自己这一代显然无法打倒殷,于是便训诫将要成为天子的发(武王),要慎重等待王朝交替之机。

此外,关于竹简的排序,因在背面未记有竹简号码,在原释文中,据文脉推测将竹简分配为1到9临时号码进行了排序[1]。但是,随后由复旦大学出土文献与古文字研究中心研究生读书会(以下略称为复旦读书会)提出了修正意见,认为应该按照"1+2+3+4+5+7+6+8+9"重新排序[2]。笔者将依据复旦读书会的意见进行释读。

以下按照原文、文章大意、语注的顺序排列。原文是以原释文为基础,参考复旦读书会等其他的意见,最终由笔者确定的内容。【1】至【9】为竹简号码。()内的文字是将原释文中隶定的文字换读后的文字。①、②等圆圈数字,为笔者附加的语注号码。

原文:

隹(惟)王元祀贞(正)月既生魄①,大(太)姒梦见商廷隹(生)②棘③。乃小子发取周廷梓④树于厥间,化为松柏⑤棫柞⑥。【1】寤惊,告王。王弗敢占,诏太子发,俾灵名⑦凶祓。祝忻祓王,巫率祓太姒,宗丁祓太子发。敝(币)告【2】宗方(祊)⑧社稷,祈于六末山川,攻于商神⑨望⑩承(烝⑪),占于明堂。王及太子发并拜吉梦,受商命⑫【3】于皇上帝⑬。兴,曰:"发,汝敬听吉梦。朋棘𢾰(弃⑭)梓,松柏副,棫覆柞作,化为䐬⑮。呜呼!何警非朋,何戒非【4】商,何用非树。树因欲,不违材。如天降

[1]《清华大学藏战国竹简(壹)》所收文献中,《尹至》、《尹诰》、《耆夜》、《金縢》、《皇门》、《祭公》等,竹简背面标记有大写数字的号码。可以认为是为防止发生竹简的误脱、错简的排序号码,现在称为"次序编号"。

[2]《清华简〈程寤〉简序调整一则》(复旦大学出土文献与古文字研究中心主页,2011年1月5日)。

疾，旨味既用，不可药，时不远。惟商戚在周，周戚在商。【5】择用周，果拜不忍，绥用多福。惟梓敝不义。芃于商，俾行量亡乏。明明在向(尚)，惟容纳棘？意(抑)【7】欲惟柏梦？徒庶言，迣(肆)引(矧)又(有)，勿亡秋⑯。明武畏，如棫柞亡根(干)。鸣呼，敬哉！朕闻周(至)长不贰⑰，务【6】亡勿用，不忎⑱，思卑順(柔)和川(顺)，眚(生)民不灾，褱(怀)允。鸣呼！何监非时，何务非和，何畏非文，何【8】保非道，何爱非身，何力非人。人谋强，不可以藏。后戒，后戒！人用汝谋，爱日不足⑲。"【9】

文章大意：

(周的文)王(即位)的元年正月既生魄，(文王的妻子)太姒，梦见殷商朝廷的庭院中生满荆棘，太子发(后来的武王)便将周的宫殿的庭院中生长的梓(的幼苗)，取来种植在商的庭院当中，梓立刻化作松柏棫柞等树木。

(太姒)惊醒后，告诉了王。王并没有立刻占梦，而是告诉太子发，使其凶祓(祓除不祥的仪式)灵名。祝忻祓王，巫率祓太姒，宗丁祓太子发。币告(准备谷物祈祷)于宗庙社稷，祈祷六末山川(天地四方与山川之神)，祭祀商神(殷的神)，执行望、蒸的仪式，占于明堂，得到了吉梦的占断。王与太子发并排拜此吉梦，接受了(取代走向衰亡的殷商)的皇皇上帝的天命。

(文王)起身说道："发呀，你要谨慎遵从吉梦。群生的荆棘为梓松所弃，梓松柏并肩(成长)，棫柞繁茂成为红漆(涂染的高大材质)。必须要警戒徒党。要警戒商。要登用树(合适的人材)。树(人材)应该以用途为第一，切勿错用材质(要人尽其用)。天降灾害，却沉溺美食，则无药可救，离毁灭不远。商的忧患在周，周的忧患在商。选(商的忧患)而用于周，果敢除去(无用的人材)，安心录用(有用的人材)则多福。梓本来就可以破除不义。如果使其繁盛在商，一定不会误导人们的行动。堂堂(上帝)在上，是默许如此荆棘？还是希望(松)柏之梦？庶民有言，市肆中长期存放物品，则一定要收获果实(如果希望周的长久，则需要有长远发展策略)。炫耀武力的恐怖，恰似棫柞无干。你要谨慎呀。我听说，永远不变的事物，为了避开存亡危机，不会录用(不适当的人材)，所以不会损害(民众)，因为温和顺从，所以民众没有灾害，(民众)变得忠心耿耿。必须要以时为鉴，必须要致力于和，必须慎畏文德，必须保持道，必须爱惜身，必须为人效力。只要努力，人谋定现，必须要充分警戒以待将来(周推翻商，武王成为天子之时)。人们会追随你的计谋，所以，必须珍惜时之不足。”

语注：

① 既生魄：阴历每月的第二周。“既生霸”亦同。《尚书·武成》中有“既生魄，庶邦冢君暨百工，受命于周”。王国维《观堂集林》卷第一《艺林一·生霸死霸考》中有“余览古器物铭，而得古之所以名日者凡四……二曰既生霸，谓自八、九日以降至十四、五日也”。

② 隹(生)棘：原释文隶定为“隹”，此处重视字形与传世文献中该处的记述，读作“生”。

③ 棘：荆棘。用来比喻困难或纷纠、小人或谗贼。《后汉书·冯异传》中有“为吾披荆棘，当关中”。《楚辞·七谏·怨思》(东方朔)中有“行明白而曰黑兮，荆棘聚而成林”。此处用作上帝放弃了殷商，殷商灭亡在即的象征。

④ 梓：梓木。优质的木材，用作有用人材的比喻。《尚书·梓材》中有“若作梓材，既勤朴斫，惟其涂丹雘”。此处指在母亲的梦中，发(后来的武王)在荆棘群的中央种植的树木。或为王权的象征。

⑤ 松柏：松树与柏树。用作长寿及坚定的节操的比喻。《诗经・小雅・天保》（臣下祝福君王的诗）中有“如松柏之茂，无不尔或承”。此处指发种下的梓苗成长变化成的梓木，所以可理解为周王朝建立的象征。

⑥ 棫柞：棫木与柞木。“棫”在《尔雅・释木》中为“棫，白桵”。郭璞注为“桵，小木丛生，有刺，实如耳珰，紫赤可啖”。“柞”在《说文》中为“柞，柞木也”。“棫朴”为《诗经・大雅》文王之什的篇名。歌颂文王经常录用臣下。也用以比喻贤人之多。只是，“棫柞”的例子，在《诗经・大雅・绵》中歌颂古公亶父（太王）建国的情形，有“柞棫拔矣，行道兑矣，混夷駾矣，维其喙矣”；另外，在《诗经・大雅・皇矣》中为“帝省其山，柞棫斯拔，松柏斯兑。帝作邦作对，自大伯、王季”。在《诗经》中，柞棫为茎叶有刺的树木，有时也作为应当拔除的东西出现。不过，此处“松柏棫柞”皆指发种植的梓苗成长变化成的大树，所以还是应当理解为周王朝建立的象征。

⑦ 灵名、祝忻、巫率、宗丁：可认为均是祭祀官的官职名或人名，但详情不明。

⑧ 宗祊：宗祀、宗庙。《左传・襄公二十四年》中有“保姓受氏，以守宗祊”。

⑨ 商神：商（殷）的守护神。此处文王祭祀商神，是因为在当时商的权势尚远超于周。所以，文王虽然确信周的受命，但是仍然尊重商神。

⑩ 望：眺望周的山川，焚柴扬烟祭祀山川之神。或指该祭祀。“望祭”、“望于山川”（《尚书・舜典》）。根据《太平御览》卷第八十四《皇王部九・周文王》中所引《帝王世纪》，此时文王被弃于“程”地。应当是从那里远眺山川来祭祀神的意思。

⑪ 蒸：冬季的大祭。隆重供奉收获的物品。

⑫ 商命：曾降于商（殷）的天命。此处因文王将拜天命，暗示了

商的命运实际已尽。

⑬ 皇上帝：原释文视之为合文，释读作“皇上帝”。在此且从之，在后述的相关资料中，多作“皇天上帝”。

⑭ 弃：原释文释读作“䜌”，引《说文》作“弃”之义。此外，也有据隶定字“戈”字读作“伐”的可能性。

⑮ 雘：涂抹红漆的高大材质。《尚书·梓材》中有“若作梓材，既勤朴斫，惟其涂丹雘”。

⑯ 徒庶言，迣(肆)引(矧)又(有)，勿亡秋：难解之处。此处依据王宁《读清华简〈程寤〉偶记一则》(复旦大学出土文献与古文字研究中心主页，2011 年 1 月 28 日)，释读作“徒庶言，‘迣(肆)矧(长)有，勿亡秋’”，并采纳其译文翻译为“文王引用庶民的俗语说，要想市肆上货物长久充裕，就不能没有获”。

⑰ 周(至)长不贰：原释文指出《诗经·小雅·鹿鸣》的传中将“周”训作“长”的例子，释读作“至长不贰”。

⑱ 忎：惎的古字。

⑲ 爱日不足：《尚书·周书·泰誓》中有“我闻，吉人为善，惟日不足。凶人为不善，亦惟日不足”。

二、《程寤》的主题与思想史的意义

那么，该文献的主题及思想史的意义又该如何考虑？

如后所述，太姒所做的梦本身，在《潜夫论》及类书中也曾被零星引用，而为人所知。只是其记述极为简略。与此相对，清华简《程寤》对周文王如何对待该梦，以及如何训诫发(后来的武王)进行了详细的记述。

在《博物志》、《艺文类聚》、《太平御览》、《册府元龟》等以往的记载中，虽然对于商庭蔓延荆棘，以及发(后来的武王)在其间(中央)种植的梓变为松柏棫柞的事情本身也有记载，但并未对其意义进行解说。在《程寤》中，从其后文王的言语中，可以理解到不同的树木（植物）分别被用作如下的比喻：

棘：殷商的衰亡之象。王权衰微命运将尽的样子。

梓：取代商而增长的周的势力。象征着发后来推翻商，成为天子。

松柏棫柞：超过商并不断成长的周的未来。周王朝建立的象征。

对于太姒所做的梦，文王并未立刻认为是吉梦，而是举行了各种祓除及祭祀，之后在明堂上供奉占梦。在以往的资料中，基本上都没有说明这一过程。可以认为，这是因为梦的内容极为重要，有必要记录下来，但后来的资料都注目于梦本身，而省略了对这一过程的说明。

对梦进行占断的结果为“吉梦”。文王元年，商庭蔓生荆棘，发种植下的梓超过荆棘成长为大树之事，象征了殷的衰亡与周的受命，对周来说基本上是吉梦。而且，文王也说，“如天降疾，旨味既用，不可药，时不远”，“明明在尚，惟容纳棘”，言及了殷商衰退灭亡的可能性。

这应当是《程寤》的一个主题。如以往的资料中所表明的，该梦被视为周受命的象征。

完全未见于以往的资料中的文王的训诫，究竟有怎样的意义？文王注意到了太姒之梦内容的主体为发（武王）。做梦者为太姒，而非文王自己。而且，梦中出现的起到重要作用的，是种植梓的发。即该梦虽然为象征周的受命的吉梦，但是还象征在文王自己这一代中无法实现王朝的交替，必须由后来的发来建立周王朝。文王意识到了这一点。

事实上，文王在殷商末期作为“西伯”聚集人望壮大了势力，却因为受到谗言被幽闭于羑里，其后，送给殷纣王大量贡品才终于被解除幽囚,在度过了苦难的岁月后亡故[1]。在文王生前,最终还是未能完成王朝的交替。

不过,如文王所言,“商戚在周,周戚在商”,商最大的忧患为周的势力。周虽然在商的权势之下被迫雌伏,但能够推翻商的最有力的候补,无他,正是周。

于是,文王告诉发说,不得误选人材,必须谨慎自身而为民众尽力,要慎重行事,不要暴露推翻殷的“谋”(计划)等,进行了长长的一段训诫[2]。这一点是从以往的资料中完全无法得知的内容。

因此,可以认为该文献,是后来的周王朝的统治者为了维护自己的受命(殷周革命)的正当性而制作的;同时,也是为了称颂文王的深谋远虑。文王受命称王,但其后被捕幽闭羑里,无法亲手推翻殷王朝,便将该意志秘密训诫给其子发。该训诫的部分,才是迄今未流传下来的《程寤》的最大的特色[3]。

另外,在后世的儒家看来,该文献在两点上意义巨大。第一点是明确了儒家的理想周王朝是通过以梦为媒介的形式正受天命。

《尚书·武成》中可见殷周革命的记载。根据该记载,牧野之战

[1]《史记·周本纪》有:“西伯曰文王,遵后稷、公刘之业,则古公、公季之法,笃仁,敬老,慈少。礼下贤者,日中不暇食以待士,士以此多归之。伯夷、叔齐在孤竹,闻西伯善养老,盍往归之。太颠、闳夭、散宜生、鬻子、辛甲大夫之徒皆往归之。崇侯虎谮西伯于殷纣曰:‘西伯积善累德,诸侯皆向之,将不利于帝。’帝纣乃囚西伯于羑里。闳夭之徒患之,乃求有莘氏美女,骊戎之文马,有熊九驷,他奇怪物,因殷嬖臣费仲而献之纣。纣大说,曰:‘此一物足以释西伯,况其多乎。’乃赦西伯,赐之弓矢斧钺,使西伯得征伐。曰:‘谮西伯者,崇侯虎也。’西伯乃献洛西之地,以请纣去炮格之刑。纣许之。……西伯崩,太子发立,是为武王。”

[2] 似乎受此影响,武王进行了慎重的军事行动。《史记·周本纪》中有“是时,诸侯不期而会盟津者八百诸侯。诸侯皆曰:‘纣可伐矣。’武王曰:‘女未知天命,未可也。’乃还师归”,一度放弃了举兵。

[3] 刘国柱《走近清华简》(高等教育出版社,2011年)中,强调了古代的梦与占梦的重要性,认为该梦意味着文王即位元年阶段的受命,但却并未对其后的文王的训诫部分进行详细分析。另外,该书还以《尚书·酒诰》的内容,指出殷商灭亡的原因在于饮酒过度,而在《程寤》中文王所训诫的,则并非饮酒。固然“何戒非商”这句话不无这层含义,但是,文王对太子发所进行的训诫中,比起不可重蹈殷商的覆辙来,更为重要的是,要不使殷商察觉讨伐计划而谨慎行事。

中武王的军事行动令人惊心动魄，战死者无数，血流漂杵。如此过激的武力行使，在称颂周王朝的儒家看来，或许成为一种心病。因此，《孟子・尽心下》对于有德的武王讨伐如纣王一样的"不仁"者，如何会有如此过激的战争进行了反驳，辩解称"尽信书，则不如无书"，认为历史的记述不可全信。

因此，周曾经以梦媒形式受命，对于后世的儒家来说，可以说是一个极为合适的传说。武王的军事胜利只不过是一个结果而已，因为事实上王朝的交替在文王时已经注定了。

而且，在"尧舜禹汤文武"的历代圣王之中也享有高度评价的文王，悟到自己无法实现王朝的交替，便秘密训诫发(武王)做好准备，等待时机到来。这样的传说，因为高度评价了文王的仁德与智谋而被儒家接受下来。

三、《程寤》的传承

但《程寤》的内容，其后散佚，没有得到完整传承。以下将通过比较相关文献资料，来整理《程寤》是如何被流传下来的。另外，还将从流传过程的角度，对清华简《程寤》的意义进行重新探讨。

首先，将主要的相关资料，列举如下：

①《潜夫论・梦列》

且凡人道见瑞而修德者，福必成，见瑞而纵恣者，福转为祸；见妖而骄侮者，祸必成，见妖而戒惧者，祸转为福。是故太姒有吉梦，文王不敢康吉，祀于群神，然后占于明堂，并拜吉梦。修省戒惧，闻喜若忧，故能成吉以有天下。

②《博物志》卷八

大姒梦见商之庭产棘，乃小子发取周庭梓树，树之阙间，梓化为松柏棫柞。觉惊，以告文王。文王曰："慎勿言。冬日之阳，夏日之阴,不召而万物自来。天道尚左,日月西移;地道尚右,水潦东流。天不享于殷,自发之生于今十年,夷羊在牧,水潦东流,天下飞蝗满野,命之在周,其信然乎。”

③《艺文类聚》卷七十九《灵异部下·梦》

《周书》曰:“大姒梦见商之庭产棘,太子发取周庭之梓树于阙,梓化为松柏棫柞。寐觉,以告文王。文王乃召太子发,占之于明堂。王及太子发并拜吉梦,受商之大命于皇天上帝。”

④《艺文类聚》卷八十八《木部上·松》

周太似梦周梓化为松。

⑤《白氏六帖·梦》

树梓 《周书》:“太姒梦见商之庭产棘,小子发取周庭之树,梓化为松栢棫柞。惊寤,告文王。文王召太子,占之于明堂。王乃与太子发并拜吉梦,受商之大命于皇天。”

⑥《太平御览》卷第八十四《皇王部九·周文王》

《帝王世纪》曰:“文王昌龙颜虎肩,身长十尺,胸有四乳,晏朝不食,以延四方之士。文王合六州之诸侯以朝纣,纣以崇侯之谗而怒,诸侯请送文王,弃于程。十年正月,文王自商至程。太姒梦见商庭生棘,太子发取周庭之梓,树之于阙间,梓化为松栢柞棫。觉而惊,以告文王。文王不敢占,召太子发,命祝以币,告于宗庙群神,然后占之于明堂。及发并拜吉梦,遂作《程寤》。”

⑦《太平御览》卷第三百九十七《人事部三十八·吉梦上》

《周书》曰:“文王去商在程,正月既生魄,大姒梦见商之庭产棘,小子发取周庭之梓树乎阙间,梓化为松柏棫柞。寤惊,以告文王。王及太子发并拜吉梦,受商之大命于皇天上帝。”

⑧《太平御览》卷第五百三十三《礼仪部十二·明堂》

又《程寤》曰:“文王在翟,太姒梦见商之庭产棘,小子发取周庭之梓树于阙间,化为松柏棫柞。惊以告文王。文王曰召发于明堂,拜告(吉)梦受商之大命。”

⑨《册府元龟》卷二十一《帝王部·征应》

周文王父季历之十年,飞龙盈于殷之牧野,此盖圣人在下位将起之符也。及为西伯,作邑于丰。文王之妃曰太姒,梦商庭生棘,太子发植梓树于阙间,化为松柏柞棫,以告文王。文王币告群臣,与发并拜吉梦。

⑩《册府元龟》卷八百九十二《总录部·梦征》

周文王去商在程。正月既生魄,太姒梦见商之庭产棘,小子发取周庭之梓树于门间,梓化为松柏棫柞。寤惊,以告文王。文王及太子发并拜吉梦,受商之大命于皇天上帝。

⑪《诗经·大雅·皇矣》“居岐之阳”正义

《周书》称,文王在程,作《程寤》、《程典》。

⑫《尔雅翼》卷十二

周之兴,大姒梦见商之庭产棘,小子发取周庭梓树,植之于阙间,梓化为松柏柞棫。觉惊,以告文王。文王曰:“勿言。冬日之阳,夏日之阴,不召而物自来。”以为宗周兴王之道。

以上资料也可以说是大同小异,但还是有些细微的不同点,所以,以下将分为数项来整理其异同点。

(一)关于树木的变化

首先,在太姒的梦中发植下的是梓树,现从梓树是如何变化的观点,将资料整理如下:

梓→(化)→松柏(栢)棫柞　②③⑤⑦⑧⑨⑩

梓→(化)→松柏(栢)柞棫　⑥⑫

梓→(化)→松　④

未言及具体的树木　①

基本的结构大致相同，几乎所有的资料均记录为梓化为松柏（栢）棫柞。只有④《艺文类聚》中收录于“松”部，可能是有意将“柏棫柞”作为夹杂物排除在外。这应当看作是类书特有的例外的收录[1]。此外，①《潜夫论》中未言及树木的名称，这不过暗示了《潜夫论》的主旨不在此处。有关这一点容后详述。

（二）做梦以后的情节发展

其次，从太姒做梦以后，文王是如何行动一点来整理，则如下所示：

太姒之梦→（不占）→币告等→占于明堂→拜吉梦受大命　⑥

太姒之梦→祭祀→占于明堂→拜吉梦→努力修德的结果得到天下　①

太姒之梦→占于明堂→拜吉梦受大命　③⑤⑧

太姒之梦→币告→拜吉梦（未记受命之事）　⑨

太姒之梦→拜吉梦受大命　⑦⑩⑫

与清华简《程寤》最相近的，是⑥《太平御览》所引的《帝王世纪》。其余的资料，可以认为均是在此基础上的简略型。而稍微有所不同的，还是①《潜夫论》。其中发（武王）并未登场，而是记述了得到吉梦的文王努力修德，最终得到了天下。

（三）关于文王的言语

得到吉梦的文王，在清华简《程寤》中，对发进行了训诫，但在其他的资料中又如何？

无程寤之文（文王的训诫）　①③④⑤⑦⑧⑨⑩

仅记述了作程寤一事（并未记述内容）　⑥⑪

记述了一部分文王的言语，但与清华简《程寤》不同　②⑫

---

[1] 类书在引用文章之际，将与该类及该项无关的语句作为夹杂物予以排除的现象，请参阅拙著《故事成語の誕生と変容》（角川学艺出版，2010年）。

如上整理,在之前的资料中,完全无法得知文王训诫的详细内容。②《博物志》与⑫《尔雅翼》中,记载了"慎勿言……"、"勿言……"等文王的言语。这估计是文王鉴于该梦事关周的受命事态重大,于是吩咐要将做梦的经过以及策划实现王朝交替的计谋等严加保密。与《程寤》中文王的训诫的大义类似,只是言语较为简略。因此,可以说清华简《程寤》最为重要的意义,即在于从中可以得知文王训诫的全貌一点[1]。

结　语

本章主要对清华简《程寤》,进行了整体的释读,并加以基础性的考察。

所谓《程寤》,主要记述了在殷商末期,周文王被流放到程地,鉴于在其即位的元年妻子太姒所做的梦,文王对太子发(后来的武王)进行训诫的内容。

文王之所以对此梦极为重视,进行了隆重的祭祀,并供奉占断,还对发(武王)进行了长篇的训诫,可以说,正是因为文王看重梦中的这一内容,即不是由自己,而是由发种下梓树,梓树长成大树。文王认为,该梦象征了虽然殷商的气数已尽,但在自己这一代尚无法实现王权的交替,将来应由发来建立周王朝。

因此,文王训诫发说,为了不重蹈殷商的覆辙,必须谨慎己身为民众竭尽全力,慎重施行计谋推翻殷商,确立周的王权。文王的深谋远虑与以梦为媒介的周的受命,均为本文献的重要主题。

但在后来的资料中,《程寤》的大致框架(仅太姒之梦的部分)得

[1] 但是,传世文献的记述②、⑫中文王的对话部分与清华简之间存在若干不同之处,这也说明了《程寤》的流传过程可能更为复杂。即,《程寤》的流传,或许在先秦时期已经存在多个版本,而并非清华简《程寤》所记是唯一存在的内容。但总而言之,清华简《程寤》中所记载的文王详尽的训诫内容,其后佚失不传。

到传承，而丧失了后半部分的主题。其结果是，如各种类书那样，仅将该梦的部分列入“吉梦”的例子中，或如《潜夫论》则从道德论的角度，论述说做了吉梦，但如果不谨慎，也无法得到真正的福报。而《程寤》的真正的主题却未得到流传。

此外还想提及一点，或许稍微偏离了主题，即从思想史研究的视角来看，《程寤》还有以下几个重要的特色：

首先，以母亲（太姒）所做的梦为媒介讲述新王朝的受命，与孔子诞生的传说等类似。时期虽然较晚，根据《圣迹图》中总结的孔子诞生的传说，孔子本来是由母亲颜征祈祷于尼丘而受孕的。在孔子诞生之前，麒麟到来并口吐玉书，上记“水精子继衰周而素王”。孔母怀胎 11 个月后，产下孔子。另外，鲁襄公二十二年十一月，孔子诞生当晚，两条龙在屋上盘旋，五位老人（五星之精）降于庭中。并且，孔母颜征的房间里，响起天上音乐，传出“天感生圣子”的声音。孔子有 49 处异于常人的特征，胸前有“制作定世”的文字。如此，围绕孔子的诞生，产生了不可思议的诞生传说。因此，后世的儒家，在把《程寤》当作宣扬周王朝正当性的传说的同时，也有可能将其与孔子的诞生受命传说重合在了一起。

其次，通过树木来讲述受命及王权确立的宗教性也引人瞩目。据《史记・殷本纪》记载，殷商政道式微，帝太戊即位时，出现了一个奇怪的现象，即桑树与楮树共生在朝廷的庭中，当天傍晚即长成一抱粗细的事件。帝太戊恐惧，就向宰相伊陟询问缘由，并听从了伊陟的规谏努力修养德行，于是怪木枯萎消失[1]。在此，树木象征了王权的成长与衰微。由此也可再次确认，在清华简《程寤》中，棶、梓、松柏棫柞等起到了重要的作用。

---

[1] “帝太戊立伊陟为相。亳有祥桑谷共生于朝，一暮大拱。帝太戊惧，问伊陟。伊陟曰：‘臣闻妖不胜德，帝之政其有阙与。帝其修德。’太戊从之，而祥桑枯死而去。”（《史记・殷本纪》）。

再次，如果具有如此内容的《程寤》确为《逸周书》中的一篇，则对于考虑《逸周书》的成书与文献的性质问题，该文献就可以成为一个重要的线索。此次发现的清华简，如前所记，与郭店楚简、上博楚简相同，已确认为战国中期竹简（写本）。如此，则文献的形成自然更早，恐怕在战国前期之前。即使这无法直接作为证实《逸周书》成书于战国前期之前的一个论据，也可证实其素材本身的形成相当早。而且，也有观点认为，《逸周书》并非为某人某个时期的著作，而是一个杂然无序的编辑物。即使果真如此，其中或许也具有某种的编辑意图。就像《程寤》一样，也可认为是一部为了彰显周受命的大事以及文王权谋术数的智谋书籍。

清华简《程寤》，就是这样将数件未知的重大事实摆在了我们面前。

第二部分

王者的记录与教诫——楚王故事研究

序　章
上博楚简与楚王的故事

在诸子百家出现之前，古代中国有过哪些文献？以孔子为师的儒家集团，据说是以《诗》、《书》为教材进行学习的。即使是儒家的论敌墨家，也是如此。

《诗》，包括周王朝的采诗官遍历诸国采集的各国的"风"、在王朝的祭礼之际唱诵的"雅"，还有赞颂先祖功德的"颂"等三个部分。《书》是记载以古代圣王尧舜为首的诸王的言语。在诸子百家的时代，这些均为贵族的必读书籍。

此外，春秋时期各国的史官，将该国的历史总结为《春秋》。其后，《春秋》也与《易》、《礼》、《乐》一同成为儒家的经典。其原因在于，传说这些文献均由孔子着手进行过编纂。

除此之外，在诸子百家之前的时代，是否就没有别的文献？对于这个问题，近年的出土文献给出了很好的答复。通过新的资料可知，除了《诗》、《书》以外，还存在各种形态的古代文献。特别是在上博楚简中，含有多种春秋时期楚国的书籍。在这些书籍中，以故事形式记述了当时楚国的历史，描述了王和太子的理想形象。以下就以楚国历代的王及太子中有关庄王、灵王、王子木（平王的太子）、昭王的文献为主，进行探讨。

其中的第一章、第三章、第四章，曾分别以《上博楚簡〈莊王既成〉の“予言”》、《太子の“知”——上博楚簡〈平王與王子木〉》、《上博楚簡〈平王问鄭壽〉における諫言と予言》为题，收录于《竹簡が説る古代中国思想（二）——上博楚簡研究》（［日］浅野裕一编，汲古书院，2008 年 9 月）中；第五章以《父母の合葬——〈昭王毁室〉》为题，收录于《上博楚簡研究》（［日］湯浅邦弘编著，汲古书院，2007 年 5 月）中；第六章，以《教戒書としての〈君人者何必安哉〉》为题收录于《竹簡が説る古代中国思想（三）——上博楚簡研究》（［日］浅野裕一编，汲古书院，2010 年 3 月）中。

其后，随着研究的不断深入，以上论文中也出现了一些需要修改之处，加之，考虑到若将此类论文加以总结，命名为“王者的记录与教诫——楚王故事研究”，或许具有一定的意义，于是，在保留原文主旨不变的前提下，分别加以若干修订，对内容进行了重新编辑。

第一章
《庄王既成》的"预言"

序　言

《上海博物馆藏战国楚竹书(六)》(马承源主编,上海古籍出版社,2007年7月)中,收录有数篇记载春秋时期楚王与太子的相关文献。本章就其中《庄王既成》篇加以全文释读,并对该文献的基本特征与著作意图进行考察。

首先,根据《上海博物馆藏战国楚竹书(六)》的说明,列举出《庄王既成》的竹简形制。《庄王既成》与同册所收《申公臣灵王》共计竹简9简,以第四简墨钩为界,其前为《庄王既成》,其后则为《申公臣灵王》(参见序文第9页图)。

该篇竹简简长33.1~33.8 cm,简宽0.6 cm,简厚0.12 cm。均为完简。简端平齐。编线两道。右契口。简头至上契口约8.9~9.5 cm,上契口至下契口约15 cm,下契口至简末约9.2~9.3 cm。各简均为满写简,上下无留白。

首简至第三简各26字,第四简至墨钉处为11字,共计93字。第一简背面有篇题"庄王既成"四个字。

一、《庄王既成》释读

首先列出《庄王既成》原文及文章大意。此处所指原文,是以

《上海博物馆藏战国楚竹书(六)》原释文(陈佩芬整理)为基础,并适当参考了相关研究者的见解,最终由笔者确定的文本。有关争议文字的认定、释读,在文后语注中略加说明。【1】、【2】等数字为竹简号码,“ㄥ”为墨钩。

原文:

庄王既成无射,以问沈尹子桱曰:“吾既果成无射,以供春秋尝,以【1】待四邻之宾。吾后之人,几何保之?”沈尹固辞,王固问之。沈尹子桱答【2】曰:“四与五之间乎。”王曰:“如四与五之间,载之传车以上乎,抑四舿以【3】逾乎?”沈尹子桱曰:“四舿以逾ㄥ。”【4】

文章大意:

楚庄王铸造了十二律之一的无射大钟,问沈尹子桱道:“我已铸造了无射大钟,并以此大钟供祭祖先,招待了周边诸国的宾客。我之后的楚王能保有此大钟多久?”沈尹固辞不答,王强问之,于是答道:“大概在四世至五世之间。”王又问:“若在四世至五世之间,是指以驿车载此无射运到中原之国,还是指以四舿大船顺流运至长江下游之国?”沈尹子桱答道:“以四舿大船顺流运至长江下游之国。”

语注[1]:

[1] 以下所引诸氏的见解,皆见于网络。陈伟:《读〈上博六〉条记》;凡国栋:《读〈上博楚竹书六〉记》;何有祖:《读〈上博六〉札记》;董珊:《读〈上博六〉杂记》;苏建洲:《初读〈上博(六)〉》;沈培:《〈上博〉字词浅释》。以下为避免行文烦琐,仅列出诸氏姓名及要点。详情参看简帛网(武汉大学简帛研究中心)(http://www.bsm.org.cn/index.php)、简帛研究(http://www.jianbo.org/)等。

庄王：春秋时期的楚王，公元前613—前591年在位。“三年不蜚不鸣”（《史记·楚世家》）后渐次平定诸国，又问周定王鼎之轻重，遂成春秋五霸之一。因本篇记其谥号，所以该文献的书写年代当在庄王殁后。

无射：原释文读作“无矢（敌）”。估计是根据篇题“庄王既成”四字，将此解释为“庄王既成，无敌”。但是，如果照此释读，则上文“成”字缺宾语，且下文“载”所载为何物亦不详所指。因此，篇题未必就是句读的标志。例如，与本篇一同收录于《上海博物馆藏战国楚竹书（六）》的《慎子曰恭俭》，第三简背面确有篇题“慎子曰恭俭”五字。但不过是为方便截取篇首五字而已，就其文意则与下文相联。“曰”所指内容，不仅是“恭俭”二字。

对此，陈伟读作“无铎”，谓“铎”为“射”的通假字，并指出曾侯乙编钟铭文中也将“无射”书为“无铎”、“无睪”。此处从陈伟说，文中当指铸成无射大钟（音阶十二律之一）。又如陈伟所指出，古书中有著名的周景王铸无射的故事（《左传·昭公二十一年》、《国语·周语下》）。

沈尹子桱的“沈”字：原释文隶定为“鹽”字，同时原释文推测即为《吕氏春秋》中所记载的“沈尹茎”。确如所言，在《吕氏春秋·不苟论·赞能》中，对辅佐庄王成就霸业，居功甚著的沈尹茎给予高度赞扬[1]。

果成：原释文隶定为“果城（成）”。并指出其中“果”字，当从《孟子·梁惠王》“君走，以不果来也”的赵岐注“果，能也”之训。

---

[1]《吕氏春秋·不苟论·赞能》：“孙叔敖、沈尹茎相与友。叔敖游于郢三年，声问不知，修行不闻。沈尹茎谓孙叔敖曰：‘说义以听，方术信行，能令人主上至于王，下至于霸，我不若子也。耦世接俗，说义调均，以适主心，子不若我也。子何以不归耕乎？吾将为子游。’沈尹茎游于郢五年，荆王欲以为令尹，沈尹茎辞曰：‘期思之鄙人有孙叔敖者，圣人也。王必用之，臣不若也。’荆王于是使人以王舆迎叔敖，以为令尹，十二年而庄王霸。此沈尹茎之力也，功无大乎进贤。”

“春秋尝”的“尝”：指以当年新收获的谷物祭祀祖先之灵。“尝烝”(《礼记·王制》)指天子及诸侯为祭祀其祖先之灵而举行的祭礼。在秋季举行者为尝，在冬季举行者则为烝。本篇“供春秋尝”，是指将铸成的无射大钟用于祭祀祖先之灵的祭礼。

待四邻之宾：原释文释读作“侍四邻之赏”。恐怕是取奉四方邻国之赏(赞)的意思。其义颇为难解。此处“待”从何有祖、李学勤、沈培的释读，“宾”从苏建洲的释读，整句释读为将无射展示于款待周边诸国宾客的宴席之上。与上句相接，成为“以……”、“以……”的对称结构，分两句表达庄王铸成无射之后，喜出望外，立刻使用的心情。

“吾后之人”的“吾”：“吾”字是根据文意所补。原字因竹简过于模糊而无法判读。陈伟读为“吾”，凡国栋则读为“朕”。皆指庄王以后之人(王)的意思。

几何保之：原释文读为“岂可保之”，但如果读作反问，则下文回答颇不自然。此处从陈伟所释，读作表示疑问的“几何”较佳。

四与五之间：此文与本篇的主题有关。原释文援引《周易》习坎䷜之文，于意无取。此处盖预言庄王之后四五世，楚即无法维持隆盛的现状，而现在铸成的大钟(无射)也最终将会易主他国。陈伟、董珊、凡国栋等也认为“四五”是指楚王世数。庄王以后的历代楚王如下所示：

王　名	在位年
庄王	公元前 613—前 591 年
共王(庄王子)	公元前 590—前 560 年
康王(共王子)	公元前 559—前 545 年
郏敖(康王子)	公元前 544—前 541 年
灵王(公子围、康王弟)	公元前 540—前 529 年
訾敖(公子比、康王弟)	公元前 529 年

平王(弃疾、康王弟)	公元前 528—前 516 年
昭王(平王子)	公元前 515—前 489 年
惠王(昭王子)	公元前 488—前 432 年
简王(惠王子)	公元前 431—前 408 年

载之传车以上乎：如果四五世之后大钟(无射)将为人所夺，是否将被载于传车(驿车)中带去？即是否楚终将被中原之国所灭亡的意思。

抑：原释文隶定为“殹”，读为“也”，解为“繄”(语助词)之义。但此字用于句首令人颇感唐突。在此，从凡国栋说释为“噫”或“抑”，解作连接前句与后句的助词，“抑或、或许”之义。

四舸以逾乎：原释文释为“四肤(舸)以逾乎”，原释文注释认为“肤”为“舸”的古文，并引《方言》谓：“南楚江湘，凡船大者谓之舸。”此句是说，如果四五世后无射大钟将为人所夺，是否将被载于大船带走？即是否楚国将为长江流域之国所灭之意。

此即为楚昭王十年(公元前 506 年)吴师入郢的预言。楚昭王十年，吴王阖闾率军拔楚都郢，楚不得不迁都。陈伟指出《淮南子·泰族训》有云：“阖闾伐楚，五战入郢，烧高府之粟，破九龙之钟，鞭荆平王之墓，舍昭王之宫。”

另外，“逾”字，原释文援《说文》“进”之义，认为是《尚书》中“越”之义。陈伟则据其他简帛及《国语·吴语》中“下”之训，认为此文中是“顺水而下”之义。考虑到与前句“载之传车以上乎”之“上”字的对应关系，则此处取“下”之义颇佳。

二、“无射”与预言

以下考察本篇的主题与著作意图。对理解本篇内容而言，《国语·周语下》中所载景王故事作为重要对比材料颇值得关注。

周景王(公元前544—前520年在位)在位的二十一年(公元前524年)欲铸造“大钱”(大型货币)。王的卿士单穆公进谏说,如此则夺民之财货而徒增灾害。王未听,卒铸大钱[1]。两年之后,景王又欲铸造十二律之一的无射大钟[2]。单穆公又谏言说:“三年之中,而有离民之器二焉,国其危哉。”认为继两年前铸“大钱”一事之后,王又行招致民心离叛之事,终将导致国家危难[3]。

于是景王问乐官伶州鸠。伶州鸠从音乐理论方面,也指出铸造无射大钟的弊害并表示反对[4]。但景王最终仍然坚持铸造了无射之钟。二十四年大钟铸成,钟声一度调和,却正如伶州鸠所预言,“三年之中,而害金再兴焉,惧一之废也”。二十五年,王驾崩,钟声不和[5]。

另外,在《左传·昭公二十一年》中所见伶州鸠之言则更为直接预言出王之死。

> 二十一年,春,天王将铸无射。泠州鸠曰:“王其以心疾死乎!夫乐,天子之职也。夫音,乐之舆也。而钟,音之器也。天子省风以作乐,器以钟之,舆以行之。小者不窕,大者不槬,则和

[1]《国语·周语下》:“景王二十一年,将铸大钱。单穆公曰:‘不可。……且绝民用以实王府,犹塞川原而为潢污也,其竭也无日矣。若民离而财匮,灾至而备亡,王其若之何?吾周官之于灾备也,其所怠弃者多矣,而又夺之资,以益其灾,是去其藏而翳其人也。王其图之。’王弗听,卒铸大钱。”

[2]《国语·周语下》:“二十三年,王将铸无射,而为之大林。”

[3]《国语·周语下》:“出令不信,刑政放纷,动不顺时,民无据依,不知所力,各有离心。上失其民,作则不济,求则不获,其何以能乐?三年之中,而有离民之器二焉,国其危哉。”

[4]《国语·周语下》:“今细过其主妨于正,用物过度妨于财,正害财匮妨于乐。细抑大陵,不容于耳,非和也。听声越远,非平也。妨正匮财,声不和平,非宗官之所司也。”

[5]《国语·周语下》:“二十四年,钟成,伶人告和。王谓伶州鸠曰:‘钟果和矣。’对曰:‘未可知也。’王曰:‘何故?’对曰:‘上作器,民备乐之,则为和。今财亡民罢,莫不怨恨,臣不知其和也。且民所曹好,鲜其不济也。其所曹恶,鲜其不废也。故谚曰:“众心成城,众口铄金。”三年之中,而害金再兴焉,惧一之废也。’王曰:‘尔老耄矣。何知?’二十五年,王崩,钟不和。”

于物。物和则嘉成。故和声入于耳而藏于心,心亿则乐。窕则不咸,槬则不容,心是以感,感实生疾。今钟槬矣,王心弗堪,其能久乎!”

昭公二十一年(公元前521年)伶州鸠预言,铸造无射大钟的景王将因心脏之疾死去。其原因在于,音乐调和则听之入心,能使心气安宁而愉悦;而无射发出的过于响亮雄洪的声音,会震撼人心,引发疾病。果然,景王翌年死于心脏疾患。

上述景王故事中,铸造无射大钟一事有两点不吉。其一,压迫财政。大钟铸造需要大量经费,会成为国家经济的重负。继二十一年铸造“大钱”之后,铸造无射大钟,将使得经济受困,民心离叛,是为失策。

另一则是音乐理论上的问题。景王“将铸无射,而为之大林”,即铸造无射大钟,又欲作大林之大钟而为之覆[1]。据单穆公与伶州鸠之说,无射为阳声之细音,而大林则为阴声之大音,如此则二者相犯,无法听闻其声[2]。

因此,伶州鸠谏言说:“今细过其主妨于正,用物过度妨于财,正害财匮妨于乐。”[3]正如伶州鸠在谏言中所指出的,铸造无射无论从“财”还是从“乐”来看,都是应该加以否定的愚行。

[1] 韦昭注:“景王二十三年,鲁昭二十年也。贾侍中云:‘无射,钟名,律中无射也。大林,无射之覆也。作无射,为大林以覆之,其律中林钟也。’”然此文亦存别说。

[2] 单穆公谏言云:“且夫钟不过以动声,若无射有林,耳弗及也。夫钟声以为耳也,耳所不及,非钟声也”,伶州鸠亦谓:“物得其常曰乐极,极之所集曰声,声应相保曰和,细大不逾曰平。……今细过其主妨于正,用物过度妨于财,正害财匮妨于乐。细抑大陵,不容于耳,非和也。听声越远,非平也。”《国语》韦昭注亦云:“若无射复有大林以覆之。无射,阳声之细者也。林钟,阴声之大者也。细抑大陵,故耳不能听及也。”

[3]《国语·周语下》:“今细过其主妨于正,用物过度妨于财,正害财匮妨于乐。……若夫匮财用,罢民力,以逞淫心,听之不和,比之不度,无益于教,而离民怒神,非臣之所闻也。”

现在以上述故事为背景,重新来看《庄王既成》。庄王铸造无射,问沈尹子桱道:“吾既果成无射,以供春秋尝,以待四邻之宾。吾后之人,几何保之?”问题的意思浅显易懂。但从故事情节来看,却又显得略为勉强。庄王铸无射大钟,并立刻用于祭祀与宴席之中,却又质疑能够保有多久。言行中得意的心情与一抹的不安相互交错。为了导出下文沈尹子桱之言,这在故事结构上很有必要,但仍略感不自然。

总之,对此下问,沈尹子桱一开始固辞,因为已知答案不祥。但王仍然强迫其作答。无奈之下,子桱答道:“四与五之间乎。”即预言庄王以后,四至五代便无法维持隆盛的现状,而铸造完成的大钟(无射)也终将易主。庄王以后的四至五代,正值楚国迎来危机的平王、昭王时代[1]。昭王十年(公元前506年),楚国为吴王阖闾所侵,国都郢陷落,便是一个最为典型的事件。而伍子胥掘平王墓鞭尸,也是这个时期的事件。

王对预言的反应,甚为不可思议,并非拒绝或反驳,反而欲闻其详。王问道既然四五代后大钟(无射)易主,为人所夺,那么,究竟是被传车(驿车)载去,即楚国将为中原之国所灭;还是被大船载去,即楚国将被长江流域之国所灭?《庄王既成》中所载沈尹子桱的答复,最终以“四舸以逾”终结全篇。

如上所述,在《庄王既成》篇中,庄王铸造无射大钟与沈尹子桱的不祥预言形成一组对应关系。而文中对无射之铸造何以不祥并未加以任何说明,就其背景而言,当然是意识到《国语·周语》以及《左传·昭公二十一年》中的解说。即从“财”与“乐”两方面而言,无射的铸造均为不祥。而沈尹子桱已经知晓此事,因而固辞不答。

---

[1] 庄王以下诸王次序为:共王、康王(共王之子)、郏敖(康王之子)、灵王(公子围,康王之弟)、訾敖(公子比,康王之弟)、平王(弃疾,康王之弟)、昭王(平王之子)。其中郏敖为公子围所弑,短命而终,訾敖也于继灵王之后即位不久即自杀,皆未称“王”。因此,自共王起,第四代王为平王,第五代王为昭王。

三、《庄王既成》的成书

那么，该文献究竟在何时，又为何目的著述而成？《庄王既成》与其后的《申公臣灵王》为同册竹简。因此，关于其文献特征，也应当结合两篇进行综合考察，至少可以说，两篇是以墨钩划分为两篇的、连贯书写的楚王故事。详情容下章再作探讨，此处仅以《庄王既成》为对象进行分析。

首先，《庄王既成》成书的上限，当在庄王在位的公元前 613 至前 591 年；而其下限当为上博楚简的抄写时代，即战国中期（公元前 300 年前后）。那么，《庄王既成》的成书究竟在这一期间中的哪一阶段？这一问题与如何理解沈尹子桱的预言密切相关，即该预言究竟作于庄王时期，还是后世在楚国濒临灭亡的危机之际所作？

直至篇首庄王下问“吾后之人，几何保之”的部分，或可以认为是庄王时期的实录。但下文中庄王所问“载之传车以上乎，抑四舸以逾乎”又当如何理解？这是以来自中原之国与长江流域之国的两大威胁为前提的预言。

的确，当时的中原霸主晋，对楚而言是一个极大的威胁。庄王时尝有邲之战（公元前 597 年）[1]。而长江流域的吴的军事威胁逐渐加剧，则是在“吴始伐楚”（《左传 · 成公七年》）的公元前 584 年之后。这并非是楚庄王时期，而是相当于此后的共王以降的时期。虽然比邻大国的存在本身就是一个潜在的威胁，但是在庄王时期，将晋、吴并列直言其威胁，似乎无此必然性。楚国遭受吴国的威胁，是在此后的楚灵王时期。

描述这一时期相关背景的故事，见于《说苑 · 权谋》：

---

[1] 又，《说苑 · 君道》中记载有大夫指斥晋楚为敌国之言：“楚庄王好猎，大夫谏曰：‘晋楚敌国也。楚不谋晋，晋必谋楚。今王无乃耽于乐乎？’”

> 晋人已胜智氏,归而缮甲砥兵。楚王恐,召梁公弘曰:"晋人已胜智氏矣,归而缮甲兵。其以我为事乎?"梁公曰:"不患,害其在吴乎?夫吴君恤民而同其劳,使其民重上之令,而人轻其死以从上使。如虏之战,臣登山以望之,见其用百姓之信必也。勿已乎,其备之若何?"不听。明年,阖庐袭郢。

文中,对于担心晋国侵攻的楚昭王,臣下梁公弘进言说倒不如担心吴国的威胁,应当对吴国加以防备[1]。故事中,最终昭王未采纳梁公弘谏言,其翌年,被吴王阖闾攻破郢都。由此可知,对于楚国而言,晋、吴能够并列被称作威胁,是在昭王时期。

那么,如果此篇成书于昭王时期以降,又会在哪一阶段?楚国在昭王十年、十二年,国都郢两度为吴所夺,旋又夺回。这是因为吴、越相争,无暇对楚作战所致。其后,吴经历与越的长期作战,于公元前473年灭亡。而晋也于公元前453年为三家强有实力的贵族韩、魏、赵掌握实权,陷入三分状态。进入战国时期,中国形成七雄割据之势,而楚最大的军事威胁乃是西方的秦。

如此一来,则晋与吴得以并称为两大威胁的时期,最有可能为楚昭王时期至继任惠王(公元前488—前432年在位)初期。当然,也有后世回顾当年情形而记述了这一故事的可能性,但不得不说写作动机较弱,而文献形成的必然性也极低。

因此,《庄王既成》极有可能是在遭受昭王时期国难之后,于昭王时期或稍后著述而成。该文献唯有对于这一时期的读者,才有最为切实的意义。

此外,若着眼于文章内容,则沈尹子桱"四与五之间乎"的回

---

[1] 关于这一故事,《说苑纂注》已经指出,晋杀智伯之年(公元前453年)与吴王阖闾攻占楚都郢(公元前506年)之间年代不符。但是,其作为佐证昭王时期晋、吴对楚国构成军事威胁的文献资料,依然有效。

答，初看颇为暧昧，似不可确定。但很明显，这不过是为了使预言看起来更显真实的伪饰而已。如果直接答复当在昭王时代，则过于露骨。而庄王所问“载之传车以上乎，抑四舸以逾乎”，以及沈尹子桱所答“四舸以逾”，也并未直指吴王阖闾攻破楚国导致国都陷落，而是显得意味深远。此处也可感受到著作者的创作意图。若预言过于直截了当，则恐怕会扫了读者兴致，进而怀疑故事本身是否为捏造而成。而著作者通过这一意味深长的预言，使上述故事更具深度。

通过如此考察，则本文献的著作意图也就不言自明。昭王时期国都陷落的危机，在大约百年前庄王的时代就已经做出预言。如此故事结构，暗示了昭王时期的国难并非仅仅因昭王自身失政所致，其渊源所在，更可追溯至五代之前的楚王的时代。一跃成为春秋五霸的庄王断然铸造无射大钟。这一行为无论从“财”的方面还是从“乐”的方面，均当加以否定。无射的铸造象征了庄王的失政与骄慢。因此，国家危机的萌芽正是蕴涵于其发展的鼎盛时期。这也正是该文献的主旨所在，即危难是在历经了百年的岁月之后，于寂静之中悄然而至。

具有如此预言结构的故事，习见于《左传》与《国语》之中。虽然预见五代(约百年后)的预言并不多见，但在如《国语·周语中》之中，可见到单子对鲁大夫灭亡的预言。

定王八年，使刘康公聘于鲁，发币于大夫。季文子、孟献子皆俭，叔孙宣子、东门子家皆侈。归，王问鲁大夫孰贤。对曰：“季、孟其长处鲁乎。叔孙、东门其亡乎。若家不亡，身必不免。”……王曰：“几何?”对曰：“东门之位不若叔孙，而泰侈焉，不可以事二君。叔孙之位不若季孟，而亦泰侈焉，不可以事三君。若皆蚤世犹可。若登年以载其毒，必亡。”

周定王八年(公元前599年),周派遣刘康公出使鲁国。其时,鲁国的季文子与孟献子质朴,而叔孙宣子与东门子家则奢汰。定王闻此报告,向单子请教鲁大夫之中谁为贤者。单子预言说,季文子与孟献子将长居于鲁国,而叔孙宣子与东门子家将灭亡。王又问“几何(多久灭亡)”,单子预言说,东门子无法侍奉二代君王,而叔孙则无法侍奉三代君王。

在此,预言了二代或三代以后的灭亡。而《庄王既成》中的预言,则可以说是将预言的时间拉得更长[1]。

而且,这一预言,对于肩负楚国未来的王及太子而言,具有极大的教诫意义。无视财政与音律而铸造无射,即为重大失政的一例。即便此种行为不会立即导致悲剧的出现,也终将使国家陷入危难。该文献正是以这种教诫形式对楚国的为政者进行了强有力的告诫。

结　语

关于本篇主题,原释文作者陈佩芬认为,乃是如何保持霸主地位的问题。庄王询问可以保有至何时,沈尹子桱则引用《周易》作答。然而如果答复引自《周易》习坎,则如其《彖传》所云“习坎,重险也”,即险难重重之义,此答复对于王的疑问显然不够明快。且其后的问答之中,所“载”之物也不明所指,文意难通。

因此,可以说本篇最大的要点,在于庄王铸造大钟与沈尹子桱对此的预言。沈尹的预言,乃是基于楚昭王时期国都陷落的亡国预言。对于楚王与太子而言,这无疑是重大的教诫之言。

[1] 又,凡国栋指出传世文献中多有将国家兴亡与世代数字相联系的说法,如《论语·季氏》有:“孔子曰:天下有道,则礼乐征伐自天子出。天下无道,则礼乐征伐自诸侯出。自诸侯出,盖十世希不失矣。自大夫出,五世希不失矣。陪臣执国命,三世希不失矣。天下有道,则政不在大夫。天下有道,则庶人不议。”;《季氏》篇中另一处指出:“孔子曰:禄之去公室,五世矣。政逮于大夫,四世矣。故夫三桓之子孙,微矣。”不过,诸例皆为表述国家衰退的固定措辞,与《国语》、《左传》中针对具体事件的个别预言性质稍异。

第二章
《申公臣灵王》——灵王的“篡夺”

序　言

《上海博物馆藏战国楚竹书(六)》(马承源主编,上海古籍出版社,2007 年 7 月)中收录的《申公臣灵王》,与《庄王既成》为同册文献。

前一章分析了其中的《庄王既成》。本章继续对后半部分的《申公臣灵王》进行全文释读,并对文献的基本性质及其著作意图加以考察。

首先,根据《上海博物馆藏战国楚竹书(六)》的说明,列举出《申公臣灵王》的竹简形制。《申公臣灵王》与《庄王既成》同册,共计 9 简。以第四简的墨钩为界,其前为《庄王既成》,其后为《申公臣灵王》(参见序文第 9 页图)。

简长 33.1 ~ 33.8 cm,宽 0.6 cm,厚度 0.12 cm。均为完简。简端平齐。两道编线。右契口。简首至上契口为 8.9 ~ 9.5 cm,上契口至下契口为 15 cm,下契口至简末为 9.2 ~ 9.3 cm。除第九简均为满写简,上下无留白。

字数 11 ~ 25 字(含重文 1 处),计 117 字。最终简(第九简)中有墨钩,以下留白,当知此为末尾简。

篇题为整理者陈佩芬根据内容所定的拟称。

一、《申公臣灵王》释读

首先,列举《申公臣灵王》的原文及文章大意。此处所谓原文,乃是基于《上海博物馆藏战国楚竹书(六)》的原释文(陈佩芬整理),并参酌诸氏见解,最终由笔者确定的文本。文字的认定以及释读中存在问题之处,在语注中加以解说。另外,【4】、【5】等数字为竹简号码,“ㄥ”表墨钩。

原文:

> 御于析述,陈公子皇首皇子。王子围夺之,陈公争之。【4】王子围立为王。陈公子皇见王,王曰:“陈公【5】忘夫析述之下乎?”陈公曰:“臣不知君王之将为君,如臣知君王【6】之为王,臣将有致焉。”王曰:“不穀以笑。陈公,是言弃之。今日【7】陈公事不穀,必以是心。”陈公跪拜,起答:“臣为君王臣,君王免之【8】死,不以振斧质,何敢心之有ㄥ?”【9】

文章大意:

> 陈公子皇(穿封戌)在析述(棘遂)之地被皇子(郑的皇頡)所阻,(双方发生战斗)陈公子皇生擒皇子。王子围(后之灵王)欲横夺成为俘虏的皇子,于是陈公子皇和王子围之间发生争夺(最终王子围夺取了皇子)。(其后)王子围即位为楚王(灵王)。陈公子皇谒见王。王说:“陈公,你是否忘记了析述的往事?”陈公回答道:“臣下没有料到您能成为君主。如果知道您会成为君王,我当会竭尽全力(阻止王位篡夺)。”王说道:“我会一笑忘之。你也忘了此话吧。从今以后,你作为我的臣下侍奉于我,务必要真心侍奉。”陈公跪拜行礼,起身答道:“臣下

是君王的臣下。君王如免除臣下的死罪，不降刑罚于我，我怎会怀反抗之心？”

语注[1]：

“御于析述”的首字：原释文读作“吾”，何有祖读“禁”，陈伟读作“御”。“析述”，原释文释为楚邑，指出《左传·僖公二十五年》中有“秦人过析”，杜预注为“析，楚邑，一名白羽”。陈伟则认为指《左传·襄公二十六年》的故事，读作“棘遂”，为郑的“城麇”或其附近地名。

笔者从陈伟所指，同意其与《左传·襄公二十六年》的故事有关，因此读作“御于析述（棘遂）”。另外据《左传》，楚军于两年前的襄公二十四年（公元前549年）驻屯于“（郑）棘津”。本篇或将一连串的军事行动混而同之，是以将应当记作城麇的地名误写。总之，本篇开头稍显唐突，或因当时的读者皆熟知该事，不需详细说明之故。其与《左传》的关系，容后详述。

陈公子皇首皇子：如依据《左传·襄公二十六年》的故事，则陈公子皇指穿封戌（楚城外的县尹），皇子指郑的皇颉。“首”字，何有祖读作“置”（释放之意），陈伟依据《左传》读作“囚”。此处取“首”（俘虏）皇子（皇颉）之意。另外，“陈公”的竹简文字可隶定为“申公”，原释文据此将本篇的篇题定为“申公臣灵王”，陈伟依据郭店楚简《缁衣》第十九、三十九简，上博楚简《缁衣》第十、二十简中“紳”及“迪”释读为“陈”的例子，读作“陈”。根据《左传》，穿封戌的确被任命为陈的县公，因而此处很有可能是将穿封戌称为陈公。虽然在《左传》和《史记》中有不止一个被称作“申公”的楚国人物登场，却并无

[1] 以下所引诸氏见解，均公诸于网上。在此为避免行文烦琐，仅举出姓名及要点。论文题目、登载日期等详情，请参见简帛网（武汉大学简帛研究中心）（http://www.bsm.org.cn/index.php）、简帛研究（http://www.jianbo.org/）等。

将穿封戌记为申公的例子。下文以穿封戌作为“陈公”进行文献解读。但为避免书名混乱，将依照《上海博物馆藏战国楚竹书》中《申公臣灵王》的拟称进行论述。

王子围：竹简原文也可读作“王子回”，此处依照原释文的释读，作“王子围”，指后来的灵王（公元前540—前529年在位，楚共王次子，康王之弟）。王子围在穿封戌拔郑的城麇并俘虏皇颉之后，与其争功并取得胜利。其即位为王，是在该事件七年之后（公元前540年）。

“陈公子皇见王”的“皇”：原释文读“惶”，取“恐”之意。但与之前的“陈公子皇首皇子”文意不合。此处与前出句同，取以“陈公子皇”指人较佳。

有致焉：原释文读“或致安（焉）”，对文意未加说明。陈伟取“致死”之意，指出《左传·昭公八年》中有“若知君之及此，臣必致死礼以息楚”。“致”，应为尽力之意。其具体内容，容后述说明。

“是心”的“是”：释读为“寔”，取诚心之意。据《左传》记载，灵王认为陈公“不谄”，此处意为，灵王对陈公说改掉如此态度，真心侍奉于我。

跪：原释文读为“坐”，但陈伟指出此字在楚简中读为“危”，因此当读为“跪”。对此笔者基本同意，若考虑与后文的“拜”的关系，则“跪”颇为适合。

“不以振”的“振”字：原释文读作“辰”，虽引《左传·昭公七年》“日月之会是谓辰”等，意思不明，而何有祖读作“振（震）”，陈伟读作“辱”。在此，考虑到与下文中“斧质”的关系读“振”。总之，灵王应允了陈公，并未将其处刑。

斧质：原释文读“扶步”取“扶行”之意，意思有所不通。此处，从陈伟说，读作“斧质”，取刑具之意。

何敢心之有：原释文解作“哪敢有不善之心”，张崇礼、郝士宏则将“敢心”解作“犯心”，刘信芳读“慊心”，解作不满之心。“敢心”，意即为对王的反抗之心。

二、非谄媚之人

如陈伟所指出的，本篇与《左传・襄公二十六年》所记故事似有关联。以下，就先来分析襄公二十六年（公元前547年）的故事。

> 楚子、秦人，侵吴，及雩娄，闻吴有备而还。遂侵郑。五月，至于城麇。郑皇颉戍之，出，与楚师战，败。穿封戌囚皇颉，公子围与之争之。正于伯州犁。伯州犁曰：“请问于囚。”乃立囚。伯州犁曰：“所争，君子也，其何不知？”上其手，曰：“夫子为王子围，寡君之贵介弟也。”下其手，曰：“此子为穿封戌，方城外之县尹也。谁获子？”囚曰：“颉遇王子，弱焉。”戌怒，抽戈逐王子围，弗及。楚人以皇颉归。

以上《左传》中的记述，似对《申公臣灵王》篇首的记载进行详细解说。

楚军侵入郑，迫近城麇，而此处正由郑的皇颉坚守。皇颉出城迎战，却被击败，并被楚的县尹穿封戌所俘。然而，公子围（其后的灵王）却欲将此功绩强取横夺，两人为夺皇颉而发生争执。结果，根据伯州犁的策略，皇颉为公子围所夺，穿封戌大怒，手执武器追赶王子围，弗及。

此事的后话，见于《左传・昭公八年》：

> 使穿封戌为陈公，曰：“城麇之役不谄。”侍饮酒于王。王曰：“城麇之役，女知寡人之及此，女其辟寡人乎？”对曰：“若知君之及此，臣必致死，礼以息楚。”

城麇之战的十三年后(公元前534年),平定陈的灵王(原王子围),任命穿封戌为陈公,并说:"城麇之役时,即使我贵为王子,此人也未谄谀于我。"并且,灵王对穿封戌说:"城麇之役时,你如果知道我会成为君王,就会退避(将俘虏交于)我吧。"对此,穿封戌回答说:"如果早知如此,我必定会拼命使楚国安定。"[1]

灵王将曾对自己持刃相向的穿封戌任命为陈公,并对周围之人介绍说,此人非谄媚之人。还对其说,如果你知道我将成君王,一定不会反抗我吧。

以上为已成为楚王的灵王颇为从容的言行。但是,穿封戌的答复却出乎意料。他说如果早知当年的王子围会成为楚王,定会拼命阻止。所谓"息楚",看似为祈愿楚国安定的平稳之言,实际上则是当年要是杀了你就好了的过激言论。

该言论是以当年灵王弑其君郏敖及其子幕、平夏而即位,招致楚国上下混乱的事件为背景[2]。穿封戌表示,当年应该阻止这一篡夺王位的事件(即杀掉灵王,将此悲剧防患于未然)。对穿封戌而言,灵王不过是篡位者而已。因此,无论是在之前的城麇之役时,还是在之后(公元前534年)的重逢之际,穿封戌均保持了不谄不媚的姿态。

三、《申公臣灵王》的著作意图

接下来,通过与《左传》中记载的对比,探讨《申公臣灵王》的特色。以下的对照表中左段为《左传》,右段为《申公臣灵王》。为方便起见,各自附加段落号码及下划线。

---

[1] 此处,从竹添光鸿《左氏会笺》"致死者为郏敖致死以杀灵王也。……礼以息楚之语,直言直谏也"之说。但孔疏作"死礼",说"致死礼者,欲为郏敖致死杀灵王也"。

[2]《左传》昭公元年(公元前541年)中,有"冬,楚公子围将聘于郑。伍举为介,未出竟,闻王有疾而还,伍举遂聘。十一月己酉,公子围至,入问王疾,缢而弑之,遂杀其二子幕及平夏"。

《左传》、《申公臣灵王》对照表

《左传》	《申公臣灵王》
① 楚子、秦人,侵吴,及雩娄,闻吴有备而还。遂侵郑。五月,至于城麇。郑皇颉戍之,出,与楚师战,败。穿封戌囚皇颉,公子围与之争之。	(1) 御于析述,陈公子皇首皇子。王子围夺之,陈公争之。
② 正于伯州犁。伯州犁曰:“请问于囚。”乃立囚。伯州犁曰:“所争,君子也,其何不知?”上其手,曰:“夫子为王子围,寡君之贵介弟也。”下其手,曰:“此子为穿封戌,方城外之县尹也。谁获子?”囚曰:“颉遇王子,弱焉。”戌怒,抽戈逐王子围,弗及。楚人以皇颉归。(襄公二十六年)	
③ 冬,楚公子围将聘于郑。伍举为介,未出竟,闻王有疾而还,伍举遂聘。十一月己酉,公子围至,入问王疾,缢而弑之,遂杀其二子幕及平夏。……楚灵王即位,薳罢为令尹,薳启强为大宰。(昭公元年)	(2) 王子围立为王。
④ 使穿封戌为陈公,曰:“城麇之役不谄。”侍饮酒于王。王曰:“城麇之役,女知寡人之及此,女其辟寡人乎?”对曰:“若知君之及此,臣必致死,礼以息楚。”(昭公八年)	(3) 陈公子皇见王,王曰:“陈公忘夫析述之下乎?”陈公曰:“臣不知君王之将为君,如臣知君王之为王,臣将有致焉。”
	(4) 王曰:“不穀以笑。陈公,是言弃之。今日陈公事不穀,必以是心。”陈公跪拜,起答:“臣为君王臣,君王免之死,不以振斧质,何敢心之有?”

首先，《左传》①对应《申公臣灵王》(1)。(1)中记载过于简略，若非假定当时的读者对《左传》①那样的故事耳熟能详，则该故事极为难解。而且，《申公臣灵王》并未记述与《左传》②对应的部分，陈公(穿封戌)与王子围的俘虏争夺战最终哪一方取得胜利并不知晓。这一点也暗示了《左传》②的内容已被《申公臣灵王》的作者与读者所共享的状况[1]。

其次，《申公臣灵王》的(2)，仅记述了灵王即位的事实，此处自然也应当以《左传》、《史记》等所记载的灵王的恶行为前提。即，王子围弑楚王郏敖及其子，并乘混乱登上王位。

此外，《申公臣灵王》的(3)，与《左传》的④基本上对应。虽然与下划线部分的"陈公忘夫析述之下乎"对应的语句不见于《左传》，但波浪线部分的"臣不知君王之将为君，如臣知君王之为王，臣将有致焉"，《左传》中也可以见到与其基本相同的语句。《申公臣灵王》的"臣将有致焉"一句，在《左传》中则记为"臣必致死，礼以息楚"。"臣"、"致"字完全相同，可以认为，两处记载中穿封戌之言在表达相同的意思。

在《左传》中，④即为灵王与穿封戌对话的结尾部分。虽然略显唐突，但也可以说故事如此结尾的作用，正是为了使读者想起后来王的反应。而《申公臣灵王》，则在(4)中记载了其后的有关问答。

王说道："我会一笑忘之。你也忘了此话吧。从今以后，你作为我的臣下侍奉于我，务必要真心侍奉。"即，王听闻陈公(穿封戌)的答复十分震惊，但震惊之余，为了保持君王的威严，便自称会付之一笑。并对穿封戌说，现在你也成了我的臣下，所以忘记适才所说的

---

[1] 草野友子《上博楚簡〈申公臣霊王〉の全体構造》(《中国研究集刊》第50号，2010年)中，指出之所以作如此简略的记述，是因为本篇为经楚人之手写成的楚的地方文献，而该故事对读者而言已是众所周知的事实。

话,要以和解之心侍奉才对。

对此,穿封戌答道:“臣下已是君王的臣下。君王如免除了臣下的死罪,不降罪惩罚臣下,臣下为何还会有反抗之心?”该答复,表面上似乎在宣誓对君王的忠诚。

那么,穿封戌的态度是否发生了一百八十度的转变?果真如此,那么本篇的故事,则成为不谄不媚之人的穿封戌晚节不保的故事。但是,即使在王子围即位为灵王之际,以及灵王拔擢自己为陈公之际,也绝不谄谀媚上的穿封戌,却在最后关头突然转变表示臣服,则故事的结尾也太不自然。

在此需要注意的是,穿封戌“跪拜”之后,“起”而作答一点。所谓“起”,有时是在向对方表达敬意,但有时也是向对方表达愤怒以及反抗的动作。同样收在《上海博物馆藏战国楚竹书(六)》的《平王与王子木》中,对缺少见识的王子木发怒的成公,“起”而面对王子木进行批判(参看第二部分第三章)。

而在此处,也正有如此含义。的确,这在表面上似乎为平静的臣服之言。但在实际上,在“君王如免除了臣下的死罪”这一假设句中,包含了灵王实际上绝不会饶恕说出此话的自己的嘲讽之意。而且,更可以说,这是对弑杀郏敖以及其子而自立为王的灵王,进行的强烈批判。另外,还需注意的是,所谓不怀“敢心”,也是附带有假如君王不杀臣下这一条件。对于灵王的和解提案,陈公虽然可以说,作出了一定的让步,不怀“敢心”,但也绝非是从心底发誓效忠灵王。他只是相应于王的反应尺度大小,没有表示进一步的反抗而已,并未改变态度,依然保持了“不谄不媚”的姿态。

穿封戌一以贯之地保持了不谄不媚的态度。对穿封戌而言,灵王是在双重意义上的篡夺者,不仅是在城麇之役中,夺走了穿封戌的军功,即以王子身份为后盾,强夺了俘虏;还以看望生病的郏敖为借口进出宫殿,绞杀郏敖,并杀其子,夺走了王位。

故事的作者，或是通过对比不谄不媚之人与灵王，意欲突出描写作为篡夺者的灵王。穿封戌之言，虽然在表面上并非过激之言，但是却有必要读取其背后潜藏的反抗意识。

假使《申公臣灵王》的著作意图，正是在于批判灵王，那么，这与在其他的文献中所见到的灵王评价又具有怎样的关系？

“灵”，是为死后带来灾难之人所立的谥号[1]。确如《左传》、《史记》记载，灵王篡夺王位事件以降，楚的权力结构发生严重倾轧。就王位继承而言，由于弑君后乘乱篡夺王位等行为，结果导致了迄今为止的父死子继的原则崩坏，继而成为灵王、平王的兄终弟及。由此楚王渐失民心，楚国进入了混乱时期，经历平王时期后，最终在昭王十年，遭到吴王阖闾入侵，楚国郢都失陷。

灵王的恶行，已如《左传》和《国语》等文献中的记载，而直接对其进行评价的资料，则有《史记》太史公言与《淮南子·泰族训》中的以下记载，极为引人瞩目。

> 太史公曰：楚灵王方会诸侯于申，诛齐庆封，作章华台，求周九鼎之时，志小天下。及饿死于申亥之家，为天下笑。操行之不得，悲夫！势之于人也，可不慎与？弃疾以乱立，嬖淫秦女，甚乎哉，几再亡国！（《史记·楚世家》）

在历代楚王之中，《史记》特别对灵王与平王，进行了酷评。灵王“诛齐庆封，作章华台，求周九鼎之时，志小天下”，但最终被民众抛弃，饿死山中，为天下所笑。“悲夫！势之于人也，可不慎与”，是对于权势超过其人实力的悲叹。

---

[1]《逸周书·谥法解》云：“谥者，行之迹也。……死见鬼能曰灵。”其《集注》孔晁谓“有鬼为厉”。

> 阖闾伐楚，五战入郢，烧高府之粟，破九龙之钟，鞭荆平王之墓，舍昭王之宫。昭王奔随，百姓父兄携幼扶老而随之，乃相率而致勇为之寇，皆方命奋臂而为之斗。当此之时，无将卒以行列之，各致其死，却吴兵，复楚地。灵王作章华之台，发乾谿之役，外内搔动，百姓罢敝。弃疾乘民之怨而立公子比，百姓放臂而去之。饿于乾谿，食莽饮水，枕块而死。楚国山川不变，土地不易，民性不殊。昭王则相率而殉之，灵王则倍畔而去之，得民之与失民也。（《淮南子·泰族训》。据王念孙之说，对部分字句做了修改。）

以上《淮南子》的引文中，则将灵王与昭王进行了对比。昭王确实曾一时丧失国都，但是，昭王作为掌握民心，迅速夺回失地的君王，反而获得了极高的评价[1]。与此相对，灵王则被描述为众叛亲离，最终遭受民众唾弃，悲惨饿死山中的君王，与昭王形成鲜明的对比。

正如该例所示，《申公臣灵王》中的灵王形象，与其他文献中对灵王的评价相通。在《申公臣灵王》中，并未直接地使用议论文形式对灵王进行批判，而是使用故事的形式，通过与不谄上的穿封戌的形象进行对比，使“双重意义的篡夺者”的灵王形象跃然纸上。

结 语

原释文整理者陈佩芬，基于内容将本篇命名为“申公臣灵王”，并认为本篇描述了陈公（穿封戌）与灵王争夺王位未果，最后自愿成为君王的臣下的故事。

但是，本篇的内容却并非如此。首先，双方争夺的并非王权，而

[1] 上博楚简中对于昭王评价的详情，参见本书第二部分第五章《〈昭王毁室〉中的父母合葬》。

是俘虏。而穿封戌也确实被任命为灵王之“臣”（陈公）。在此意义上，暂且不论“申”字与“陈”字之别，可以说《申公臣灵王》这一篇题并无问题。只是，陈公并非从心底臣服于灵王，反而是自始至终保持了不谄不媚的态度，承担了故事中责难篡夺者灵王的角色。陈公并未忘却城麇之役的屈辱，也并未谅解灵王篡夺王位事件，对于灵王的和解提议，也并未真正宣誓臣服。

在第一章中笔者曾以位于本篇之前的《庄王既成》为主，对其著作意图以及成书时期做了考察。《庄王既成》虽以庄王时期的预言形式构成，但实际上，还具有基于昭王时期国都陷落危机，来教育昭王以降的王及太子的教诫书的性质。同样，本篇也是一篇通过将篡夺者的灵王形象与穿封戌进行对比，以垂训楚国王权的文献。

第三章
《平王与王子木》——太子之“知”

序　言

《上海博物馆藏战国楚竹书(六)》(马承源主编,上海古籍出版社,2007 年 7 月)收录多篇关于楚国的王及太子的文献。本章考察其中的《平王与王子木》这一篇。

首先,依照《上海博物馆藏战国楚竹书(六)》的说明,将《平王与王子木》的竹简形制列举如下:简数共 5 枚。皆为完简,简长 33 cm,宽 0.6 cm,厚 0.12 cm。两道编线。右契口。简头至上契口 9.5 cm。上契口至下契口 15 cm。下契口至简末 8.5 cm。全简满写,上下不留白。各简字数 22 ~ 27 字,总计 117 字。无篇题,《平王与王子木》是基于篇首文字所定的拟称。

关于竹简编联,原释文认为,二、三、四简相互连续,第一简与第五简则未明言。凡国栋则认为,第一简之后当为第五简,如此全篇才可通读。笔者也赞同此说,因此,下文以一、五、二、三、四简的顺序,解读全篇文字。

另外,关于第一简开头“智(知)”字(参看第 114 页图),释文认为是接续前简(残缺)的末字;沈培推定,当接续《平王问郑寿》篇第六简末尾。陈伟则认为是本篇的篇题。详情容后再述。

一、《平王与王子木》释读

图为第一简简首部分

首先将《平王与王子木》原文与文章大意列举如下。此处所谓原文是基于《上海博物馆藏战国楚竹书(六)》的原释文(陈佩芬整理),并参考诸氏见解,最终由笔者确定的文本。有关文字的认定、释读等,将后附语注加以解说。【1】、【2】等数字为竹简号码,“■”所示为原简墨钉。

原文:

知■。[1]　竞平王命王子木至城父,过申,煮食于鼪寞,成公幹友【1】跪畴中。王子问成公:“此何?”成公答曰:“畴。”王子曰:“畴何为?”【5】曰:“以种麻。”王子曰:“何以麻为?”答曰:“以为衣。”成公起曰:“臣将有告,吾先君【2】庄王至河淮之行,煮食于鼪寞,醢菜不爨。王曰:‘酪不盍。’先君【3】知酪不盍,醢不爨。王子不知麻,王子不得君楚,邦国不得。”【4】

文章大意:

知。　　楚平王命王子木(建)赶赴守卫(楚北部边境的)城父。(王子木在往城父途中)路过申地,在鼪寞之地进食。成公幹友跪坐于麻田之中。王子问成公:“此为何物?”成公答:“麻田。”王子又问:“麻田有何用?”(成公)答:“用以种

[1] 据《上海博物馆藏战国楚竹书(六)》照片图版,“知”字下有小墨钉,因此本文作墨钉符号处理。但原释文似未留意于此,并无注记。

麻。”王子再问：“麻有何用？”（成公）答：“制作衣服。”成公起身说道：“臣下有一事禀告。我们的先君庄王曾行军至河淮，（与你同样）于鼪寞之地进食，但未煮熏制品。（庄）王说：‘发酵品是不加盖的。’（庄王熟知世俗琐事，知道）发酵品不盖，熏制品不煮。（而）王子连麻也不知道。王子无法成为楚君，无法得到邦国。”

语注[1]：

竞平王：也见于上博楚简《平王问郑寿》篇首。关于“竞”字，原释文在《平王问郑寿》解说部分指出，此字为平王的修饰语，并引《说文》“强语也”，及《广雅·释诂四》“竞，高也”，认为指“楚平王”。但《平王问郑寿》竹简相应部分的文字不甚清晰，难以释读。或当作他字释读。此处暂从原释文。

平王：继灵王之后的楚王，康王之弟。公元前528—前516年在位。

平王命王子木至城父：楚平王的太子建，因谗言受命驻守楚北部边境城父之地。原释文已指出，相关记载可见于《史记·楚世家》、《左传·昭公十九年》中。

煮食于鼪寞：句首二字，原释文解作“暑食”，张崇礼读作“暑，食于鼪庚”，语意难通。此处从凡国栋说，读为“煮食”。“鼪寞”其义未详，或如原释文所指为地名，指赴“城父”的途经之地。此外，何有祖、凡国栋解后一字为“搜”，张崇礼则读为“庚”，但在认为二字为地名一点上看法统一。

成公幹友：“友”字，张崇礼据其他楚简文字用例读作“友”，此处

[1] 以下所引诸氏见解，皆公开于网络。为避免行文烦琐，今仅列出姓名与要点。相关论文题目、揭载日期等详情，请参看简帛网（武汉大学简帛研究中心）（http://www.bsm.org.cn/index.php）、简帛研究（http://www.jianbo.org/）。

从之。“斡友”为“成公”之名。原释文释此字为“胍”字，陈伟改读“遇”。又如下文所述，与此故事颇为相近的《说苑·辨物》中作“成公斡”。

跪畴中：首字原释文隶定作“圣”，解为“听”之意，陈伟读作“跪”，张崇礼也基本持相同见解，读为“坐”。因后文为“成公起曰”，读为“跪”或“坐”则前后呼应。

畴：原释文作“薵”，解作“草名”，此处参照后述《说苑》文，读为“畴”。陈伟、凡国栋也读为“畴”，并指出《礼记·月令》“可以粪田畴”句的孔疏中引蔡邕“谷田曰田，麻田曰畴”、《国语·周语下》“田畴荒芜”韦昭注曰“谷地为田，麻地为畴”。

庄王：早平王四代的楚王。公元前613—前591年在位。《上海博物馆藏战国楚竹书（六）》所收《庄王既成》一篇与庄王相关。

河淮之行：指向河水、淮水地域行军之意。“淮”字，凡国栋读为“雎”，谓通“邕”字，为“泽”之义。陈伟读为“河雍之行”，认为是指《左传·宣公十二年》记载的邲之战。诚然，晋与楚的邲之战，以黄河流域为主战场，楚的辎重部队驻扎在“衡雍”之地，因此其可能性较大。总之，此处指过去庄王的行军无疑。

醢菜不爨：此处用字、文意均颇为难释。原释文隶定作“醢蚤不爨”，张崇礼读为“酪菜不爨”，认为“酪”为“醋（酢）”之意，并认为“酪菜不爨”是《齐民要术》中所说“作酢法”的一种，即“瓮常以绵幕之，不得盖”之义。但“酪”与下文“酪不盍”重复，因而此处读作“醢菜不爨”，取（庄王用膳之际）不煮熏制品之意。与后句“酪不盍”相同，皆指与食品或烹调法相关的知识。“酪不盍”的“酪”字，原释文未释，此处从张崇礼说，读为“酪”。

此外，第四简末尾“王子不得君楚，邦国不得”恰完结于简末。但因为其后并无墨钉等标志，所以此处是否为全篇末尾尚难以断定。

如后文所述,《说苑·辨物》篇相应部分作“吾子其不主社稷乎”,其后更以“王子果不立”一句,记录结果而结束。

二、《说苑·辨物》篇的故事

关于本篇内容,原释文指出,《史记·楚世家》、《左传·昭公十九年》皆有楚太子建受命驻守城父之地的记载。此事在本篇开头部分也有涉及,但与下文并无直接关联。对此,陈伟指出,《说苑·辨物》中记载有类似故事。

在此首先来看《说苑》的内容:

> 王子建出守于城父,与成公幹遇于畴中,问曰:“是何也?”成公幹曰:“畴也。”“畴也者,何也?”曰:“所以为麻也。”“麻也者,何也?”曰:“所以为衣也。”成公幹曰:“昔者庄王伐陈,舍于有萧氏,谓路室之人曰:‘巷其不善乎?何沟之不浚也。’庄王犹知巷之不善,沟之不浚。今吾子不知畴之为麻,麻之为衣,吾子其不主社稷乎!”王子果不立。

除去细微差异,上文与《平王与王子木》篇内容几乎相同。“畴”与“麻”的问答则完全一致。可以说二者是异曲同工的别传。

如进一步确认其细节差异,则《说苑》中并未记载王子建与成公幹相遇处的地名。

问答之后,有若干相异之处。《说苑》为“成公幹曰:‘昔者庄王伐陈……’”,《平王与王子木》篇则为“成公起曰:‘臣将有告。吾先君庄王……’”,是成公幹友愤而起立,当面向王子木直言。又《说苑》为体现庄王精于世俗琐事,提到清理道路和清理水沟之事。《平王与王子木》中因有难解字,难以确定具体内容,但例举了与食物相关的知识,这是二者相异之处。

另外，在成公幹发言后，《说苑》还记载其结局为“王子果不立”，即未能谙熟世事的王子果然未立为王。而在《平王与王子木》中则并未记载故事结局。这也是二者相异之处[1]。

虽然二者部分细节有异，但在故事的基本框架与主题上则可以说是完全相同。王子毕竟是作为王储接受教育的，自然在宫中受到精心培养，但若不能精于世俗琐事，则无法理解民情。“畴”为何田，“麻”有何用，如此常识尚不知晓，终究也无法统治国家。

三、《平王与王子木》的著作意图

由此可知，《平王与王子木》与《说苑·辨物》中所记故事大体相同。那么，两者的著作意图究竟为何？既然内容相同，那么，编著者的想法是否也相同？

首先，《说苑》一书，是编者刘向为教育汉成帝而作，具有明确的编纂目的，其中自然也反映了刘向的政治主张。此点是历来诸家的通说[2]。而现行本《说苑》是由宋代曾巩整理的残本，作为资料有些缺乏可信度。但这并不意味着现行本《说苑》是与《说苑》原书毫无关系的宋代的伪作。一般认为，曾巩的辑本除《反质》篇以外的19篇，大体与原书一致[3]。

《说苑·辨物》收录了前述故事。据赵善诒《说苑疏证》的分章，该篇共分32章，此故事在最后一章。《辨物》篇全文除了王子建与成公幹的问答之外，还包括孔子与颜渊的问答（第一章）、齐景公的相关故事（第九章）、“五岳者何谓也”（第六章）、“四渎者何谓也”（第七

[1] 但《平王与王子木》篇第四简正好于“邦国不得”结尾，且亦不见墨节等符号。如前所述，其后或许仍有可能在其他简上记载如同《说苑》所见的结束语。

[2] 参见［日］池田秀三：《説苑》（讲谈社，中国の古典，1991年）；［日］高木友之助：《説苑》（明德出版社，中国古典新书，1969年）。

[3] 参见上一注释所列参考文献以及赵善诒：《说苑疏证》（华东师范大学出版社，1985年）等。

章)等关于语句知识的短文,以及关于度量衡知识(第十三章)等内容。另外,文体也有问答体、短文、论说文等各种类别,记载了古今有关“辨物”的故事。此类“辨物”大概作为汉代皇帝帝王学的一部分而受到重视。

相比之下,《平王与王子木》篇究竟是大部头文献中的一篇,还是与其他著作一起著述而成,详情不明。但是,考虑到其与同样记载楚平王相关故事的《平王问郑寿》篇竹简形制相同,已经有学者尝试打破《平王与王子木》与《平王问郑寿》的区别,开始探讨竹简的重新编联问题。

如《平王问郑寿》篇第六简末尾“臣弟”,沈培读为“臣弗”,认为当与《平王与王子木》篇第一简简首“知”字相连,其后有数个字的空白,然后进入《平王与王子木》篇。确实,《平王与王子木》篇第一简“知”字与其下正文间隔数字,颇不自然。还有学者从抄写方法的关联性方面指出过这一点,很有可能接续《平王问郑寿》的第六简[1]。

另外,何有祖认为《平王与王子木》第四简末尾的“邦国不得”,当下接《平王问郑寿》第七简。《平王与王子木》第四简若为末简,确实应有墨钉、墨节等,但因文章正好于竹简下端终结,此点已无从确认。或许因文章抄写至竹简末尾正好结束,所以便不再刻意添加墨钉等标记。此外,还有可能如《说苑·辨物》一样,故事的结局本来抄写于其他简(现已残缺),并于其后标记墨钉等。

总之,之所以有上述编联方案的可能性,是因为《平王问郑寿》与

[1] 有关这一点,福田哲之《别筆と篇題——〈上博(六)〉所収楚王故事四章の編成》(《中国研究集刊》第47号,2008年)中,指出“智(知)”的书体与《平王问郑寿》、《庄王既成》、《申公臣灵王》相同,而与《平王与王子木》相异,并支持沈培之说,而否定陈伟之说。另外,大西克也《上博楚簡〈平王問鄭壽〉訳注》(出土资料と汉字文化研究会编《出土文獻と秦楚文化》第六号,2012年),也表示支持“智(知)”与“臣弗智(知)”接续的沈倍之说。

《平王与王子木》的竹简形制相同。同样收录于《上海博物馆藏战国楚竹书(六)》的《庄王既成》、《申公臣灵王》,还记载了与楚庄王、灵王有关的故事[1],虽与《平王与王子木》竹简长短略有差异,但形制基本相同。另外,竹简形制虽异,《上海博物馆藏战国楚竹书(四)》所收《昭王毁室》、《昭王与龚之脽》,也同样记载了楚王故事[2]。因此,在上博楚简之中,有可能含有楚王的相关故事集等文献,而本篇即是其中之一。

对于《庄王既成》与《申公臣灵王》两篇,笔者曾指出其读者对象极有可能为昭王以后的楚的太子及贵族。而《平王与王子木》,也同样有可能为楚国太子教育的教科书。不谙世事的王子木(建)最终未能登上王位,而是由太子珍即位,是为昭王。那么,该篇假定的读者,也当是昭王时期以及其后的楚太子才最为合适。

结　语

原释文整理者陈佩芬根据篇首的语句,将此篇的篇题拟称为《平王与王子木》。但就文本内容而言,则并非平王与王子木(太子建)之间的事情,而是王子木与成公幹(乾)之间的问答。而且,其主题亦非平王与王子木之间的关系,而是王子木未能谙熟世情,作为太子见识不足这一点。而本篇旨在论述的是,能够作楚王之人必须具备一定的知识。

如此,则陈伟推测第一简简首"知"字为篇题,确有一理。只是,从书体及竹简形制的角度考虑,则如上所述,该"知"字接续在《平王

[1] 关于上博楚简《庄王既成》,请参见第二部分第一章《〈庄王既成〉的"预言"》;关于《申公臣灵王》,请参见第二部分第二章《〈申公臣灵王〉——灵王的"篡夺"》。

[2] 关于上博楚简《昭王毁室》,请参见第二部分第五章《〈昭王毁室〉中的父母合葬》;关于《昭王与龚之脽》,请参见拙著《战国楚简与秦简之思想史研究》的第八章《代代相传的先王故事——〈昭王龚之脽〉的文献性质》。

问郑寿》末尾才较为妥当[1]。总之,在该文献中,对于楚的太子的学识提出要求一点确定无疑。

另外,该文献见于战国楚简,也显示了对王权进行教诫的故事集早在春秋时代已经形成。作为刘向编订的汉代帝王学之书《说苑》的先驱,此类文献备受瞩目。

---

[1] 当初,笔者对陈伟之说给予了较高评价,但也指出就篇题而言尚需慎重。其时论述如下:"陈伟推测第一简简首'知'字为篇题,诚为卓见。以往出土且公开的竹简文献中,篇题记载位置大凡两种。其一,记于竹简背面。此盖竹简收卷保存之际,背面书写篇题,有其便利之处。《子恙》、《容成氏》、《仲弓》、《恒先》、《内礼》、《曹沫之陈》等篇多为此例。另一,则在简首、正文行文之前书写篇题。郭店楚简《五行》篇第一简简首有'五行'二字,其后方进入正文。本篇篇题亦当归入此例。更确切地说,在迄今确认的篇题中,并无一字篇题,就此而言,此'知'字能否成为篇题,尚留有疑问。不过,本篇内容的确为太子之'知'。虽然'知'字是否即篇题,仍需慎重考察。但在该文献中,对于楚的太子的学识提出要求一点应是确定无疑的。"(《戦国楚簡研究 2007》,《中国研究集刊》别册,2007 年)。有关此点,其后的研究认为,"知"字或许并非篇题,而是很有可能接续在《平王问郑寿》第六简之后。谨此订正。

第四章
《平王问郑寿》——谏言与预言

序　言

《上海博物馆藏战国楚竹书(六)》(马承源主编,上海古籍出版社,2007 年 7 月)中,收录了多篇关于春秋时期楚国的王及太子的文献。本章将对其中《平王问郑寿》一篇解读全文,并对文献的主题与著作意图加以考察。

首先,根据《上海博物馆藏战国楚竹书(六)》的说明,将《平王问郑寿》篇的竹简形制列举如下:

《平王问郑寿》篇共 7 简。简长 33 ~ 33.2 cm,宽 0.6 cm,厚 0.12 cm。皆为完简,并基本为满写简。

简端平齐,两道编线。右契口。简头至上契口 9.5 cm,上契口至下契口 15 cm。下契口至简末 8.5 ~ 8.7 cm。

第七简文末有墨钩与留白,可知为末简。每简字数 9 ~ 28 字,总计 173 字。

该篇本无篇题,《平王问郑寿》乃原释文整理者陈佩芬根据内容所定的拟称。

一、《平王问郑寿》释读

首先列出《平王问郑寿》篇的原文、文章大意,为方便起见分为前半、后半两部分释读。此处所谓原文,是基于《上海博物馆藏战国楚竹书(六)》原释文(陈佩分整理),并参考诸氏见解,最终由笔者确定的文本。相关文字的认定、释读,在文后另附语注加以解说。另外,【1】、【2】等数字为竹简号码,[ ]内汉字是笔者根据文意所补内容。

(一) 前半部分释读

原文:

竞平王就郑寿,猷之于宗庙,曰:"祸败因重于楚邦,惧鬼神以取怒,思【1】先王亡所归,吾何改而可?"郑寿始不敢答,王固猷之答。[郑寿曰:]"诺。毁新都栽陵、【2】临阳,杀左尹宛、少师无忌。"王曰:"不能。"郑寿[曰]:"如不能,君王与楚邦惧难。"郑【3】寿告有疾,不事。

文章大意:

楚平王跟随郑寿(进入宗庙),问之于宗庙:"灾祸不断降于楚国,我害怕招致鬼神之怒,担心先王之灵失其归所。我该如何悔改?"郑寿开始固辞不答,王一再强求。(于是郑寿答道:)"那好吧。请拆毁新都栽陵、临阳,杀掉左尹宛、少师无忌。"王说:"做不到。"郑寿说:"若做不到,则王与楚国会有危难。"(其后)郑寿告病,不再出仕。

语注[1]:

[1] 以下所引诸氏见解,都来自公布在互联网上的论文。为避免行文烦琐,此处仅列出诸氏姓名与论说要点。详细情形,请参见简帛网(武汉大学简帛研究中心)(http://www.bsm.org.cn/index.php)、简帛研究(http://www.jianbo.org/)。

竞平王：楚平王（公元前528—前516年在位）。原释文读为“竞坪（平）王”，认为此“竞”字为平王的修辞词，并引《说文》“强语也”、《广雅·释诂四》“竞，高也”，指即为“楚平王”之义。但竹简相应部分字迹模糊，难以判读，或可释作他字，此处暂从原释文。

郑寿：原释文隶定为“莫寿”，读为“郑寿”，并推测其或许即为《史记·楚世家》中所见卜尹“观从”。观从，乃蔡大夫观起之子。观起为楚灵王（公元前540—前529年在位）所杀，其子观从一度亡命至吴，平王即位后不久返回楚国。平王召回观从，说“唯尔所欲”，观从答希望担任卜尹，王即允诺。《左传·昭公十三年》有“召观从，王曰：‘唯尔所欲’。对曰：‘臣之先佐开卜。’乃使为卜尹”；《史记·楚世家》有“平王谓观从：‘恣尔所欲’。欲为卜尹，王许之”。下文中，“郑寿”与平王同入宗庙，接受下问，因此其官职极有可能为卜尹。如此，推测其即指平王时期的卜尹观从，确实可以成立。

“就郑寿”之“就”字：原释文引《玉篇》“就，从也”，认为是“郑寿从平王”之义。如按照原文的语序，应为平王跟随郑寿之意。

“猷之于宗庙”之“猷”字：原释文读为“繇（繇）”，引《说文》认为是“随从”之义。但与上文“从”义重复。陈伟读“猷”，何有祖、郭永秉释为“问”之义。此处依据诸说，读为“猷”，解作“问”之义。

祸败因重于楚邦：原释文读为“祸败囙（因）童于楚邦”，认为“童”乃指无知之义，文意难通。陈伟读为“因重”，释作“因袭”之义，杨泽生释为“撼动”，凡国栋释为“因踵”。林文华则读为“甬童”，释为“陷动”之义。此处，应指楚国祸乱频起。具体而言，先是灵王篡夺王位（杀害楚王郏敖及其子）、实行恶政（频繁征发徭役、广建楼台）等。王自己也称：“余杀人之子多矣，能无及此乎”，“众怒不可犯”,“皆叛矣”[1]。后来灵王穷途末路,楚国陷入混乱,平王乘乱即位等[2]。因此,原文“祸败因重于楚邦”,应该是就灵王时期至平王时期的上述诸事态而言。

惧鬼神以取怒：释文读为“惧䰟(鬼)神,以取莱(恕)”,文意难通。“莱”字,何有祖读为“怒”。此处当指(平王)恐惧招致鬼神之怒。又本句与下文“思先王亡所归”为对句结构,下句言及“先王”(人),因而此处盖言楚地山川之“鬼神”。

“思先王亡所归”的“思”字,何有祖读为“使”,取使役之义,即“使先王亡所归”。但考虑到与前句“惧”字的对应,则“思”字更为相宜。此处所言“先王”,当指以惨死于山中的上代的灵王为首的历代楚王之灵。“亡所归”指楚直面失其宗庙的严重事态,祖先祭祀将断绝。

吾何改而可：原释文读为“虗(吾)可改而何”,虽然文意无大差,但此处且从陈伟之说,读作“吾何改而可”。

“郑寿始不敢答”之“始”字：原释文作“怠(辞)”。虽然意思无大差,但凡国栋据字形读作“始”更佳。

“王固猷之答”之“猷”：原释文读为“繇(繇)”,并引《荀子·礼论》杨倞注,作“由”、“从”之义。凡国栋据读音,读作“要”。此字也见于篇首的“繇(猷)之于宗庙”。在此,结合篇首部分,读为“猷”。

---

[1]《左传·昭公十三年》云:“王曰：余杀人子多矣。能无及此乎……王曰：众怒不可犯也……王曰：皆叛矣”,又《史记·楚世家》亦云:“余杀人之子多矣,能无及此乎……众怒不可犯……王曰：皆叛矣。”

[2]《史记·楚世家》:“是时楚国虽已立比为王,畏灵王复来,又不闻灵王死,故观从谓初王比曰:‘不杀弃疾,虽得国犹受祸。’王曰:‘余不忍。’从曰:‘人将忍王。’王不听,乃去。弃疾归。国人每夜惊,曰:‘灵王入矣。’乙卯夜,弃疾使船人从江上走呼曰:‘灵王至矣。’国人愈惊。又使曼成然告初王比及令尹子皙曰:‘王至矣。国人将杀君,司马将至矣。君蚤自图,无取辱焉。众怒如水火,不可救也。’初王及子皙遂自杀。丙辰,弃疾即位为王,改名熊居,是为平王。平王以诈弑两王而自立,恐国人及诸侯叛之,乃施惠百姓。复陈蔡之地而立其后如故,归郑之侵地。存恤国中,修政教。吴以楚乱故,获五率以归。”

[郑寿曰]：三字为笔者据文意所补。竹简虽无缺损，但因“王固猷之答”之后当为郑寿回答的部分，最短作“曰”，若完整表达则当作“郑寿曰”或“郑寿对曰”等文字，或为抄手漏抄。

诺：原释文读为“女（汝）”，但身为臣下的郑寿决无可能称王为“汝”。陈伟读为“如”，以下文为假设之言。或作别解，释为“诺”（明白了）之义。若为假设之辞，则下文似乎并无假设的后文。因此，此处取“诺”之意。

毁新都栽陵、临阳：“新都”之后的四字，当为二都市名。原释文解为“栽（鄢）陵”、“临昜（阳）”。董珊认为，前一都市名与“鄢陵”地点有别，读为“戚陵”。的确，鄢陵为郑邑，楚尝于此地为晋军所败[1]。又凡国栋认为后一都市名，为《左传·文公十六年》中的“临品”[2]。虽然难以与传世文献中的都市进行比定，但总之郑寿在此谏言拆毁平王新筑的二都。其理由可以认为是，此二新都为平王奢侈的产物，构成楚国的经济重负，或者是毫无计划的都市建设，于政治、军事无益。

杀左尹宛、少师无忌：原释文释为“杀左尹、免少师亡（无）忌”，认为“无忌”即《史记·楚世家》中所见“费无忌”。但若如此句读，则前者仅有“左尹”官名，后者则为“少师无忌”，官名、人名并存，前后颇失平衡。且众所周知费无忌为向平王谗言太子建，又杀太傅伍奢的恶人，楚人皆怒之，昭王元年为令尹子常所诛，民众皆喜[3]。因此“免”作罢免、免官之义尚可，解作“免”除之义则不适宜。而陈伟、凡国栋读为“杀左尹宛、少师无忌”，认为“左尹宛”即《左传·昭公二十七年》之“左尹郤宛”。以之为“郤宛”是否适

[1]《春秋·成公十六年》云：“甲午，晦，晋侯及楚子、郑伯战于鄢陵，楚子郑师败绩。”
[2]《左传·文公十六年》云：“楚子乘驲，会师于临品。”
[3]《史记·楚世家》云：“昭王元年，楚众不说费无忌，以其谗亡太子建，杀伍奢子父与郤宛。宛之宗姓伯氏子嚭及子胥皆奔吴，吴兵数侵楚，楚人怨无忌甚。楚令尹子常诛无忌以说众，众乃喜。”

当虽然尚存疑虑[1]，但句读位置则略胜于前。郑寿向平王谏言，要求为了楚国杀这两个恶臣。

“郑寿[曰]”的“曰”字：也与前记“[郑寿曰]”同理补之。

（二）后半部分释读

原文：

明岁，王复见莫₌（郑寿）。寿₌（郑寿）出，据路以须。王与之语少₌（少少），王笑【4】曰：“前冬言曰‘邦必亡’，我及今何若？”答曰：“臣为君王臣，介备名，君王迁居，辱【5】于老夫。君王所改多₌（多多），君王保邦。”王笑：“如我得免，后之人何若？”答曰：“臣弗【6】知。■”[《平王与王子木》【1】]

文章大意：

第二年，王再会郑寿。郑寿走出住所，立于路侧恭候楚王到来。王与郑寿交谈片刻后，笑道：“去年冬天，你说楚国必亡。但是，我至今尚在此，何以如此？”郑寿答曰：“我不过是王的一介臣下而已，竟得王特意移驾鄙处。因为王已多自悔改，是以能保家邦。”王笑曰：“如果我得以免此灭亡，我之后的楚王又如何？”郑寿答曰：“臣下不知道。”

语注：

明岁：原释文读为“陈岁”，去年之意，但文意难通。因以下为后话，故何有祖读“明岁”为佳。

[1]《春秋·昭公二十七年》确实有“楚杀其大夫郤宛”的记载，但据《左传》解说，此指郤宛误中鄢将师与费无极之计而被杀。至于郤宛其人，则谓“郤宛直而和，国人说之”，对其评价甚高。因此，不大可能郑寿以郤宛为恶臣而必欲杀之。

“邦必亡”，我及今何若：原释文读作“邦必亡，我及含(今)可(何)若”，全文纳入引号当中，认为均指郑寿之言。但此处，“邦必亡”三字当为郑寿之言。平王将前年郑寿的预言“君王与楚邦惧难”，简短表达为“邦必亡”，并以此预言揶揄郑寿：“我”(平王)至今尚在(邦国安泰且我也健在)，却是为何。此外，陈伟句读为“邦必丧我”，恐稍有不确。因为前节中郑寿的预言为“君王与楚邦惧难”，是将“王”与“邦”的危难作为并列关系，“邦”与“王”既作一体叙述，则并非为“邦”“丧我”的关系。

臣为君王臣，介备名：原释文读为“臣为君王臣，介服名”，以“介”为“助”之意。“服名”则据《尚书》文例“祖服名数”，认为即指天子所赐禄爵服饰。“介”字，刘信芳读为“独(特)”，认为“介备名”指不过一介备员之意。“为”字，凡国栋读为“取”，指杀掉前述二人之事。陈伟也读“取”，认为是“趣”之意。何有祖则变化句读位置，读为“臣为君王臣介，服名”。以上诸说纷纭，诚为难解。此处当释读为“臣为君王臣，介备名”，意为只不过是王的一介(名不副实的)臣下而已，却……因为此处郑寿对平王表达了谦逊之意。

君王迁居：释文取“君王履居”之意，但前后文意不通。陈伟读为“君王弗居”，陈剑、何有祖读为“君王迁居”，凡国栋读为“君王践处”。此处是说平王离开居所，特意造访郑寿，因此从陈剑、何有祖，读“君王迁居”为宜。

辱于老夫：原释文称“辱于”与“辱有”同。“辱”字，陈伟释为“降临”之意。此处当指平王离其居所，屈尊前来“老夫”(郑寿)处之意。“辱”当为“辱临”之义。与前句相同，当理解为对平王敬重之言。此外，“老夫”，竹简文字可隶定作“孝夫”，但在此当依照原释文，读作“老夫”。

君王所改多₌(多多)，君王保邦：董珊读为“君王所改多，多(宜)君王保邦”。如此，则前句成了一个前提条件。但此处是在说明虽有前年的预言，然而平王迄今安然无恙的理由。因此，当读作"君王所改多₌(多多)，君王保邦"，意为正因为王能多有悔改，邦国才得以保全。但在郑寿进谏之后，平王是否有过深刻反省不详。尤其是，前年郑寿所进言的拆毁新都、诛杀恶臣之事，是否实行并未言及。如此，则本句或为讥讽平王不思悔改之言。

"臣弗知"：原释文作"弟"字，何有祖读为"弗"。又第六简末尾，沈培认为当接《平王与王子木》第一简"知"字，其后留数个字的空白，然后进入《平王与王子木》正文。依据此说，《平王问郑寿》篇末尾为"弗知"二字，即对于平王"我之后的楚王如何"的问题，郑寿答道："臣下(彼时已不在人世，所以)不知。"

另外，原释文中认定为第七简的竹简，何有祖认为当接于《平王与王子木》第四简的"不得"之后。但《平王与王子木》第四简是记载全文结局的部分，难以考虑会与本简相连。

二、平王与郑寿的问答

以下考察本章的主题。原释文整理者陈佩芬对《平王问郑寿》整体做如下解说："楚平王以国之'祸败'事问于郑寿，郑寿的答复未合王意，以致引起郑寿的不满而不事王。翌年，当郑寿再次见到平王时，平王对他很冷淡，并用言语羞辱之。郑寿以为王处高位，应改正作风。"如此理解是否正确？诚然，就前半部分问答而言，陈佩芬的解说可以说基本妥当。

楚平王跟随郑寿进入宗庙，并问郑寿道："灾祸不断降于楚国，我害怕招致鬼神之怒，担心先王之灵失其归所。我该如何悔改？"如前述语注中所解说的，从灵王时期至平王时期楚国几度混乱，此句正是就此状况而言。对此，郑寿开始固辞不答，因为深知自己的谏言会忤逆王意。而楚王一再强求，于是郑寿终于谏言，要求王拆毁新都栽陵、临阳，杀恶臣左尹宛、少师无忌，但为王所拒绝。因此，郑寿预言道:“若做不到,则王与楚国会有危难。”此后告病不再出仕。

如陈佩芬所说,郑寿之言确实未能合平王心意,郑寿的谏言未能见用。失望之余,郑寿称病身退。据后半的“前冬”一语,可知当指某年冬之事。

那么,对后半部的解读又如何?上述事件发生后的翌年,王再会郑寿。郑寿出其所居,立于路侧恭候王驾。王与郑寿交谈片刻,笑言道:“去年冬天,你说邦必灭亡。但我至今仍健在,是为何故?”以此讽刺、嘲笑郑寿。王特意前来郑寿的住所,告知其预言落空。王前年听闻郑寿谏言,因拒绝其建议,结果被预言说楚国与王将要灭亡。对楚王而言,这是极为严重并深感耻辱的预言。但是,逾年之后此预言竟未实现。王遂放心,进而欲羞辱郑寿,遂特意造访郑寿,并以讥讽的言语对其进行了嘲笑。

对此,郑寿的言行则极为郑重。郑寿答道:“我不过是王的一介臣下而已,竟得王特意移驾鄙处。因为王已多自悔改,是以能保家邦。”乍闻之下,这一答复似对王极为庄重的赞词。但是,对于前年的谏言,王毫无改善行动。如此,则所谓“多自改悔”就成为对平王强烈的讽刺。而“王移驾鄙处”云云,则在暗讽一国之君的行动草率欠妥。楚国之王为了嘲笑臣下而离开宫殿专程移驾臣下居所一事,在郑寿看来乃是极为糊涂之举。郑寿对王的讽刺之言,亦以强烈的讽刺予以答复。

平王闻此言,又笑道:“如我能免于灭亡,我之后的楚王又会如何?”此笑也仍是蔑视郑寿之笑。王听出了郑寿言语中对自己的讽刺,并且认为这是郑寿对于预言落空的辩解之辞。而此问也包含了以下含义,即我拒绝臣下谏言且并未有任何悔改,至今仍然健在,那么,此后诸王也理当如此。

但郑寿的答复则颇为意外。“臣下(彼时已不在人世,所以)不知”,放弃了作答。可以说对王之问,郑寿已经不会再予以正面答复。

“当郑寿再次见到平王时，平王对他很冷淡，并用言语羞辱之”，陈佩芬对后半部如是解说，惜未能准确把握其本质。此处的交互问答，并非直接侮辱，而是强烈讽刺的应酬。王与郑寿皆未直接吐露本意，而是间接地表达各自所思。而陈佩芬认为，全篇结尾为：“郑寿以为王处高位，应改正作风”，对结尾的把握也稍有偏误。最后的郑寿之言，并非是要求平王改善态度，而是对于拒不接受臣下的谏言与预言的平王，彻底绝望之言。

三、《平王问郑寿》篇的著作意图

如上所述，《平王问郑寿》最为关键之处，便是郑寿的谏言与楚的灭亡预言。那么，该著作的背景究竟如何？在此，就该篇的著作意图加以考察。

起初，郑寿对王的下问进行了具体的进言。对于王而言，也有其不得不下问的必然性，即楚国连续不断的不祥事件。从灵王至平王的时代，楚国恶政与混乱连连。由此，文中平王也直视其“祸败”，“吾何改而可”，表达了谦虚反省的意思。然而，当郑寿再具体进言时，楚王态度骤然强硬，拒绝了谏言。虽然质询有何需要“改正”之处，却决不改正态度。

而且，平王第二年的态度，也与一国之君不符。平王看到过了一年郑寿的预言仍未实现，遂安下心来，亲自步出宫殿，前往郑寿之处。为讽刺郑寿说你的预言并未实现，不惜以一国之君的身份屈驾臣下住所，王的行为可以说是过于天真稚拙。

郑寿的谏言与灭亡的预言，平王并未接受。与郑寿冷静、郑重的行为相比，平王颇显孩子气的态度跃然纸上。

如此，则该篇并非仅为君臣问答的记录，最终则是一篇旨在批判楚平王的文献。平王好容易自觉到楚国的“祸败”，并一度立志“改”

善，最终却缺乏王者的度量，拒绝了臣下的谏言。而且，因灭亡的预言在经过一年后并未实现，遂心安下来，并专程赴臣下之处，加以嘲笑。该篇正是对如此愚蠢的楚王进行了批判。

那么，这一对平王的评价，与其他传世文献中所见的平王评价有何关系？

首先，在《左传》中，可见评价平王的行为合于“礼”的记载。

> 夏，楚子使然丹简上国之兵于宗丘，且抚其民。分贫振穷，长孤幼，养老疾，收介特，救灾患，宥孤寡，赦罪戾，诘奸慝，举淹滞，礼新叙旧，禄勋合亲，任良物官。使屈罢简东国之兵于召陵，亦如之。好于边疆，息民五年，而后用师，礼也。（《左传·昭公十四年》）
>
> 楚子闻蛮氏之乱也，与蛮子之无质也，使然丹诱戎蛮子嘉杀之，遂取蛮氏。既而复立其子焉，礼也。（《左传·昭公十六年》）

前者评价意图救济国民、和睦邻国的平王合于“礼”。但平王之所以如此，是因为其设计弑逆前王即位，对此自觉心虚，又恐招致国民、邻国背离，于是急于采取这一政策。《史记·楚世家》尖锐地指出了这一点：“平王以诈弑两王而自立，恐国人及诸侯叛之，乃施惠百姓，复陈蔡之地而立其后如故，归郑之侵地，存恤国中，修政教。”或许平王救恤之策确实合于“礼”，但其动机确极为不纯。

后者也认为其不断蛮氏后裔一点合于“礼”。但原本趁蛮氏之乱侵占其领地的，不是他人，也正是平王。因此，与前事相同，即使认为这是楚平王对自己所为恶事的粉饰行为，也不为过。

因此，《左传》之中虽然评价平王之行为合于“礼”，但却并非是对平王整体言行的全面的评价。对趁乱即位等平王的一系列行为，毋宁说是持否定的态度。如前所述，《左传》记载平王亦慨叹过自己之行为说,“余杀人之子多矣,能无及此乎”,“众怒不可犯”,“皆叛矣”等。

与上述评价有关并引人瞩目的,是《史记·楚世家》中所见的太史公言。

> 太史公曰:楚灵王方会诸侯于申,诛齐庆封,作章华台,求周九鼎之时,志小天下。及饿死于申亥之家,为天下笑。操行之不得,悲夫!势之于人也,可不慎与?弃疾以乱立,嬖淫秦女,甚乎哉,几再亡国。(《史记·楚世家》)

在此,历代楚王中的灵王与平王被专挑出来,受到酷评。平王之前为灵王,当其诛杀齐庆封、作章华台、问周之九鼎之际,大志足以小视天下。但等到其为民众所抛弃,饿死山中之时,又成为天下笑柄。而弃疾(平王)趁国乱即位,宠爱秦女,亦非寻常。

太史公的评价极为严厉。对于灵王,感叹说:“悲夫!势之于人也,可不慎与?”即悲叹权势远超其人的实力。而对于平王的愚行,则说“几再亡国”,猛烈批评其几乎再度使楚国灭亡。

对楚王的这一评价,可以说正与《平王问郑寿》的主旨相符。楚国平王次世的昭王十年(公元前506年),楚受吴侵攻,失去国都郢。但这一次亡国危难却并非昭王的恶政所致,而是由昭王之前的灵王、平王导致的灾祸。在历代楚王中,此二人才是最应当受到严厉批评的楚王。

《平王问郑寿》可以说直截了当地表明上述对楚王的评价。因此,本文献正是立足于灵王时期至平王时期楚国之乱而形成的。

结 语

本章对上博楚简《平王问郑寿》进行了考察。具有如此预言结构的文献,与此前考察过的上博楚简《庄王既成》[1]同样,可以说都是为了催促当时读者深刻反省。既已预言国难,但历代的楚王仍不采取任何解决策略,只管一味助长混乱。读者会不禁油然而生出这样的思绪。读者当然就是楚国的为政者。具体而言,应为昭王以降的楚王及太子。

与此有关,《平王问郑寿》的成书时期,也当在昭王时期或惠王时期。也只有在因灵王、平王的弊政而使国都陷落之后的楚国,这一故事才能作为切实往事,而为人接受。

再进一步考察,可知《上海博物馆藏战国楚竹书(六)》所收一系列楚国相关文献中,具有一个共性。《庄王既成》,是以楚庄王时期的预言形式,叙述约百年后昭王时期的国难。名列春秋五霸的庄王,也被当作造成国难远因的一人而遭受批判。《平王与王子木》,则将平王之子王子木(建)作为不具备太子应有见识的人物进行了批判[2]。另外,《平王问郑寿》,则如上所述,是对拒绝臣下谏言、未深刻接受灭亡预言的平王进行了批判。

可以说,以上诸篇,在作为对楚国王权进行教诫的文献这一点上具有共性。虽然难以确定各篇具体成书时期,但如果假定其为同一时期的著作,那么从《庄王既成》、《平王问郑寿》的内容推测,极有可能是以楚昭王时期国难为背景著作而成。昭王时期一度失去国都,楚国受到极大打击。其原因何在?想必当时的为政者进行了深刻的反省。而将其以楚王故事集形式讲述的,可以说正是上述这一系列的著作。楚国的灭亡并非昭王时期的突发事件,在从庄王至灵王、平王的历代楚王的言行之中,已经埋下了毁灭的种子。而这类故事集,正叙述了楚国走向灭亡的历史。

[1] 关于上博楚简《庄王既成》,请参见本书第二部分第一章《〈庄王既成〉的"预言"》。
[2] 关于上博楚简《平王与王子木》,请参见本书第二部分第三章《〈平王与王子木〉——太子之"知"》。

第五章
《昭王毁室》中的父母合葬

序　言

据说孔子在母亲亡故之后，辛苦探访到不明所在的父亲的墓地，并在该处（防山）将母亲的亡骸与父亲的合葬在一起（《礼记·檀弓上》、《史记·孔子世家》）。孔子的此种行为，是以家族，特别是父母的遗骸应当同葬一墓的认识为前提的。

如若将此作为一个广义上的生死观、宗教意识的事例，则近年来出现了一部对探索这类课题相当贵重的资料，即上海博物馆藏战国楚竹书（上博楚简）的《昭王毁室》。在《昭王毁室》中，祈愿父母合葬的"君子"登场，并向楚昭王（公元前515—前489年在位）直诉其事。

本章首先释读该新出土资料《昭王毁室》，指出其结构上的特点。其次，通过与记载类似事例的《礼记》、《晏子春秋》等传世文献的比较，来明确登场人物君子对于合葬的认识，以及召见君子的昭王的应对特色等。

再次，作为该文献的背景，楚地关于合葬的实际状况也是一个需要讨论的问题。笔者将以近年来考古学的成果为基础，确认楚地具有代表性的墓地及墓葬形态，来探讨关于《昭王毁室》的真实性问题。

根据以上分析的结果，并在与其他战国楚简进行对比的基础上，最后考察关于该资料的形成状况以及文献性质等问题。

一、上博楚简《昭王毁室》

首先，将该文献的书志信息列举如下。根据载有图版及释文的《上海博物馆藏战国楚竹书（四）》（马承源主编，上海古籍出版社，2004 年 12 月，《昭王毁室》整理者为陈佩芬），《昭王毁室》与其下文《昭王与龚之脾》共由 10 枚竹简构成。完简简长 43.3 ~ 44.2 cm。竹简上下端平齐，三道编线，右契口[1]。

第五简中部有墨节，明显是被分节为两部分。在释文中，分节的前半部分为《昭王毁室》，后半部分为《昭王与龚之脾》。篇题名称均为基于内容的拟称。《昭王毁室》为 196 字，《昭王与龚之脾》为 192 字。10 简合计 388 字。

另外，关于上博楚简的书写年代，众所周知，为中国科学院上海原子核研究所的碳 14 的测定值 2 257±65 年前。根据国际基准以 1950 年为定点进行换算，该数值为公元前 307±65 年，也即从公元前 372 至前 242 年这段时期。因为下限被设定为秦将白起攻占郢的公元前 278 年，所以书写年代推定为从公元前 372 年至前 278 年间的可能性较大。且原书的成书年代当然需要以此为依据进行上溯，《昭王毁室》最迟也应是战国中期成书的文献。本章将立足于这一前提展开论述。

以下就其内容进行探讨。为行文方便，将内容分为四段，列出原文[2]、文章大意及解说部分。【1】、【2】等为竹简号码，“■”为墨钉，“▌”为墨节，“/”表示辍合竹简的断裂处。

---

[1] 契口，是为了使编线不发生偏斜，在竹简上刻下的小口。详情请参见本书序文的“竹简学用语解说”。

[2] 此处所谓原文，是以《上海博物馆藏战国楚竹书（四）》中的陈佩芬的原释文为底本，由笔者最终释读的释文，个别地方与陈氏的释文在文字的认定上有差异。因此，在必要之处施以注记。另据管见所及，在现阶段尚无将《昭王毁室》全文翻译并论及其内容及文献性质的论文。以下所注记者，皆出于在互联网上公开的札记类。

《昭王毁室》,首先是以昭王落成了宫室(离宫)作为开始的场景设置。

> 昭王为室于死湑之滤,室既成,将落[1]之。王诫邦大夫以饮酒。

楚昭王在“死湑”之畔建立宫室,即将举行落成典礼,于是召来了大夫们准备开始酒宴[2]。“死湑”可推测或为地名。但如后文所述,其实该宫室建立在墓地的旁边。所谓“死湑”恰似在暗示这一事态。

> 既衅落之[3],王入将落,有一君子丧服蹒廷,将跖闺。稚人[4]止之,曰:【1】“君王始入室,君之服不可以进。”不止,曰:/“小人之告窆将专于今日[5],尔必止小人,小人将招寇[6]。”稚人弗敢止。

“衅”的仪式结束后,终于轮到昭王临席,举行落成典礼。正当此时,一个身裹孝服的“君子”越过宫室的中庭欲进入内门。门卫制止

[1] 袼字,原释文读作“格”(至之义),但董珊在《读〈上博藏战国楚竹书(四)杂记〉》(简帛研究网,2005年2月20日)中读作“落”,取落成之义。

[2] 另外,《昭王毁室》的故事在《左传》、《战国策》、《史记》等传世文献中并无记载。

[3] 原释文中句读为“饮既。之”,尚待考,但董珊读为“饮酒。既衅落之”,以衅为修饰落(落成的祭祀之义)的词语。

[4] 原释文为侏人,解为宫中御侍。另有“寺人”(孟蓬生:《上博竹书(四)间诂》[简帛研究网,2005年3月6日])、“阍人”(魏宜辉:《读上博楚简(四)劄记》[简帛研究网,2005年3月10日])、“雉人”(郑玉姗:《〈上博四·昭王毁室〉箚记》[简帛研究网,2005年3月31日])、“宗人”(董珊前述论考)等说。总之为下级差役的门卫之义。另《昔者君老》中的类似表述有:“至命于合门,以告寺人,寺人入告于君,君曰:‘召之。’”

[5] 字,原释文待考,但杨泽生《〈上博四〉札记》(简帛研究网,2005年3月24日)中,读该句为“小人之告窆将断于今日”,释“告窆”为告知下葬之日之意。

[6] “訋”字,原释文据《玉篇》释读为“挐”,取“牵引”之义,但俞志慧《读上博四〈昭王毁室〉小札》(简帛研究网,2005年3月24日)中隶定为“诏”,并解为“召(招)”之义,并指“召寇”在其他的传世文献(《左传》、《荀子》等)中也有用例。

"君子"说:"今日乃大王初次进入宫室的吉日,穿戴不祥的丧服不可入内。"但"君子"说:"我有事必须在今日直接拜见大王,如若阻止我,则将招致灾祸。"于是,门卫便不再制止。

所谓"衅",指祭祀时所用铜器等在制成之际,以牺牲的血涂抹之事[1]。此处解为对其后的"落"进行详细说明的词语。另外,此处"落"连续出现两次,前者是以建筑物或器物为对象的"落",而"王入将落"的"落"则可以推测为昭王自己在室内举行的最终的仪式。

"君子"对于门卫的制止之言,强硬驳斥说必须在今日。他甚至还对门卫说,如要执意阻拦,"将招寇"。其意思是说,如果阻拦自己则会引起骚乱。"寇"原本指从外部而来的灾祸(外寇)[2],如果重视此含义,则也可以设想此时其部下正在外边全副武装待机而动等状况。

那么,"君子"如此强调的"必须在今日办的事",究竟为何事?在接下的段落中真相大白。

至【2】闺,卜令尹陈省[3]为视日[4]。告:"仆之母辱/君王不逆[5],仆之父之骨在于此室之阶下。仆将殓亡老□□□【3】

[1]《孟子·梁惠王上》:"将以衅钟。"

[2]《左传·文公七年》有"兵作于内为乱,于外为寇"。

[3]原释文读为"卜令",解为楚官名(掌占卜),范常喜《读〈上博四〉札记四则》(简帛研究网,2005年3月31日)中则读为"让令尹",解为楚的司法部门的长官,为向楚王报告案件的官职。

[4]释文隶定为"见日",并解释为"日中",但陈伟《关于楚简〈视日〉的新推测》(简帛研究网,2005年3月6日)中释读为"视日",并指出"视日"之语可见于包山楚简、江陵楚简中,义有两说:一为代称或尊称;一为官名。另外,"视日"本为"巫"的一种,义为楚人原始神判时代的"主审官"。此处与传世文献中所见的"当日"、"直日"意思相同,为向君主转达上奏的官职。

[5]"不逆",原释文作君子的谦称,"不逆之君"义为有道之君,如《晏子春秋·内篇问下》有"君子怀不逆之君"(《晏子使吴吴王问可处可去晏子对以视国治乱第十》)。另外,释文中将"母"改读为"毋",释读为"仆之毋辱君王不逆,仆之父之骨在于此室之阶下",但文意未详。在此文献中,"母"、"父"具有对应关系,因而可认定为"母"。"母""辱君王不逆",谓在落成典礼的吉日里为母亲举行葬礼是对有德君王的侮辱。

以仆之不得，并仆之父母之骨私自敷。”[1]卜/令尹不为之告。“君不为仆告，仆将招寇。”

“君子”摆脱了门卫的阻拦到达内门，此处有向君王转达上奏的官员“卜令尹陈省”。“君子”对卜令尹说：“我的母亲在如此吉日里亡故，辱没了有德的君王。其实，我父亲的遗骸便是埋葬在此宫室的阶下。我吊唁亡父……如果不被允许，则我欲将双亲的遗骨改葬在自家的土地。”[2]卜令尹并未向王上奏此事。于是“君子”说：“如若不将我的话上奏，我将引起骚乱。”

至此，“君子”迫切的愿望为何已经弄清，即为合葬。昭王所筑的宫室，在“死湑”之畔。其实此处为墓地，为埋葬“君子”之父的地方。恐怕故事中的设定为，根据礼的规定，母亲的下葬日期迫在眉睫。“君子”不忍看到父母的遗骸分离，于是提出将已经亡故的父亲的亡骸与刚亡故的母亲的亡骸合葬于此地的请求。

竹简的第三简末尾残缺，约缺欠3字左右，因此文意不明。但根据前后文进行判断，此处应该有欲将母亲与亡故的父亲一起吊唁的“君子”的言语。

但是，宫室已经竣工。于是，“君子”说如若不许他将母亲的亡骸与父亲合葬此处，则欲掘开父亲的坟墓，与母亲的亡骸一并改葬他处。君子的这一请求使卜令尹深感困惑，他拒绝转达。而“君子”则表明如若不转达他的请求，将引起暴乱。

---

[1] 原释文释读为“并仆之父母之骨私自敷”，但文意未详。而董珊前述论考中读为“并仆之父母之骨尸自宅”。原释文读为“自埔(敷)”，“埔”为只用于人名的特殊字。“敷”为“敷”之同字，“自敷”或为自家的宅地。

[2] 该部分因竹简缺损，意思不明，权且作此解释。此外，此处有“骨”字，如按文取义，则其义似为改葬(二次葬)，但后述的《晏子春秋》中，也使用有合葬之义的“骨”字，因而此处也取广义解为合葬之义。

卜令尹为之告。[王][1]【4】曰："吾不知其尔墓■。尔何待既落焉？从事[2]。"王徙居于平漫，卒以大夫饮酒于平漫■。因令至俑毁室■。【5】

畏于"君子"的言语，卜令尹遂向昭王上奏。昭王闻知此事后说："我原本不知此地为墓地，你何必要等到落成典礼的结束？现在请立刻将父母的亡骸进行合葬。"于是应允了"君子"的请求。王还将场所移至平漫之地，招待了参加落成典礼的大夫们。然后命令至俑，拆毁了刚落成的宫室。

在此场景中，昭王终于登场。经卜令尹告知事情原委后，昭王立刻准许了"君子"的请求。其原因在于，昭王原本不知这里是墓地，即昭王并非心怀恶意，故意在此地建造宫室。昭王还中止了落成典礼，一面让集聚的大夫们转移地点举行宴会，一面命令拆毁建于死湑之畔的宫室。由此可见，昭王做出决断的速度之快，以及其对死者的敬意。

以上便是《昭王毁室》的全文。现在再来看其结构上的特点。

特点首先在于，包含导入部分在内，共由 4 个场景构成，文章虽然较短，但场景转换富有节奏，文章的结构容易引起读者的兴趣。其次，关于君子的迫切愿望的内容，至后半部分才终于真相大白。再次，以"死湑"之畔这样一个地名作为开头，也为以后的故事情节埋下了伏线。从以上特点均可看出，本文作为一篇读物，具有充分意识到读者的结构形式。此外，登场人物也呈现多样化。伴随场景的转换，"君子"与"稚人"，"卜令尹陈省"与"君子"，"卜令尹"与"王"，"王"

[1] 第四简末尾有一字缺损，很有可能是"王"字。
[2] 原释文释读为"尔古须既格，安从事"，但文意未详。董珊前述论考释读为"尔胡(何)待既落焉从事"。此处的"从事"当为合葬父母之事。且言"尔何待既落"，所以可以认为，故事设定为落成仪式持续了一定的时间或持续数日。

与“君子”,“王”与“至俑”等,登场人物不断变换。此数点,让人联想起后世的通俗小说及说唱故事的风格。

二、合葬的思想

以下将对《昭王毁室》内容方面的特色进行探讨。其实,类似的请求合葬的故事,也见于其他的传世文献。本章通过与这些事例进行比较,来探讨《昭王毁室》的特色。

首先,在《礼记·檀弓上》中可以见到如下记载:

> 季武子成寝,杜氏之葬在西阶之下,请合葬焉,许之。入宫而不敢哭。武子曰:“合葬,非古也,自周公以来,未之有改也。吾许其大而不许其细,何居?命之哭。”(《礼记·檀弓上》)

大意为,季武子(鲁公子季友的曾孙季孙夙)在城外建造房屋时,恰好杜氏的墓地便在这片土地之内,在杜氏的请求下,季武子允许了其合葬的愿望。得到合葬许可的杜氏,却顾忌季武子而不敢“哭”。季武子认为,既然已经允许了合葬这等大事,就不必再拘泥于琐碎小事,于是命令其行“哭”礼。

需要注意的是,如文中所言“合葬,非古也,自周公以来,未之有改也”,合葬虽然并非古代的习俗,但在周代自周公旦以来一直被视为传统礼制。这一点是《昭王毁室》中未被明确言及的要素,但《礼记》的文章过于简短,缺乏如《昭王毁室》一般的戏剧性。

与此相比,《晏子春秋》中所记叙的两个故事与《昭王毁室》相似,多少具备了精心制作的痕迹。

> 景公成路寝之台,逢于何遭丧,遇晏子于途,再拜乎马前。晏子下车挹之,曰:“子何以命婴也?”对曰:“<u>于何之母死,兆在</u>

路寝之台牖(墉)下,愿请命合骨。”晏子曰:“嘻,难哉。虽然,婴将为子复之,适为不得,子将若何?”对曰:“夫君子则有以,如我者侪小人,吾将左手拥格,右手捆心,立饿枯槁而死,以告四方之士曰:‘于何不能葬其母者也。’”晏子曰:“诺。”遂入见公,曰:“有逢于何者,母死,兆在路寝,当如之何[当牖下]。愿请合骨。”公作色不说,曰:“古之及今,子亦尝闻请葬人主之宫者乎?”晏子对曰:“古之人君,其宫室节,不侵生民之居,台榭俭,不残死人之墓,故未尝闻诸请葬人主之宫者也。今君侈为宫室,夺人之居,广为台榭,残人之墓,是生者愁忧,不得安处,死者离易,不得合骨。丰乐侈游,兼傲生死,非人君之行也。遂欲满求,不顾细民,非存之道。且婴闻之,生者不得安,命之曰蓄忧。死者不得葬,命之曰蓄哀。蓄忧者怨,蓄哀者危,君不如许之。”公曰:“诺。”晏子出,梁丘据曰:“自昔及今,未尝闻求葬公宫者也,若何许之?”公曰:“削人之居,残人之墓,凌人之丧,而禁其葬,是于生者无施,于死者无礼。诗云:‘穀则异室,死则同穴。’吾敢不许乎?”逢于何遂葬其母路寝之牖下,解衰去绖,布衣縢履,元冠茈武,踊而不哭。躃而不拜,已乃涕洟而去。(《晏子春秋》内篇谏下第二,景公路寝台成逢于何愿合葬晏子谏而许第二十)

齐景公在建造正殿的楼台之际,逢于何的母亲正好亡故。因墓地恰巧在景公的楼台土壁之下,而逢于何又想把新丧之母与已葬之父的亡骸合葬一处,就去向晏婴请求帮助。晏婴遂向景公转达此事,但听闻此事的景公却认为,想要在君主的宫殿举行葬礼之事,从古至今从未听说,拒绝了该请求。晏婴遂向景公进谏道:“古之人君,其宫室节,不侵生民之居,台榭俭,不残死人之墓,故未尝闻诸请葬人主之宫者也。今君侈为宫室,夺人之居,广为台榭,残人之墓,是生者愁忧,不得安处,死者离易,不得合骨。”最后景公接纳谏言,逢于何遂得以埋葬其母。其时，逢于何脱去丧服，未行哭礼，只是流泪而去。

文中齐景公建造的楼台，恰巧位于逢于何父亲的墓地之上，与《昭王毁室》的场景设定类似。而且，在最终实现合葬的结局上也相同。还有，在逢于何与晏子数度问答之后，晏子将此事转达给景公这种情节展开，以及最终景公引用“诗”来表达自己的想法，答应了合葬的请求等几点上，可以说体现了一种故事性。

但在《昭公毁室》中，楚昭王在听到“君子”的请求后，立刻意识到自己的错误，不惜拆毁刚完工的宫室来成全合葬。相比之下，齐景公最初拒绝了逢于何的请求，被晏子进谏后才勉强答应。当然，在《晏子春秋》中，主要是强调晏子的智慧和能力，而景公则被安排扮演在晏子强烈的谏言下，才终于悟到己非的角色。

以下的资料，具有与此相同的性质：

景公畚于路寝之宫，夜分，闻西方有男子哭者，公悲之。明日朝，问于晏子曰：“寡人夜者闻西方有男子哭者，声甚哀，气甚悲，是奚为者也？寡人哀之。”晏子对曰：“西郭徒居布衣之士盆成适也。父之孝子，兄之顺弟也。又尝为孔子门人。今其母不幸而死，祔柩未葬，家贫，身老，子孺，恐力不能合祔，是以悲也。”公曰：“子为寡人吊之，因问其偏祔何所在。”晏子奉命往吊，而问偏之所在。盆成适再拜，稽首而不起，曰：“偏祔寄于路寝，得为地下之臣，拥札掺笔，给事宫殿中右陛之下，愿以某日送，未得君之意也。穷困无以图之，布唇枯舌，焦心热中，今君不辱而临之，愿君图之。”晏子曰：“然。此人之甚重者也，而恐君不许也。”盆成适蹶然曰：“凡在君耳。且臣闻之，越王好勇，其民轻死；楚灵王好细腰，其朝多饿死人；子胥忠其君，故天下皆愿得以为子。今为人子臣，而离散其亲戚，孝乎哉？足以为臣乎？若此而得祔，是生臣而安死母也；若此而不得，则臣请挽尸车而寄之于国门外宇溜之下，身不敢饮食，拥辕执辂，木干鸟栖，袒肉暴骸，以望君愍之。贱臣虽愚，窃意明君哀而不忍也。”晏子入，复乎公，公忿然作色而怒曰：“子何必患若言而教寡人乎。”晏子对曰：“婴闻之，忠不避危，爱无恶言。且婴固以难之矣。今君营处为游观，既夺人有，又禁其葬，非仁也；肆心傲听，不恤民忧，非义也。若何勿听？”因道盆成适之辞。公喟然太息曰：“悲乎哉。子勿复言。”乃使男子袒免，女子髽笄者以百数，为开凶门，以迎盆成适。适脱衰绖，冠条缨，墨缘，以见乎公。公曰：“吾闻之，五子不满隅，一子可满朝，非乃子耶。”盆成适于是临事不敢哭，奉事以礼，毕，出门，然后举声焉。（《晏子春秋》外篇第七，景公台成盆成适愿合葬其母晏子谏而许第十一）

齐景公建造楼台时，一个名为盆成适的人向晏婴请求说：“我父亲的坟墓就在宫殿之前，请允许我把已葬于此的父亲与新近亡故的母亲进行合葬。”听闻此事的景公十分生气，但在晏婴的进谏下，景公一面叹惜，一面答应了此事。盆成适在合葬之际未哭，走出门后才开始哭泣。

这一篇的内容酷似前篇。文章开头描述了一天晚上景公听到西边有男子哭泣，次日清晨，景公将此事告知晏子，于是晏子对此进行了解释；听到合葬请求的景公“忿然作色而怒”。这一篇也具有强烈意识到读者存在的故事性质，在这一点上与前者相同。而且，在被允许进行合葬，而盆成适顾忌景公而并未“哭”这一点上，也与上文提及的《礼记·檀弓上》与《晏子春秋》前篇相同。

此处须注意的是，请求合葬的盆成适这一人物，被设定为“父之孝子，兄之顺弟”，又曾为“孔子门人”。而且，关于请求合葬的理由，盆成适自己也强调说：“今为人子臣，而离散其亲戚，孝乎哉？足以为臣乎？”从中明显可以看出，“孝”、“悌”的思想要素。

另外,晏子的谏诤中,言及"忠不避危,爱无恶言"、"今君营处为游观,既夺人有,又禁其葬,非仁也。肆心傲听,不恤民忧,非义也"等,列举了"忠"、"爱"、"仁"、"义"等德目。即为了说服景公,其理由中强调了此类儒家性质的德目。景公终于被此类思想言论说服,接受了合葬的请求。可以认为,这与《昭王毁室》中,楚昭王出于对死者的敬意而立刻应允合葬的故事情节,存在相当的差异。

由此可见,《昭王毁室》与《晏子春秋》两篇故事,同样是合葬的话题,但在内容方面却各有侧重。《昭王毁室》聚焦于提出合葬请求的"君子"与善于理解的"昭王",而《晏子春秋》则突出表现了辩才无碍说服景公的晏子。在"孝"、"悌"、"忠"、"爱"、"仁"、"义"等道德要素的有无上,二者也显示了恰成对照的特点。

也只有从这一点上,才可以看出《昭王毁室》的特色。《昭王毁室》以合葬为话题,却并未引入"忠"、"孝"、"仁"、"义"等思想要素。"君子"坦率恳求父母的合葬,而昭王也立即表示理解,准许了合葬。而且,虽然登场人物众多,但并未出现与《晏子春秋》中的晏子作用相似的人物。只有以悲壮决死之心,请求合葬的"君子",与将辛苦建造的宫室"毁室",允许合葬的"昭王",集中了读者的视线。

如上所述,可以看出二者具有不同性质的要素。然而其先后关系究竟该如何理解?虽然受资料制约,无法立刻断言,但合葬的类似故事在《晏子春秋》中有两篇,《礼记》中有一篇,由此可以推测,此类故事作为一种固定的故事类型在北方确立时期较早,后来也传至了南方的楚国。若先后关系如此,则这种故事类型在《昭王毁室》中,被进行了可谓换骨脱胎的改造。内容从宣扬如晏婴一样特定的思想家或特定的思想,变为表彰开明的楚昭王的内容,发生了很大转变。大框架虽被保留下来,但实质却发生了很大的变化。

除此之外,还完全存在另一种可能性。即此类合葬的故事类型本身自古即存在于各地,而《昭王毁室》也反映了其中的一种。而且,

《昭王毁室》的合葬故事素朴简洁，相比之下，《晏子春秋》在思想方面大加润色。《昭王毁室》中描写的，可以说无关儒家德目，而是对他人之死抱有同情的君王。

三、合葬的实际状况

那么，对于读者而言，是否把《昭王毁室》中的“合葬”，当作一个真实的故事？

在前述的《礼记·檀弓》篇中，记述了因合葬为周公旦以来的传统礼制，季武子应允了合葬的故事。在《晏子春秋》中，记述了因景公在墓地之上建造了楼台宫室，出现了请求在该地合葬父母的人物，最终在晏子的进谏下景公同意了合葬请求的故事。在《礼记》和《晏子春秋》中，“合葬”本身被描述为具有一定现实感的行为。孔子寻到父亲的墓地所在的防（山）之地，并将母亲合葬于那里的传说，当然也是以此为前提的。那么，春秋时期以楚地为舞台的《昭王毁室》，是否也可认为与此相同？

以下以近年的考古学的见解为基础，就合葬（合骨）这一墓葬形态的事例进行探讨，从而思考《昭王毁室》中关于合葬的真实性问题。

首先，从“合葬”这个词语可以联想到的，是古代的公共墓地。例如，在新石器时代晚期的仰韶文化遗址中，陕西省华阴横阵村的墓地被确认共有24座墓葬，其中1号墓由5个长方形小坑组成，一个坑里最多12具，最少4具，埋葬的人骨数量共计44具[1]。在与此相连的龙山文化的墓葬内，被定位为龙山文化晚期的甘肃省永靖秦魏家的齐家文化墓葬，也被确认有9行排列的132座墓群。在长方形

[1] 参见中国社会科学院考古研究所编：《新中国的考古发现和研究》（文物出版社，1984年）。

的竖穴墓中,有单身墓和合葬墓两种,而其中的合葬墓,被分类为儿童的合葬、成人的合葬、儿童和成人的合葬等三类[1]。而且,同样在甘肃省武威皇娘娘台 M48 中,也可以见到一男二女的三人合葬墓。

总之,这些古代文化的合葬事例,是在共同的墓地中埋葬有多具尸体。而且,收殓各具尸体的棺椁未得到确认,名副其实为合骨的状态。

与此相比,进入周代后,开始出现以墓室为主的墓葬形态。如《周礼·地官·大司徒》所记,"以本俗六,安万民,一曰媺宫室,二曰族坟墓"、"五比为闾,使之相受,四闾为族,使之相葬,五族为党,使之相救",同族坟墓的建制及管理开始受到讴歌。而且,如《礼记·檀弓上》所记,"天子之棺四重"(郑注"诸公三重,诸侯再重,大夫一重,士不重"),棺椁的数量也被规定下来。在考古学上,河北省中山王墓地,河南省淅川下寺墓地,湖北省荆门包山墓地、纪山古墓群、江陵天星观墓地、葛陂寺楚墓、雨台山楚墓等,在同一墓地内散布有多个墓坑,无论墓主身份的尊卑,均为具有墓室、棺椁的典型的家族墓。据郭德维《楚系墓葬研究》(湖北教育出版社,1995 年)所述,在葛陂寺楚墓的纵长 130 米、横长 18 米的范围内,得以确认的有 44 座墓;在雨台山楚墓纵长 1 050 米,横长 80 米的范围内也有 700 余座墓得到确认。因此,在《周礼》、《礼记》中所见的墓葬规定现实中也存在过。

其中特别引人瞩目的是,湖北省江陵的葛陂寺楚墓和雨台山楚墓。其墓葬形态当为春秋战国时期的家族墓,前者是 1962 年至 1964 年被发掘出土,其 M41 为一穴双棺墓,即一个墓坑内容纳竖排的两个同形的木棺,受到瞩目。后者雨台山楚墓,为 1975 年至 1976 年被发掘出土,其中的 M463、M483 采取了颇为特殊的一椁两棺墓的形态,即同一墓坑中埋葬有一个大的外椁,其中竖排并列两个同形的内

[1] 参见叶骁军:《中国墓葬历史图鉴》上卷(甘肃文化出版社,1994 年)。

椁。遗憾的是墓主未详。总之,葛陵寺 M41 和雨台山 M463、M483 虽存在有无外郭之别,但均被推测为夫妇的合葬墓[1]。

而且,这些墓均为位于湖北省,即旧楚地的墓葬实例。根据论述有关湖北地区古墓问题的《湖北考古发现与研究》(杨宝成主编,武汉大学出版社,1995 年),春秋战国时代的楚墓按墓主的身份可分类为 5 种,即,楚王墓,封君、上大夫墓,下大夫、中等贵族墓,士墓和庶民墓。尽管墓主的身份不同,棺椁的数目,墓坑、墓道、封土的规模,随葬品的多寡,陪葬墓的有无等不尽相同,但基本上各墓群均由家族墓、同族墓构成一点则颇为类似。

总结这些考古学成果,合葬至少可以概括为三种类型。第一是在古代文化墓中所见的公共墓地的合葬,不伴有棺椁,多具尸体埋葬在同一墓坑之内的形态。第二是多数楚墓中可见到的例子,即在同一墓地内密集地挖掘墓坑,并在其墓室内各埋葬一具尸体的家族墓、同族墓的形态。第三是如在葛陵寺楚墓或雨台山楚墓中所见,同一墓坑内或同一外郭内并置两个内棺的形态。

那么,基于以上考古学的成果,《昭王毁室》的合葬该作何理解?首先,可以推测在春秋时代的楚昭王统治时期,父母的合葬行为反映了一定的现实。在旧楚地的出土例中,多数墓群被认为是家族墓、同族墓。

只是,在《昭王毁室》中请求合葬的人物被称为“君子”一点尚需注意。既被称为“君子”,则应当假设其为具备一定身份地位的人[2]。如此,则该“君子”要求的合葬或许并非上述的第一种类型的合葬,即在共同墓地中不伴有棺椁地埋葬尸体,而恐为第二种或是

[1] 参见郭德维:《楚系墓葬研究》(湖北教育出版社,1995 年);湖北省荆州地区博物馆:《江陵雨台山楚墓》(文物出版社,1984 年)。

[2] 该“君子”是否被描述为如传世文献中所见的拥有崇高道德境界的人格高尚者,这一点尚不明确。此处毋宁理解为在表示“君子”的原义,即“贵族”身份。

第三种类型。而故事中既然设定昭王不知此处曾为墓地而修建了宫室,则可以设想该墓地或不具规模,其封土或也无法与自然地形相区别[1]。

结 语

本稿分析了上博楚简《昭王毁室》的结构与内容,同时参考了记载有类似事例的其他传世文献及近年来的考古学成果,考察了其中所描述的合葬的特色。最后,据此总结一下《昭王毁室》的文献性质。

首先,通过以上考古学的成果可以明确的是,《昭王毁室》中作为主题的合葬这一行为,显然是被作为具有一定现实感的行为来看待的。《昭王毁室》的编者,并非将之作为一个完全虚构的故事,而是作为实事或应有的事例来进行创作的。

其次,通过与《礼记》及《晏子春秋》的对比,《昭王毁室》作为故事的朴素简洁的性质显而易见。本来子女要求父母的合葬,从广义上来说是属于“孝”的行为。然而,相对于晏子以“孝”及“仁”、“义”等明快的思想观点进谏景公,并得到了合葬的许可,《昭王毁室》中的“君子”并未提及“孝”及“仁”、“义”等,而且,楚昭王并非受到他人进谏,而是自己立刻觉悟到建造宫室之非,允许了合葬,并命令拆毁宫室。与《礼记》或《晏子春秋》相比,在思想性质一点上,可以感觉到很明显的差距。

另外,在《昭王毁室》较短的篇幅里,拥有具体官名及人名的数名人物登场,并且场景转换频繁,故事结构具有后世的通俗小说或说唱故事的风格。这应当是编者强烈意识到当地读者的结果。

关于这一点,可以说在《昭王毁室》的末尾以墨节区分的后续部

[1] 关于封土、坟丘,在此需要注意《礼记·檀弓上》提到的,孔子欲合葬其母之际,不知其父之墓的理由,即“孔子既得合葬于防,曰:吾闻之,古也墓而不坟”。

分，即《昭王与龚之脽》也同样。《昭王与龚之脽》篇竹简有残损，还存在文意难读之处，但其中也有楚昭王与叫龚之脽的人物以及楚"大尹"登场，全篇由几个不同的场景构成。还有如"天加祸于楚邦，霸君吴王，廷至郢，楚邦之良臣所暴骨"，从楚的立场论述吴楚两国的敌对关系的部分。

假如这两个故事，都设定了广泛的读者，并以宣扬明确的思想为目的，则楚地特有的地方元素应该被抽象才对。但这两个故事却好似记录了一个真实的故事，富有地方性及具体性的特色。

同为战国楚简的《鲁穆公问子思》及《鲁邦大旱》等文献，也有穆公与子思、哀公与孔子及子贡等人物登场，也是极富具体性的文献。但与此同时，其宣扬孔子及子思等特定思想家的著作意图也极为明显，显然是以鲁为中心地带活动的孔子学团的产物。将之与《昭王毁室》相比，还是可以感受到文献性质的差异。

由此可见，《昭王毁室》并非为宣扬特定的思想家或"孝"、"悌"、"仁"、"义"等伦理元素而面向世界广泛进行传播的思想性文献，而是以楚王、太子或贵族等为主要读者对象而编撰的楚的地方性文献[1]。楚王的才智和果断，首先在楚地才是应当受到赞颂的。

---

[1] 此处值得注意的是，郭店1号楚墓的墓主曾为楚国太子之师（负责教育）的见解。该见解，乃是由随葬品中有记录"东宫之师"的耳杯而得出的假说。若确为如此，则一同随葬的楚简中，含有用来教育太子的文献的可能性极高。同样，作为上博楚简《昭王毁室》的读者，最适合的人选莫若昭王以降的楚国的君王或太子。通过阅读该故事，在学习昭王的事迹的同时，自然精通于楚的官职名称以及职责。《昭王毁室》正是作为这样一种文献而体现其存在意义的。另外，该问题尚有必要与后续篇目《昭王与龚之脽》一并探讨。详情请参见拙著《战国楚简与秦简之思想史研究》的第八章《代代相传的先王故事——〈昭王龚之脽〉的文献性质》。

第六章
教诫书《君人者何必安哉》的意义

序　言

《上海博物馆藏战国楚竹书(七)》于 2008 年 12 月出版,并于 2009 年 1 月开始在日本销售。其中收录有《武王践阼》、《郑子家丧》(甲、乙)、《君人者何必安哉》(甲、乙)、《凡物流形》(甲、乙)等诸篇文献。

其中,《君人者何必安哉》记载了臣下范乘向楚王进谏的内容,为迄今笔者所考察的一系列记载楚王相关故事的文献之一。在本章中,将对《君人者何必安哉》释读全文,并就其作为楚王故事的特色加以若干探讨。

一、书志信息

释读之前,先将《君人者何必安哉》的书志信息记述如下。《上海博物馆藏战国楚竹书(七)》所收《君人者何必安哉》的整理者为濮茅左。

该文献的竹简出土于保存状况较为良好的泥团之中,有甲、乙二种。甲本基本上都是完简,共 9 简,简长 33.2 ~ 33.9 cm、宽 0.6 cm、厚 0.1 cm。简端平齐,两道编线。右契口。各简字数约 24 ~ 31 字。

总字数为241字(含合文4处[1])。无篇题,《君人者何必安哉》乃基于篇中语句的拟称。第九简有墨节,表示文献的末尾。

乙本的书志信息也基本相同。全9简。总字数为237字(含合文3处)。第九简末端有墨节,在其后有黑底白文如“乙”的文字。就战国楚简而言,尚属首例,其所示含义现阶段未详。

由于乙本有部分残缺,以下基本以甲本为底本进行释读。甲、乙本文字有异同处,则标以注记进行探讨。此外,以下行文中将此文献略称为《君人者》。

上博楚简《君人者何必安哉》乙本第九简末尾

二、《君人者何必安哉》篇释读

首先将《君人者》释读如下。先列出笔者所确定的文本,其次为文章大意与相关语注。【1】、【2】等数字为竹简号码。“▮”为篇末的墨节。①、②等序号则对应后述的语注号码。语注中所引诸氏论考,皆为网络公开文章。为避免烦琐,此处仅记姓名,省略相关文章题目与刊登日期等详细信息。详细内容请参见武汉大学简帛中心的简帛网(http://www.bsm.org.cn/index.php)及复旦大学出土文献与古文字研究中心主页(http://www.gwz.fudan.edu.cn/Default.asp)。

原文:

范戊①曰:“君王有白玉②,三违③而不察④。命为君王察

[1] 但甲本中“一人”并未附加合文符号,或为抄手漏抄符号所致。而乙本中则以通常字距书写“一人”。由此可以推测,甲、乙两本的底本中可能原本记为“一人”,而在抄写之际,甲本抄手误认为合文,略为压缩字间距离进行抄写。如此一来,则合文数为三。

之，敢告于见日。”

王乃出而【1】见之。王曰：“范乘，吾安有白玉，三违而不察哉⑤？”

范乘曰：“楚邦之中，有食【2】田五顷，竽管衡于前⑥。君王有楚，不听鼓钟之声。此其一违也。玉珪之君⑦，百【3】姓之主，宫妾以十百数。君王有楚，侯子三人，一人杜门而不出。此其二违也。州徒【4】之乐⑧，而天下莫不语，先王之所以为目观也⑨。君王袭其祭⑩，而不为其乐。【5】此其三违也。先王为此，人谓之安邦，谓之利民。今君王尽去耳【6】目之欲，人以君王为所以嚣⑪。民有不能也，鬼无不能也。民诅而思祟【7】之⑫，君王虽不长年，可也⑬。叟行年七十矣，然不敢怿身⑭。君人者何必安哉？桀、【8】纣、幽、厉，戮死于人手，先君灵王乾谿殒崩⑮。君人者何必安哉▋？”【9】

文章大意：

范叟（乘）（请人转达）说：“君王（楚昭王）难得保有白玉，却有几处相违之处未能明察。现在我将使君王明察之，敢请告之能够拜谒的日期。”

于是，王出到（宫殿前庭），见范乘说：“范乘，我如何会既保有白玉，却有几处相违之处未能明察？”

范乘答曰：“楚邦之中，即使是食田五顷之士，身边也备齐了竽管（乐器）。但君王身为楚国之王，却不欲闻鼓钟之声（传统的礼乐）。此则相违处之一。（保有）玉珪的君主，身为百姓之主，宫殿内妻妾当有数十成百。但君王身为楚国之王，侯子仅有三人，其中一人还被幽闭。此则相违处之二。州徒之乐，天下无人不语，（楚的）先王更是亲自参观。但君王虽然沿袭了该祭祀，却不欲使人演奏其音乐。此则相违处之三。(楚的)先王们践行于此,所以人们称赞此为'安邦',为'利民'。但如今,君王欲除去所有耳目之欲,众人遂以君王为其忧。民众虽有不可能之事,而鬼神却无不可能之举。如遭民众诅咒,君王自然早夭。老叟(范乘)虽行年七十岁,但绝不敢安乐己身。为人君者如何能够安泰处之?桀、纣、幽、厉,戮死于人手,先君(灵王)惨死于乾谿。为人君者如何能够安泰处之?"

语注:

① 范叟:原释文释读为"軛戊",认为"軛"为"帆"的古文,并引《说文》段注"叚借作笵,笵又讹范",认为通"范"字。此外,还指出"戊"字见于包山楚简、郭店楚简《老子》、《六德》等文献,认为"戊"、"叟"二字韵部相同而通用。又因后文中作"軛(范)乘",指出此当指《国语·楚语上》中所见"范无宇"(楚大夫)。

② 白玉:比喻楚王的睿智。

③ 三违:原释文隶定作"三回",以"回"为量词,作"块"之义。田河从单育辰之说,举出上博楚简中"回"读作"围"之例,读为"围"(长、周长、直径)。刘云则指出《凡物流形》中有"十回(围)之木"的用例,认为数量词应当在名词之前,因此质疑读作"围"之说,而改读作"匮"(匣)。而董珊则认为当指玉上裂纹,黄人二则读为"玷"(缺陷)。虽然上博楚简中有以"回"为"围"之例,值得重视,但笔者在此则注目于本字构成要素的"韦",将其释读作"违"。将"三违而"读作动词,后文"一违"、"二违"、"三违"则作名词理解。

④ 不察:原释文隶定为"不戋",释读为"不残"或"不贱",认为是君王对白玉"迷恋愈深"之意。何有祖则释读为"践"(实践、履行),取君王不能整齐陈列白玉之意。陈伟则指出《说文》有"善言

也"之说，认为是指不能赞美白玉的三种美德之意。田河则读为"笺"，认为是楚王获得宝玉所作"札书"之义。但笔者认为，此处应当理解为楚王难得拥有白玉（睿智），却有三个相违之处而未能明察其正道之意，因此从董珊之说，读为"察"，取未能"明察"之义。

⑤ 吾安有白玉，三违而不察哉：原释文隶定为"虐軌又白玉三回而不戋才"，释读作"吾罕有白玉三回而不戋哉"。即读"軌"字为"罕"字，但"罕"字于文意难通。陈伟则读为"乾"字，音通"旱"、"安"二字而读作"安"。李天虹认为此字与"曷"字音通。总之，因为此处为楚王欲反驳范乘，取反语之义为佳。

⑥ 有食【2】田五顷，竽管衡于前：原释文隶定作"又飤【2】田五贞竽沅于前"，释读为"有食【2】田五鼎竽管掬于前"。以"食田"（赐田、封田）句读，解"鼎"为权力象征。字待考，取"掬（取）"之义，认为此句指君王不问政治沉溺管竽之乐。但因为下文接"不听鼓钟之声"，则意思完全相反。复旦读书会[1]将"贞"字解为"正"之义，认为"五正"为低级官吏。董珊则相反以"有食田五鼎"为拥有采邑、五鼎的一级贵族。李天虹则读"贞"字为"顷"，认为是指田亩的面积单位（一顷为百亩）。此外，其未释字，原释文读为"掬"字，何有祖读为"衡"，作横置之义。结合上下文，此处当指尽管楚国已完全备有音乐设备（连拥有食田五顷之士也已备齐乐器），但楚王不听鼓钟之乐之意。"衡"字指摆放乐器，为备有之义。

⑦ 珪₌（珪玉）之君：原释文将此合文读作"珪玉"，陈伟依据《楚辞》等的用例，认为当读作"玉珪"。

⑧ 州徒之乐：复旦读书会读"州徒"为"优徒"，即伶人之辈；董

[1] 其正式名称为复旦大学出土文献与古文字研究中心研究生读书会。该读书会于《上海博物馆藏战国楚竹书（七）》出版后组织成立，此后多将其研究成果公布于该研究中心主页。

珊则认为“州徒之乐”指一般民众的娱乐活动；张崇礼认为乃是民间乐舞、世俗乐舞；凡国栋以“州”为人名，认为是由《国语》中记载的人物伶州鸠所传的音乐；孟蓬生认为是州土，即国内的游观田猎的音乐；林文华认为是周王朝的乐舞；陈伟则认为“州徒”为楚国名胜(如云梦)。诸说纷纭。因为下文有“王之所以为目观也”、“而不为其乐”等，所以此处当指楚王直接参观，或具有执行权限的某种传统形式的乐舞之意。最有可能为在云梦举行的音乐活动。

⑨ 而天下莫不语，先王之所以为目观也：甲本作“而天下莫不语之，王之所以为目观也”，乙本“之”作“先”字，作“而天下莫不语，先王之所以为目观也”。原释文采用甲本的字句，认为作“先”当是乙本的误写。复旦读书会与之相反，认为乙本作“先”正确，甲本为误写。关于“王”与“君王”、“先王”等称呼之区分，参照其他楚系文献则可知，在叙事部分当中为“王”，而在对话之中则表示敬意，区别作“君王”。因在后文对话中也为“先王”，所以此处非“王”，而是作“先王”为佳。因此，此处极有可能为甲本的误写。

⑩ 君王袭其祭：原释文隶定作“君王龙丌祭”，释读为“君王隆其祭”。即将“龙”字释读为“隆”，并推测其义或为“淡”。“龙”、“隆”虽也可能音通，但此处上下文为楚王不演奏祭礼音乐，因此作“隆”不合文意。史德新读为“袭”，取因袭之义。因以字形而言问题也较少，故从此说。即，楚王因袭了祭礼(却不许演奏其音乐)之意。

⑪ 人以君王为所以嚣：原释文释读作“人以君王为聚以嚣”。原释文释读作“聚”的字，刘乐贤、陈斯鹏指出其与郭店楚简《尊德义》中的文字相类似，读为“所”，与下文“以”字连读。又原释文读为“嚣”的字，复旦读书会读为“傲”，陈伟读作“倨”，李天虹读作“骄”。原释文认为，此乃王得民心，遂外集诸侯、内集百官之意。此说完全与上下文不符。上句“今君王尽去耳目之欲”，从本文献的趣旨来看，明显为贬义，所以，此处当为对王的恶评。即(今君王尽去耳目之

欲），所以众人皆以君王为痛苦之根源所在。“嚚”为嚚然，众人痛恨欲诉不平之状。

⑫ 民诅而思祟【7】之：原释文读“乍”为“作”，隶定为“民乍而囟之”，释读为“民作而思之”，字则待考。伊强读为“民乍而思谁之”，意谓民众考虑究竟应当追随何人，但于意难通。此处是说楚王悉数去除耳目之欲，不许演奏人们喜爱的音乐，民众对这种态度深感痛恨之意。李天虹读为“民诅而思祟之”，认为与前文的“鬼”相对应。

⑬ 君王虽不长年，可也：原释文读作“君王唯不长年，何也”，李天虹则释读作“君王虽不长年，可也”，并指出在传世文献中“……虽……可”的句型也较多。此处指，民众的诅咒引起鬼神作祟，即便君王早死也毫不奇怪之意。

⑭ 然不敢怿身：原释文隶定作“言不敢睪身”，释读为“言不敢斁身”。“言”字，复旦读书会读作“然”，释读为“不敢怿身”。“怿”为悦（解忧之后心情畅快）之义，因此“不敢怿”与下文中“安”恰好对应。

⑮ 先君灵王乾豁殒崩：原释文隶定为“先君霝王溪云薾”，读作“先君灵王奸系员”，并以“薾（尔）”字与后文“君人者”连读，但于文意难通。另外，臣下对楚王是否说“尔君人者”亦颇有疑问。原释文释读“奸系”二字，复旦读书会、何有祖、李天虹等皆据传世文献（《国语·楚语》、《韩非子·十过》等）中楚灵王殒命于乾豁的记载，读作“乾豁”，李天虹读此句为“先君灵王乾豁殒崩”。苏建州也读作“先君灵王乾豁殒歼”。总之，此处当为记述灵王惨死之事。

三、《君人者何必安哉》的思想特色

本文献的内容，乃是老臣范乘对楚王的谏言。文中的楚王，根据谏言中“侯子三人，一人杜门而不出”以及“先君灵王乾谿殒崩”等内容推断，当是灵王之后隔了二代即位的楚昭王[1]。

范乘虽将昭王的睿智比喻为“白玉”，却认为其中仍有几处相违之处。其一，不听钟鼓之声；其二，未能确保世子的安定；其三，不举行盛大的乐舞祭礼。范乘还指出，上述之事的背景，在于昭王“尽去耳目之欲”的性情。昭王自身或许为其抑制欲望之举而自负，但是对范乘而言，这才是众人忧患的元凶所在。

如抑制音乐，则夺去众人的乐趣，使人无从释放精神压力。极度减少妻妾数量，且幽闭世子之一，则在能否确保继承人安定，国家能否存续一点上，给国民造成巨大的不安。王者应当超越自己的欲望与性情等问题，首先考虑“安邦”、“利民”的问题。

将君主自身的欲望与国政的安定相互对比，是本文献的第一个特色。通常多见君主欲望过剩，而遭臣下进谏的事例，而本文献则一反常态，为了国政的安定，对君主“尽去耳目之欲”的性情予以否定。

第二个特色，在于民与鬼神的关系问题。范乘在谏言中，叙述了心怀不满的民众将会采取的行为。“民有不能也，鬼无不能也。”民众能力弱小，其自身不会有何举措，但鬼神却无所不能。因此“民诅而思祟之，君王虽不长年，可也”，即对王心怀不满的民众向鬼神诅咒，其结果也必然会导致王的夭折。

此处叙述了为政者与民众和鬼神之间的重要关系。民众并无力量，即使有愤怒或不满，也无直接上诉的手段。但是，民众可以通过诉诸鬼神实现愿望。易言之，民众虽无法直接向为政者上诉或者要求改善状况，却可以通过鬼神，将他们的愤怒与不满转达给为政者。

所谓鬼神乃先祖之灵，本来只有本家族人员才可进行祈祷，并受

[1] 灵王亡于公元前529年。又原释文在本篇的说明中指出，楚昭王有三子，其中一人之名不见于谱系，可能与本书中“侯子三人，一人杜门而不出”的记载有关。

到护佑。但在此处，鬼神已经超越了这样狭隘的范畴，而成为一个能够广泛实现国家全体民众期待的存在，即极为广义地解释了鬼神的存在意义。本文献对思考古代中国鬼神观的发展而言，也是十分有意义的资料。

四、楚王故事与教诫书

《君人者》的文献性质，应当如何理解？笔者曾对《庄王既成》、《昭王毁室》、《平王与王子木》等记载楚王故事的系列文献进行了考察，作为结论指出，诸篇或为对楚的王权进行教诫之书[1]。这些楚王故事，是为了楚王权的安定与繁荣，而以为政者为读者编写积累而成的。而《君人者》在大致的框架上也具有这种性质。《君人者》这篇文献，通过范乘谏言的形式，批评了昭王的性情，阐述了对于国家安定与繁荣何者更为重要的问题。

但需要指出的是，该篇与此前所考察的楚王故事略有不同。首先，该篇结构极为简单。在《庄王既成》、《昭王毁室》等其他的楚王故事中，均记载了来回数次的君臣问答，并记载了闻听臣下言语之后，楚王作何反应。但在《君人者》中，君臣的问答仅一次，且对于听闻范乘谏言后昭王如何反应，毫无记载。因为在第九简末尾附有墨节，所以下文漏写昭王反应部分的可能性极低，将其作为一篇完整的对话应该大致不差。如此则可以说，该文献与此前所讨论的楚王故事的叙事形式稍稍有别。

在此试推测一下，在听闻如此谏言的昭王以及阅读该文献的读者（楚国为政者），之后会有何等感受？推测未有明确记载之事，自然并无确证，但对于如此谏言，其感受可谓五味杂陈吧。

---

[1] 关于上博楚简中相关的楚王故事文献，请参见本书第二部分第一章至第五章的论考。

首先,为了国家的安稳存续,为了人民的精神安定,君主不应当拘泥于个人性情,这一谏言可以说具有一定的效果。虽说只是稍稍"去耳目之欲",但时常致使君主身处险境。更为重要的是整个国家,而非君主个人的感情或性情。这一主张,对于昭王以及其后的为政者应该也能够接受。而且,范乘对昭王,并非失礼而当面辱骂,而是先将昭王的睿智喻为"白玉"大加赞赏,之后才开始进谏。正所谓"白玉微瑕"。这一进谏方法易于为王所接受。

但在谏言的最后,作为人君而不能安泰之例,范乘列举了桀、纣、幽、厉,以及灵王之死等。列举上述事例对于昭王究竟是否有效?对桀、纣、幽、厉的历史评价,乃是残酷非道之王的典型。与被评价为"尽去耳目之欲"的昭王正好相反,这些暴君极尽欲望而暴施残虐,终于导致亡国。而楚灵王虽然并未导致亡国,但正如后世司马迁所说的,"楚灵王方会诸侯于申,诛齐庆封,作章华台,求周九鼎之时,志小天下。及饿死于申亥之家,为天下笑。操行之不得,悲夫!势之于人也,可不慎与"(《史记·楚世家》),也是受到酷评的君主。

如此一来,进谏昭王所引的事例,是否稍欠妥当?本来,此处所引的事例应当与昭王的状况相同,列举因"尽去耳目之欲",结果导致身死的王才最为合适。但正因并无此类合适的事例,才列举了无法确保已身安泰而结局悲惨的诸王。

总之,《君人者》中老臣范乘向楚昭王进谏的这一内容,大体可以纳入此前所考察的楚王故事的范畴。

下文中将对包括《君人者》在内的已知的楚王故事作一概括。首先,若以文中所见楚王的时代顺序排列相关文献,则次序如下:庄王时期的《庄王既成》,灵王时期的《申公臣灵王》,平王时期的《平王问郑寿》、《平王与王子木》,昭王时期的《昭王毁室》、《昭王与龚之脽》及《君人者》,简王时期的《柬大王泊旱》。由此可见,从庄王(公元前613—前591年在位)至简王(公元前431—前408年在位)之间的楚国历代君王的相关故事被长期记述积累下来。且各篇均对楚的王权起着教诫书的作用，其具体的读者，可以说是设想为王或太子。

关于此类作为教诫书的故事，陈伟指出其为《国语・楚语上》所引"语"类文献[1]。下文即楚的贤人申叔时对楚王论述关于太子教育的内容。共有九项因而总称为"九科"，均作为教诫太子的重要手段，受到重视。

> 叔时曰："教之春秋，而为之耸善而抑恶焉，以戒劝其心；教之世，而为之昭明德而废幽昏焉，以休惧其动；教之诗，而为之导广显德，以耀明其志；教之礼，使知上下之则；教之乐，以疏其秽而镇其浮；教之令，使访物官；教之语，使明其德，而知先王之务用明德于民也；教之故志，使知废兴者而戒惧焉；教之训典，使知族类，行比义焉。"（《国语・楚语上》）

此处"语"之用为"使明其德，而知先王之务用明德于民也"。但韦昭注则认为"语"为"治国之善语"，即定义为统治国家的名言。若此定义无误，则上博楚简中的楚王故事是否都可以视为"语"，则令人颇感踌躇。因为其中也有如《平王问郑寿》和《平王与王子木》等明确描写了作为反面教材的楚王[2]的文献。而且，《君人者》虽然并未以激烈言辞进行批判，但明显可见其对昭王的性情进行了批判。

结　语

可资教训者，并非仅限于"善语"。因为人们对于失败事例会进

[1] 陈伟：《〈昭王毁室〉等三篇的几个问题》（《出土文献研究》第七辑，上海古籍出版社，2005 年）。

[2]《平王问郑寿》，批评平王拒绝臣下的谏言，未深刻接受灭亡的预言。《平王与王子木》，则批评了平王之子王子木（建）不具备作为太子应当具有的见识。各篇详情，请参见本书第二部分第三章、第四章。

行深刻反省,当作极大的教训。成功事例当然可以作为教训,但由于成功之后的满足感,人们并不会对其进行详细分析。唯有失败,才能引起何以至此的深刻烦恼。从这个意义上考虑,即便上述楚王故事并非皆为"善语",也明显具有教诫书的意义。

总之,可以明确得知的是,春秋时期的楚国,将切身的历史以故事的形式记述积累下来,并将其尊为教诫之书。而作为其读者的王或太子,也从中修得了帝王学。

第三部分

新出秦简、汉简中体现的思想史

序　章
新发现的秦简、汉简

上博楚简、清华简等战国简的发现，给中国古代思想史的研究带来了巨大的冲击。本书的第一部分及第二部分，即为解读这些战国简的部分研究成果。

然而，出土文献的冲击绝非仅止于此，此外还有湖南省岳麓书院得到的秦简（岳麓秦简）、《银雀山汉墓竹简（贰）》以及北京大学得到的秦简和汉简等。它们也必将成为古代思想史研究的巨大财富。

岳麓秦简将在之后的第一章中详述，《银雀山汉墓竹简（贰）》，将在第二章篇首加以解说，此处首先以笔者的实地调查为基础，对北京大学藏竹简加以解说。

中国出土文献研究的新发展

1998年5月，郭店楚简全貌以《郭店楚墓竹简》（荆门市博物馆编，文物出版社）的形式出版。同年秋，我们便组织了"郭店楚简研究会"，对各文献进行释读。

2001年11月，上博楚简的内容也以《上海博物馆藏战国楚竹书》（上海古籍出版社）的形式公开。郭店楚简和上博楚简，均为战国时期的"楚简"，且二者尚包含部分内容相近的文献，因此我们痛感有必要将二者共同纳入研究视野之内。为了推动对楚简的综合研究，我们决定将研究会的名称改为“战国楚简研究会”，继续开展研究活动。

尔后10年，战国楚简研究会在国内外积极开展研究活动，所属成员所出版的有关出土文献著作也多达十数册，发表的相关论文超过百篇。

而在最近几年，出土文献研究的大环境更是发生了极大的变化，即发现了堪与郭店楚简、上博楚简等匹敌的新竹简。例如，2007年湖南大学岳麓书院得到的“岳麓书院秦简”、2008年清华大学得到的“清华大学竹简”，以及2009年北京大学得到的“北京大学藏西汉竹书”。此外，1972年发现的银雀山汉墓竹简，在《银雀山汉墓竹简（壹）》之后一直未有续刊，直到2010年，才出版了《银雀山汉墓竹简（贰）》。这些新出土文献的相继公开，使中国古代思想史研究进入了更大的飞跃发展时期。

而我们研究会的研究活动，也没有仅限于“战国楚简”，而是认识到有必要对这些出土文献进行综合探讨。之后，我们又将研究会的名称从“战国楚简研究会”改为“中国出土文献研究会”，以便从更为广阔的视野对新出土文献进行研究。

中国出土文献研究会的首次活动，便是访问北京大学。在获知2009年北京大学得到了大量西汉时期竹简的消息后，我们便拜托清华大学毕业的学者刁小龙（人民大学教师）从中斡旋，于2010年7月中旬向北京大学提出了访问申请，并幸获应允。

9月1日，我们研究会的成员在刁小龙的带领下，从北京大学东门进入校区，经过图书馆，来到历史系，并受到了北京大学出土文献研究所所长朱凤瀚教授的接待。在一间备有大屏幕的教室内，朱凤瀚教授向我们介绍了北京大学竹简。当日的会面，北京大学中国古代史研究中心的韩巍讲师（现为副教授）也同席参加。朱教授用33张的PowerPoint资料，为我们进行了约一个小时的说明。

其后,我们又被带到校内的“北京大学赛克勒考古与艺术博物馆”。在一间冷气充足的资料室内,摆满了盛放竹简的托盘。靠窗一侧桌子上并排摆放着4个盖子早已揭开的托盘,内有浸在水中的竹简。在荧光灯的照射下,竹简的文字清晰可见。通过预先准备的放大镜,我们全员对竹简的形状、文字等进行了确认。其详情容后再叙。

阅览竹简约30分钟之后,我们又参观了该博物馆的展品。之后与朱教授等人进行了会谈。以下将基于朱教授的说明资料以及我们对竹简的阅览,还有最后会谈的内容等,对北京大学竹简的概况加以说明。

北京大学竹简的概况

北京大学竹简,是于2009年1月11日由北京大学得到的经盗掘流出的一批竹简。

竹简于1月11日被搬入北京大学,翌日便开始了整理工作,3月份,对全部竹简进行了照片拍摄。在此过程中,发现在竹简群中混有算筹和漆器的残片。还发现部分竹简上存在纤维的残留痕迹,而且,从编线的痕迹与文字重叠的竹简大量存在一点上可以推测,该竹简并非在编缀之后记录文字,而是在记录文字之后才进行编缀。编线有部分残留,它比我们想象的还粗,为三道编线。

竹简总数为3 346枚,完整简为2 300枚以上(其中完简为1 600余枚)。郭店楚简为730枚(有字简),上博楚简为1 200余枚,由此可知北大简数量之巨,远超其他。

数术类的竹简中有记录“孝景元年”(公元前156年)的纪年简,由此可知竹简的年代为西汉中期,且多为武帝时期(公元前157—前87年,前141年即位)书写。顺便一提,马王堆3号汉墓营造于公元前168年前后,马王堆帛书《老子》甲本则书写于公元前195年之前。

竹简的形状，可分为长、中、短三种，简端均平齐。长简简长约46 cm，相当于汉代的2尺，三道编线；内容主要为数术类。中简简长30～32 cm，相当于汉代的一尺三四寸，三道编线；内容主要为古代典籍。短简简长约23 cm，相当于汉代的1尺，两道编线；内容为医书。

出土地未详，根据朱教授的说明，或为江苏、安徽一带（南方地区，汉代属楚地）。

此外，竹简并未进行碳14年代测定，估计是根据竹简的状况、谨直的汉隶字体以及极具说服力的纪年简的出土等要素，判断并无测定的必要。

其内容均为古代书籍，包含了《汉书・艺文志》所分类的“六艺类”、“诸子类”、“诗赋类”、“兵书类”、“数术类”、“方技类”等广泛领域的文献，极具研究价值。它将不仅影响中国思想史研究，也将极大地影响中国史、文学史、文字学等诸多领域的研究。

以下将沿着朱教授的说明顺序，并结合我们阅览实物的结果以及笔者的考察，对各自内容加以介绍。

（一）六艺类

分类为六艺类的，有小学书的《苍颉篇》与历史书的《赵正（政）书》。

《赵正（政）书》为古佚书，属于首次得见的秦始皇时期的历史文献。竹简50余枚，总字数约1 500字。竹简中记录有书名。其内容围绕秦始皇（赵政、嬴政）之死及秦朝的灭亡，记述了秦始皇、胡亥、李斯、子婴等人的言行，秦始皇临终之际的遗命及李斯的狱中上书也包含其中。

文中称秦始皇、胡亥为“秦王赵正（政）”、“秦王胡亥”，而并未称作“始皇帝”、“二世皇帝”，由此可见作者的立场是不承认秦朝的正统地位。其中也包括《史记・蒙恬列传》、《李斯列传》中的部分记载，或为司马迁写作《史记》之际的参考文献之一，资料价值很高。

（二）诸子类

诸子类中首先需要特书一笔的是《老子》一篇。竹简218枚，约5 300字（含重文）。《老子上经》、《老子下经》的篇题明记于竹简背面，各自对应《德经》、《道经》。各章篇首，均有分章符号（圆形墨点），各章末尾为留白。缺损竹简仅为整体的百分之一，相当于竹简2枚左右，约50～60字。该篇为状态近乎完整的《老子》古本，乃马王堆帛书、郭店楚简之后的第三个《老子》古本，可以说是现今保存状态最为良好的汉代《老子》文本。而且，各章内容及分章也与现行本存在相异之处，为整理、校勘《老子》的极为有力的资料。

另外，将马王堆汉墓帛书《老子》与该竹简本进行对照即可发现，《德经（上经）》、《道经（下经）》的顺序及各章的排序基本相同，仅有《道经》末尾一处顺序有异。总之，其无疑是今后深入研究《老子》时最重要的文本。

其次为古佚书《周驯（训）》。竹简200余枚，约4 800字。竹简上明记篇题。《汉书·艺文志》道家类中记载有"《周训》十四篇"，有可能即是该书。

其内容为"周昭文公"（战国中期的东周国君，也称昭文君）对"恭太子"（西周国君，武公的太子）的训诫，记录了上至尧、舜、禹下至战国中期的史事；包含有此前未见的商汤对太甲的训诫、周文王对周武王的训诫等内容；此外，还有记述为君之道的长文。《周驯（训）》编纂于战国晚期，可以认为是对贵族子弟进行政治教育的教材。其中还记述了周文王有四子等内容，与向来的文献记载有异，具有重要的意义。

清华大学竹简的《保训》篇也是此类文献。《保训》记述了周文王训诫武王的内容，但竹简仅存11枚。与此相比，《周驯（训）》可以说是内容更为丰富的训诫集。

根据朱教授的说明，这种也可以说是历史故事集的文献难以认为是“道家”的，是否相当于《汉书·艺文志》中记录的“《周训》十四篇”尚存疑问。

只是《汉书》中对“道家”的定义为，“道家者流，盖出于史官。历记成败存亡祸福古今之道，然后秉要执本，清虚以自守，卑弱以自持。此君人南面之术也”，并非我们现在认识的所谓“老庄”式的思想。若如此，则此类文献，对于当时之人而言完全有可能属于“道家”。

另外，古佚书《妄稽》也颇为引人瞩目。此为竹简100余枚，约3 000字的文献。竹简上明记篇题。该书描述了士人家庭内部的主人“周春”与妻妾之间的纠葛，可以说是现阶段最古最长的小说。虽然天水放马滩秦简中也含有小说《志怪故事》，但其为短编，内容也为“志怪”。与此相比，《妄稽》描写了家庭内的日常生活，更接近于近代意义上的小说。

篇题的“妄稽”为其妻名，其妻“为人甚丑以恶”，即容貌丑陋，心根丑恶。而其妾名为“虞士”，不但貌美，性情也佳。可以说该文献是一篇有明确人物设定的小说。中国的小说，向来被认为是以六朝、唐代的志怪小说为中心，但西汉武帝之前已经存在如此富有文学性的小说，这一点尤其引人瞩目。换言之，既然这样的可称为近代小说之先驱的小说古已有之，为何之后未被继承与发展？此处不禁使人产生如此疑问。

（三）诗赋类

诗赋类有《魂魄赋》一篇。竹简50余枚，约1 200字。未见篇题，《魂魄赋》为整理者所定的拟称。文章虽然采用拟人化的“魂”与“魄子”的对话形式，却异于《楚辞》，分明是四字句相连的汉赋。其内容为魂邀魄去旅行，而魄却以病弱为由加以拒绝，但最终魄还是被魂说服一起去旅行。《魂魄赋》为迄今出土的简帛文献中最古、最长的赋，具有较高的文学价值。

（四）兵书类

北大简中还有一篇篇题未详的兵书。竹简10余枚。在《汉书·艺文志》中，将兵书分类为“兵权谋”、“兵阴阳”等四类，该文献可归入其中的“兵阴阳”家。其理由是它与银雀山汉简《地典》具有类似性。

在此，稍对《地典》进行概说。如上所述，银雀山汉墓竹简发现于1972年，其中的《孙子兵法》、《孙膑兵法》、《尉缭子》、《晏子》、《六韬》和《守法守令等十三篇》，于1985年以《银雀山汉墓竹简（壹）》（银雀山汉墓竹简整理小组，文物出版社）的形式公开。整理小组在公开之际预告称，此外将在第二辑中收录“佚书丛残”，在第三辑中收录“散简”、“篇题木牍”以及“元光元年历谱”等。但是，其后很长时期，并没有出版续辑。

《银雀山汉墓竹简（贰）》（银雀山汉墓竹简整理小组，文物出版社），后于2010年1月出版。虽然在第一辑中有过预告，但第二辑的出版并未进行任何事前宣传，就突然予以公开。此时，上距银雀山汉墓竹简发现37年，距《银雀山汉墓竹简（壹）》出版也已24年。其内容正如在第一辑中预告的，相当于“佚书丛残”的部分文献，整体上分类为“论政论兵之类”、“阴阳时令、占候之类”、“其他”等三部分。

其中，“论政论兵之类”由50篇文献构成，其第十三篇为《地典》。所谓“地典”，为辅佐黄帝的“七辅”中的一人。在该篇中，黄帝与地典就用兵进行了问答。该篇竹简多有断裂，难以完整把握整体内容。例如，对于黄帝“吾将兴师用兵，乱其纪纲。请问其方”的下问，地典答曰：“天有寒暑，地有锐方……天有十二时，地有六高六下。上帝以战胜。……十二者相胜有时。”

整理者根据这样的内容，认为银雀山汉墓竹简《地典》为“兵阴阳”家的兵法，而且，将与其内容类似的北京大学竹简文献看作“兵阴阳”家的兵书。但鉴于银雀山汉墓竹简“论政论兵之类”的整体内容以及《地典》的思想性问题尚缺乏充分研究,在现阶段将包含于北京大学竹简之内的这篇文献定位为如此性质的古代兵书是否妥当,尚略存疑念。

（五）数术类

数术类的文献,约占北京大学竹简总数的三分之一。篇题得到确认的主要文献,首先可以举出《日书》、《日忌》和《日约》。其竹简约1 300枚。缀合后的完整简约700枚。特别是《日忌》和《日约》为初见文献。其中《日书》的内容,大多数为以往出土的秦汉《日书》中所见内容,但也含有迄今未见的图形与文字。篇题为朱笔所书,横跨数简的“占产子图”也为鲜艳朱色的人体图。

此外,归入数术类的文献之内,篇题得到确认的,还有如下文献:

《椹(堪)舆》——内容类似《日书》,与后世“看风水”的堪舆家相异。

《六博》——使用博局进行占卜之书,与尹湾汉简《博局占》类似。

《雨书》——风雨气象占候之书。

《荆决》——卜筮的一种,为使用算筹(计数用小片)进行占卜之书。

《节》——与记述四时节令的《月令》类似的文献。

（六）方技类

最后为医学相关文献。竹简700余枚,其中完整简约530枚。这些文献是为治疗各类疾病而记述的古代的医方书,属方技类的“经方”类。各章均有分章记号及数字编号,可确认至“一八七”号。在正文之前单独有“目录”一卷,记载有编号及医方名。其内容为内科、外科、妇科、儿科等多种疾病的治疗方法,还含有病名、症状、药的种类、数量、中药的调制方法、药的服用方法和禁忌等内容。

在此需要注意的是，其中“秦氏方”、“冷游方”、“翁壹方”等篇名的存在。它们皆为古代名医的名字，其中的“秦氏”或为战国时期的名医“扁鹊”。

此类医书与马王堆帛书《五十二病方》有密切的关系，为仅次于马王堆帛书的、极为丰富的中国医学资料。

北京大学竹简的意义

我们实际阅览的陈列于4个托盘内的竹简共计37枚。权且暂定自右至左为托盘1至托盘4，现将其内容介绍如下：

托盘1

苍颉篇 4枚

赵正书 4枚（含篇题1）

周训 4枚（最终简文末记有“大凡六千”）

托盘2

老子 2枚（其中1枚为记有《老子上经》的篇题简）

妄稽 4枚

魂魄赋 3枚

纪年简 1枚（记载有“孝景元年”）

托盘3

医简 5枚

托盘4

椹舆 2枚

荆决　2 枚

六博　3 枚

节　1 枚

雨书　2 枚

该批竹简现在正在整理释读,并计划由上海古籍出版社分为约 10 个分册逐次出版。第一批于 2012 年 12 月出版的《北京大学藏西汉竹书(贰)》中收录了《老子》。针对北大简《老子》的基础性研究,将在本书第三部分第五章中进行论述。

另外,因为在北京大学竹简中还有部分秦简,为了加以区别,便将其命名为"西汉竹书"。但"北京大学藏西汉竹书"的名称过于冗长,以下将使用其略称"北大汉简"。

此外,因竹简为盗掘后流出的竹简,是否有可能出自不止一个墓?对我们提出的这一问题,朱教授认为,从书写风格的统一性来看,出土自同一墓,且为同一时期(大致为西汉武帝时期)抄写的可能性很大。

那么,北大汉简在研究史上具有怎样的意义?可以说,其意义首先在于它给整个中国学的研究带来了极大的影响。

从 2009 年开始逐步公开的清华简,主要为思想及历史方面的有关出土文献。以往郭店楚简、上博楚简、银雀山汉墓竹简等的出土,也曾给中国思想史研究十分巨大的影响。

与此相比,北大汉简则除思想及历史文献以外,还包括医学、数术以及文学等领域的多种出土文献。特别是《妄稽》和《魂魄赋》,明显为有关中国文学方面的出土文献。迄今为止,在中国学之内,在思想与历史的研究领域,可以说如我们的研究小组等日本学者也充分进行了研究。但是,在中国文学领域方面又如何?

的确,此前从未发现过可以改写中国文学史,特别是古代文学史的文献。但是，在北大汉简中明显含有文学作品。可以说，这也对中国文学方面的学者们提出了明确的挑战。

我们期待在思想、历史、文学等广泛领域中的中国学研究，能够通过此类出土文献取得新的进展。

第一章
岳麓秦简《占梦书》的结构与思想

序　言

《晏子春秋・内篇杂下》中,有一篇暗示春秋时期已存在占梦者以及占梦书的有趣故事[1]。从中可见,当时在齐的君主身边有专门的占梦者,以及占梦者原则上按占梦书下占断的状况。

但是,此类占梦书的具体内容迄今未见于文献之中,所以详情不明。虽有敦煌本的《新集周公解梦书》等完整的占梦书,却是远在后世的资料。此外,虽在各种类书中也采录有一些占梦书的记述,但也仅为一些片断的内容[2]。

---

[1]《晏子春秋・内篇杂下》中,有如下一篇齐景公、晏子和占梦者三者登场的故事:"景公病水,卧十数日,夜梦与二日斗,不胜。晏子朝,公曰:'夕者梦与二日斗,而寡人不胜,我其死乎?'晏子对曰:'请召占梦者。'出于闺,使人以车迎占梦者。至曰:'曷为见召?'晏子曰:'夜者,公梦二日与公斗,不胜。公曰:"寡人死乎?"故请君占梦,是所为也。'占梦者曰:'请反具书。'晏子曰:'毋反书。公所病者,阴也,日者,阳也。一阴不胜二阳,故病将已。以是对。'占梦者入,公曰:'寡人梦与二日斗而不胜,寡人死乎?'占梦者对曰:'公之所病,阴也,日者,阳也。一阴不胜二阳,公病将已。'居三日,公病大愈,公且赐占梦者。占梦者曰:'此非臣之力,晏子教臣也。'公召晏子,且赐之。晏子曰:'占梦者以占之言对,故有益也。使臣言之,则不信矣。此占梦之力也,臣无功焉。'公两赐之,曰:'以晏子不夺人之功,以占梦者不蔽人之能。'"其主题或为彰显晏子的智慧。在此处,可知景公属下的占梦者,以及该占梦者所参见的占梦书的存在。

[2] 敦煌本《新集周公解梦书》之详情,参见拙稿《夢の書の行方——敦煌本〈新集周公解夢書〉の研究》(《待兼山論叢》第29号哲学篇,1995年),以及郑炳林、羊萍编著《敦煌本梦书》(甘肃文化出版社,1997年)。此处所谓《新集周公解梦书》,为伯希和3908号整理的敦煌文书,此外,在敦煌文书中,还有斯坦因5900号整理的《新集周公解梦书残卷》及伯希和3281号的《周公解梦书残卷》等。

在如此状况之下，中国湖南省的岳麓书院得到的秦简《占梦书》，则是一部展示了秦代或之前的占梦书的实际状况的珍贵资料。本章将注目于岳麓秦简《占梦书》的结构及占梦法，对其在思想史上的地位问题加以考察。

一、岳麓书院藏秦简的概况

2007 年 12 月，湖南大学岳麓书院紧急收购了从香港流出的秦简（出土地不明）。竹简被塑膜包裹，共有大小 8 箱。竹简总数为 2 100 枚（基本完整的竹简为 1 300 余枚）。此外，岳麓书院又于 2008 年 8 月，获赠香港收藏家购得的竹简 76 枚（基本完整的竹简为 30 余枚）。由此，岳麓秦简的总数为 2 176 简。岳麓书院购入的竹简与收藏家寄赠的竹简，在形制及书体、内容等方面酷似，因此可以认为是同一出土简。岳麓秦简大半为竹简，也有 30 余枚木简。

关于岳麓秦简，陈松长于《岳麓书院所藏秦简综述》（《文物》2009 年第三期）中，对其得到竹简的情况以及各篇的概况进行了介绍。并出版了朱汉民、陈松长主编《岳麓书院藏秦简（壹）》（上海辞书出版社，2010 年 12 月），公布了岳麓秦简之中的《质日》、《为吏治官及黔首》、《占梦书》等三篇文献的图版（彩色图版以及红外线图版）与释文。岳麓秦简的全貌，将分为全 6 个分册进行公开。

本章分析的《占梦书》，即为其第一分册内收录的古佚书。以下基于《岳麓书院藏秦简（壹）》的解说，将岳麓秦简的概况整理如下。

竹简简长大致分为 30 cm 左右、27 cm 左右和 25 cm 左右等三种类型。竹简宽度为 0.5—0.8 cm。编线分为三道编线与两道编线两种。从编线痕与文字的关系，可以大致分为书写之后进行编缀的竹简和编缀之后再进行书写的竹简。

文字书于竹黄面，也有部分竹简背面书有或为篇题的文字。收入第一分册的《质日》（历谱）中，可见“秦始皇二十七年”、“三十四年”、“三十五年”等纪年，因此成书年代的下限，可推测为始皇帝三十五年(公元前212)前后。

此外，也含有与云梦睡虎地秦简类似的秦的律令及官吏指南书，因此，岳麓秦简的墓主或为与治狱有关的人物。

通过基本整理，岳麓秦简大致可分为以下7个部分：

(一)《质日》；

(二)《为吏治官及黔首》；

(三)《占梦书》；

(四)《数》书；

(五)《奏谳书》；

(六)《秦律杂抄》；

(七)《秦令杂抄》。

其中，《质日》、《为吏治官及黔首》、《数》书等篇竹简背面书有篇题。其他则为编者所定的拟题。

二、《占梦书》的概况与研究课题

其次，为岳麓秦简《占梦书》的概况。

其整理者为陈松长。竹简枚数为48枚。简长约30 cm。三道编线。

书写方式有两种，其中未进行分段书写、记录占梦理论的竹简有5枚；分两段书写、记录梦象与占断内容的竹简有43枚。

整理者陈松长高度评价这部《占梦书》为现阶段最古的占梦书。但是，并未具体论及《占梦书》整体的结构及其思想方面的意义。

那么，关于该文献又具有怎样的研究课题？

第一，可否认为该文献即为中国现存最古的占梦书的问题。虽然《汉书·艺文志》中记载有《黄帝长柳占梦》11卷、《甘德长柳占梦》20卷等占梦书，但未见于《隋书·经籍志》中，可见早已散佚。该

《占梦书》既为秦简，应该可以评价为最古，但仍有必要加以确认。

第二，与此相关，其与睡虎地秦墓竹简《日书》的关系。1975 年于湖北省云梦县睡虎地发现的秦简，大体上与岳麓秦简为同时代的书写物。而在《日书》之中，也存在有关占梦的记述。两者究竟具有怎样的关系？

第三，竹简的排序问题。近年，在竹简的排序问题上，竹简背面的划痕及墨线备受关注。在北京大学藏西汉竹书中，划痕成了判断竹简排序的有力依据[1]。而在岳麓秦简中，是否存在划痕及墨线？还有，在竹简的排序上是否存在问题？

第四，两段书写的竹简的读法。上、下两段书写的部分，该以怎样的顺序阅读？出土资料中分段书写的先例，有睡虎地秦墓竹简《为吏之道》。是否有必要在考察时留意两者的关系？

第五，占梦的记述方式。在敦煌本《新集周公解梦书》中，梦象以及占断记录齐整，而该《占梦书》又是如何记录的？

以下将对这 5 个问题依次进行探讨。

三、《占梦书》的结构及文献的性质

首先，来综合探讨第一和第二个问题。如上所述，在《汉书·艺文志》中，虽有《黄帝长柳占梦》、《甘德长柳占梦》的记载，但这些文献本身已经散佚。在《晏子春秋》中，也记载了似为当时的占梦者参照占梦书下占断的故事。但其内容也无法得以确认。如此大部完整的古代的占梦书尚属首次发现，因此可以说是现存最古的占梦书。

不过，在睡虎地秦墓竹简《日书》中，具有一部分有关“占梦”的

[1] 参见北京大学出土文献研究所编：《北京大学藏西汉竹书（贰）》（上海古籍出版社，2012 年）。

记述,尚须引起注意。在《日书》甲种中,有“梦”的标题,并记载了在梦见恶梦之际,祓除不祥的咒文[1]。

> 人有恶梦,觉,乃释发西北面坐,祷之曰:“皋。敢告尔豹琦。某有恶梦,走归豹琦之所。豹琦强饮强食,赐某大幅(富),非钱乃布,非茧乃絮。”则止矣。

另外,在《日书》乙种中也有“梦”的标题,如“甲乙梦被黑裘衣寇〈冠〉,喜,人〈入〉水中及谷,得也”、“丙丁梦□,喜也,木金得也”、“戊己梦黑,吉,得喜也”等,以十干所示日期中所做之梦的吉凶有5条,祓除恶梦的咒文有1条。

但是,此类记述与岳麓秦简《占梦书》及敦煌本《新集周公解梦书》相比,内容极为零星散乱。仅以此来断定为占梦书尚令人颇感踌躇。

此外,在汉代,武威汉简的卜筮类木简11简中,有拟称为“梦书之类”的2枚木简,其内容也不足以称之为“占梦书”,毋宁说性质更接近于《日书》的“梦”。

因此,岳麓秦简《占梦书》在现阶段,应当可以评价为现存最古的占梦书。

其次,对第三竹简排序问题进行探讨。整理者陈松长参考敦煌本《新集周公解梦书》等,对占梦书的体例做出判断,首先以未分段书写的5简作为序论排在篇首,之后,从第六简以降至最终简,排列记载具体占断内容的竹简。

只是,在《占梦书》中,尚有上下文关系不明的部分,对于该竹简

[1] 以下引用自睡虎地秦墓竹简整理小组编:《睡虎地秦墓竹简》(文物出版社,1990年)。

是否依照客观的根据进行排序，尚略有疑问。在探讨竹简排序之际，划痕或墨线可以作为重要的根据，在《占梦书》的竹简背面，是否也存在划痕或墨线，并以此为根据进行了排序？

关于这一点，笔者于2012年夏，在访问岳麓书院，阅览岳麓秦简之际直接请教过陈松长，陈回答说在岳麓秦简《占梦书》中，并未发现存在划痕或墨线。另外，将未分段书写的竹简5枚首先排序，随后排列分为两段书写的竹简，这是出于以下考虑：如未分段书写的5简首先排列，则相当于序（概说），如排在后面则相当于结论（总括），按照中国文书的惯例，作为序的可能性极高，因此便将这5枚首先排序。另外，残余的43枚竹简，是参考敦煌本《新集周公解梦书》所采用的大致按照"天"、"地"、"人"的顺序排列的方法，进行排序的[1]。

如此一来，则不能说这48枚竹简的排序已经确定，在现阶段，将之作为一种暂时的排序较为妥当。

再次，来探讨第四个问题两段式书写简的读法问题。两段式书写的竹简，是否可以理解为先自右向左阅读上段，然后再自右向左阅读下段？在此，暂且先将其拟称为横断式读法。另外，睡虎地秦墓竹简《为吏之道》为五段式书写，《日书》中也有以两段、三段、六段等方式书写的部分。凡此种种，从内容方面的连续性来考虑，横断式读法的可能性较高，睡虎地秦墓竹简的整理小组也作如是释读。

那么，岳麓秦简《占梦书》又如何？先就结论而言，其读法极有可能为横断式。

---

[1] 该学术调查的详情，参见中国出土文献研究会《中国新出简牍学术调查报告——上海・武汉・长沙》（《中国研究集刊》第55号，2012年）。其后，陈松长在《岳麓秦简〈占梦书〉的结构略说》（《国际简牍学会会刊》第7号，2013年2月）中进一步明确此点，将岳麓秦简《占梦书》整理为：（一）梦理论的部分（开头的5枚竹简）；（二）有关梦占的内容（竹简35枚，大致按天地人排序）；（三）有关神灵祭祀的梦占内容（末尾的6枚简）等三个部分。

假定其并非为横断式的读法，而是从同一竹简的上段至下段的读法的话，例如以下的竹简，则上下段的意思毫无连续性[1]。

第六简

〈上〉春梦飞登丘陵，缘木生长燔(繁)华，吉。 〈下〉梦伪₌(为人)丈，劳心。

第七简

〈上〉梦天雨□[2]，岁大襄(穰)。 〈下〉吏梦企匕(上)，其占□□

第三十九简

〈上〉梦衣新衣乃伤于兵。 〈下〉梦见熊者，见官长。

第四十简

〈上〉梦见饮酒，不出三日必有雨。 〈下〉梦见蚰者，魄君为祟。

此仅为一例，而在《占梦书》中，基本上毫无将同一竹简从上至下阅读的必然性。

但是，从第四十简下段以降至第四十六简上段，上段与下段均出现所有鬼神、神名一点相似，尚须注意。

总之，若各竹简的读法为从上至下，则特意分段书写的必然性何在？若是为明确区分各个占断，则如其他出土文献使用墨钉、墨钩、墨节等区分记号的方法也未尝不可。因此，对于所谓从上至下的读法，尚略存疑问。

---

[1] 以下，原文引用自朱汉民、陈松长主编：《岳麓书院藏秦简(壹)》(上海辞书出版社，2010年12月)。( )内文字，为原释文以字形类似等理由所改文字，□为竹简欠损无法读取的文字。[ ]内文字，为竹简欠损之处据推测所补内容。此外，〈上〉〈下〉分别表示竹简的上段和下段。

[2] 原释文因文字缺损而补入□记号。从其后占断语句推测，此处或为"田"字。

那么,若为横断式读法又如何?

第九简上段与第十简下段均出现“亡”字,在内容上具有共同点。

第九简

〈上〉春夏梦亡上者,凶。

第十简

〈上〉梦亡下者,吉。

同样,第三十一简上段与第三十二简上段,均出现“洒人”字样。

第三十一简

〈上〉梦以弱(溺)洒人,得其亡奴婢。

第三十二简

〈上〉梦以泣洒人,得其亡子。

另外,第四十一简上段与第四十二简上段,连续出现“羊”、“犬”等动物名称,还连续出现“伤”、“行”等神名。

第四十一简

〈上〉梦见羊者,殇(伤)欲食。

第四十二简

〈上〉[梦]见犬者,行欲食。

以上为同为上段部分的连续性,同样的情形,在下段亦然。以下的第十八简下段与第十九简下段,均出现“蛇”字。

第十八简

〈下〉梦蛇入人口,肻(舌)不出,丈夫为祝,女子为巫。

第十九简

〈下〉梦蛇则蝵(蜂)蠆赫(螫)之,有芮(退)者。

第三十一简下段与第三十二简下段,分别提及的“桃”、“李”具有类似性。

第三十一简

〈下〉梦见桃,为有苛忧。

第三十二简

〈下〉梦见李,为复故吏。

此外,第三十七简至第四十简,下段连续出现“众羊”、“虎豹”、“熊”、“蚰”等动物的梦。

第三十七简

〈下〉梦见众羊,有行乙里。

第三十八简

〈下〉梦见虎豹者,见贵人。

第三十九简

〈下〉梦见熊者,见官长。

第四十简

〈下〉梦见蚰者,魄君为祟。

如上所示,如假定为横断式读法,则可以说至少部分内容在印象上颇具连续性。本来,横断式的读法也未必完美,其原因有以下两种可能性：

第一，竹简的残损程度。在岳麓秦简《占梦书》中，竹简背面并无划痕或墨线，不仅竹简的排序确实与否，甚至连该48简是否为《占梦书》的全部内容也毫无确证。在内容方面，也因各简的独立性较高，假使发生脱简也难以发现。因此，必须充分考虑尚存在其他一些本属于《占梦书》的残简的可能性。

第二，或许本来并未有意进行严密的连续书写。占梦书的内容被大致分为“天”、“地”、“人”三个部分，不过是根据后世占梦书的臆测，就该《占梦书》而言，是否有意基于如此齐整的分类进行书写尚不得而知。如上述所确认的，随处可见连续的部分，或许只不过是一些松散内容的连锁而已。

最后，来探讨第五个问题，即占梦的记述方式。

该《占梦书》的记述方式，大致为“梦象（A）+占断（B）”，具体可作如下分类。

首先为“梦见A，B”的记述。

·梦见A，B

第二十二简上段“梦见项（鸿）者，有亲道远所来者。”

第二十八简下段“梦见大反兵、黍粟，其占自当也。”

第三十简下段“梦见五币，皆为苛忧。”

第三十一简下段“梦见桃，为有苛忧。”

第三十二简下段“梦见李，为复故吏。”

第三十三简下段“梦见豆，不出三日家（嫁）。”

第三十四简下段“梦见枣，得君子好言。”

其次，为相当于其省略型的“梦A（或梦为A），B”。

·梦A，B

第九简下段“梦夫妇相反负者,妻若夫必有死者。”

第十一简下段“梦歌于宫中,乃有内资。”

第十三简上段“梦歌带轸玄,有忧,不然有疾。”

第十五简下段“梦为女子,必有失也,婢子凶。”

第十八简下段“梦蛇入人口,肓(舌)不出,丈夫为祝,女子为巫。”

第十九简下段“梦蛇则蜇(蜂)蠆赫(螫)之,有芮(退)者。”

以及,其若干的变形,“梦以A,B”。

· 梦以A,B

第三十一简上段“梦以弱(溺)洒人,得其亡奴婢。”

第三十二简上段“梦以泣洒人,得其亡子。”

但是,此三者在形式上并无大差。

对此,还有置语句于“梦”字之前,对梦进行限定的部分。例如,在以下的第六简、第九简、第十五简中的“春梦”、“夏梦”、“秋冬梦”等,为限定季节,第七简中的“吏梦”,则限定了做梦的主体。

· ○梦A,B

第六简上段“春梦飞登丘陵,缘木生长燔(繁)华,吉。”

第九简上段“春夏梦亡上者,凶。”

第十五简上段“秋冬梦亡于上者,吉。亡于下者,凶。是谓□凶。”

第七简下段“吏梦企匕(上),其占□□”

而占断B的部分,则被区分为直接记录吉凶的部分与记录吉凶的具体内容的部分。

在直接记录吉凶的部分中,还可见到如下一些少数的例子。

第六简上段"春梦飞登丘陵,缘木生长燔(繁)华,吉。"

第九简上段"春夏梦亡上者,凶。"

第十简上段"梦亡下者,吉。"

第十五简上段"秋冬梦亡于上者,吉。亡于下者,凶。是谓□凶。"

除此之外,均为记录吉凶的具体内容的部分。

如此,虽可整理作A、B两种类型,但也存在一些如开头并无"梦"字的例外。其大致有以下三类,然而其中大多或可补足"梦"字。

第一类为,整理者认为在竹简的缺损部存在"梦"字,并在原释文中补足"梦"字的部分。若如其所释可以补足"梦"字,则与上述的"梦见A,B"为同一类型。

第十一简上段"[梦]见□云"

第十八简上段"[梦]□产毛者"

第二十三简上段"[梦]□其腹"

第二十四简上段"[梦]市人"

第四十三简上段"[梦]见□□,灶欲食"

第四十四简下段"[梦见]彭者"

第四十五简上段"[梦见]□□,大父欲食"

第四十六简上段"[梦]见马者"

第二类,整理者并未补入"梦"字,但竹简简首的残损部或存在

“梦”字的部分。

第十二简上段“□□叟昼……”

第十四简上段“□□□□将发”

第二十一简上段“□□□者,□入寒秋”

第三十简上段“□□□□□□为大寿”

第四十七简上段“□□□中有五□为”

也存在因竹简的残缺,无法判断残缺文字数量,但是仍可考虑该处或许存在“梦”字的部分。若此,则其也与上述“梦见 A,B”及“梦 A,B”为同一类型。

第三类为,整理者未认定竹简的缺损及“梦”字,但通过确认图版发现竹简简首存在缺损,而在缺损处或许存在“梦”字的部分。

如第三十七简上段的“其兵卒不占”。该竹简上端略有缺损,与其他竹简比较可见,“其”字之前的位置或存在有一二字。该处或有“梦”字。

此外,最终简的第四十八简“不占”(以下,留白),上端似略为缺损,缺损处是否写得下一字尚不得而知。或许与其他竹简(残简)下端部分文意相接。陈伟推测,该竹简本为接续《占梦书》的序论的竹简[1]。总之,该竹简为唯一一枚似不存在“梦”字的竹简。陈松长也认为该简难以处理,最后仅作暂时排序[2]。

以上,通过对占梦的记述方式进行考察可知,除去若干例外,其

[1] 陈伟《〈占梦书〉一五二五号等简的编联问题》(简帛网,2011 年 4 月 9 日)中,对竹简做如下重新排序:“……若昼梦亟发,不得其日,以来为日。不得其时,以来为时。醉饱而梦,雨,变气,不占。昼言而莫梦之,有☐不占。”

[2] 参见陈松长:《岳麓秦简〈占梦书〉的结构略说》(《国际简牍学会会刊》第 7 号,2013 年 2 月)。

整体上具有一定的记述类型，可以评价为是一部具备了明确体裁的占梦书。

四、《占梦书》的思想史地位

如此一部《占梦书》，在中国的占梦书史上，又处在怎样的位置？首先必须探讨的一点是，其与敦煌本《新集周公解梦书》之间的关系。迄今为止，作为一部古代完整的占梦书，敦煌本《新集周公解梦书》备受注目。因此，虽然时代迥异，还是想通过比较二者，来探讨岳麓秦简《占梦书》的特色。

首先须注意的是，序论部分的论理的区别。《新集周公解梦书》中有一篇约150字的序文，其中论述梦的产生原因为“梦是神游，依附仿佛”（睡眠中精神离开肉体浮游，通过见闻其他事物而产生梦）。在后半部分中，则对梦的意义及结果论述道：“善梦宜说，恶梦理之。夫梦见好梦即喜，恶梦即忧。若何？智者解之，恶梦即吉，向愚人说之，好梦变为凶也。”即，比较单纯地将梦分为“好梦”、“恶梦”两种，并且梦的好恶并非确定不移，而是可以通过解梦之人发生变化。相比于梦本身，做梦之后的人事才是问题之所在。如此可以称之为道德性的梦观，也可见于《太平御览》所引《梦书》佚文及王符《潜夫论·梦列》等文献中[1]。

与此相对，岳麓秦简《占梦书》的序论部分（第一简至第五简），首先重视的是梦与时日、天气等的关系，提示出占卜的条件[2]。

若昼梦亟发，不得其日，以来为日；不得其时，以来为时；醉

---

[1] 详细拙稿《夢の書の行方——敦煌本〈新集周公解夢書〉の研究》（《待兼山論叢》第29号哲学篇，1995年）。

[2] 记号与前记基本相同。【】内数字，为竹简号码，[ ]的文字，为据推测补入缺损部分的内容。□为竹简残缺所致不明文字。( )内文字，为根据字形的类似而换读的内容。

> 饱而梦、雨、变气不占。昼言而莫(暮)梦之,有☐【1】□□□□□□始□□之时,亟令梦先。春曰发时,夏曰阳,秋曰闭,冬曰臧(藏)。占梦之道,必顺四时而豫【2】其类,毋失四时之所宜。五分日,三分日夕,吉凶有节,善蒹(义)有故。甲乙梦,开臧事也。丙丁梦,忧也。【3】戊己梦,语言也。庚辛梦,喜也。壬癸梦,生事也。甲乙梦伐木,吉。丙丁梦失火高阳,吉。戊己[梦]【4】宫事,吉。庚辛梦[攻]山铸(钟),吉。壬癸梦行川为桥,吉。晦而梦三年至,夜半梦者二年而至,鸡鸣梦者[一年而至]。【5】

在此须特别注意的,首先是留意天气及时日而进行占梦一点。"下雨"时及"变气"(异常气象)时的梦不作为占卜的对象。而且,按照春、夏、秋、冬四季区分所做之梦,根据其四时进行占断。

另外,占梦之时区分为"日(昼)"与"夕"一点也需要注意。《左传·昭公五年》有"日之数十",杜预注为"甲至癸",将一日以十干进行分割。但是,如此首先区分为"日(昼)"与"夕",将"日""五分",并表示为"甲乙"、"丙丁"、"戊己"、"庚辛"、"壬癸"等十干的组合,同时将"夕"三分为"晦"、"夜半"、"鸡鸣"的分割方式,未见有其他例子。如前所述,在睡虎地秦墓竹简《日书》乙种的"梦"中,列举有"甲乙"、"丙丁"、"戊已"、"庚辛"、"壬癸"等5条梦,恐为表示梦见之日。在使用十干一点上,其与岳麓秦简《占梦书》类似,但在并非将一日(昼)五等分一点上二者相异。

而将一日(昼)五等分的,有放马滩秦简《日书》的《禹须臾所以见人日》篇,其中将一日分为"旦"、"安食"、"日中"、"日失"、"夕日"等,另外,睡虎地秦墓竹简《日书》甲种的《吏》篇中可见"朝"、"晏"、"昼"、"虒日"、"夕"等,但并未显示与干支或梦有关系。

当然也有以十干表示日的例子。在包山楚简"卜筮祭祷简"第十一组(二二〇号简)中有“庚辛有间”(庚、辛之日疾病得以小康)、在睡虎地秦墓竹简《日书》甲种的《病》篇中,有“甲乙”(木)、“丙丁”(火)、“戊己”(土)、“庚辛”(金)、“壬癸”(水)等,以五行的组合表示日,但均未论述与梦的关系[1]。

如上所述,类似的表达较为多见,但岳麓秦简《占梦书》的占梦理论却颇为独特,在留意时日及天气一点上,可以说与“占梦掌其岁时,观天地之会,辨阴阳之气,以日月星辰占六梦之吉凶”(《周礼·春官》占梦)体现的《周礼》的梦观相类似。根据《周礼》,在古代王制之下,配置有“占梦”之官,一面注意天文气象等,一面对王所做之梦进行占断。可见天文与占梦之间具有密切的关系,而岳麓秦简《占梦书》也正具备了一部分如此的性质,值得予以评价。

其次,来探讨梦的排列与分类。《新集周公解梦书》在序文之后,将内容整齐地分为“天文章”、“地理章”、“山林草木章”等全23章[2]。如此分类,当是受到了魏晋以降开始制作的类书分类的影响。

例如,《北堂书钞》为现存中国最古的类书完本,其分类为:帝王、后妃、政术、刑法、封爵、设官、礼仪、艺文、乐、武功、衣冠、仪饰、服饰、舟、车、酒食、天、岁时、地等。

此外,《艺文类聚》,则始于“天部”、“岁时部”、“地部”开始,终于“兽部”、“鳞介部”、“虫豸部”、“祥瑞部”、“灾异部”,其卷数恰好百卷。《初学记》也同样从“天部”、“岁时部”、“地部”至“兽部”、“鸟部”,将全体分为23个部门,313个子目。此后的各个时代大量制作

[1] 参见工藤元男:《占いと中国古代の社会》(东方书店,2011年)。

[2]《新集周公解梦书》的分章如下所示:天文章、地理章、山林草木章、水火盗贼章、官禄兄弟章、人身梳镜章、饮食章、佛道音乐章、庄园田宅章、衣服章、六畜禽兽章、龙蛇章、刀剑弓弩章、夫妇花粉章、楼阁家具钱帛章、舟车桥市谷(物)章、生死疾病章、冢墓棺材凶具章、十二支日得梦章、十二时得梦章、建除满日得梦章、恶梦为无禁忌等章和厌攘恶梦章。

的类书，也大致是以天、地、人进行分类及排列[1]。

《新集周公解梦书》的结构，明显受到了此类类书分类的影响。而岳麓秦简《占梦书》，既无章题也无明确的分类，可以推测尚未进行如此齐整的分部。

第三，就如何应对恶梦一点进行确认。在《新集周公解梦书》中，末尾两章分别为"恶梦为无禁忌等章"（记录了避开恶梦的20个禁忌）和"猒攘恶梦章"（记录了驱除所做恶梦的方法），在"猒攘恶梦章"末尾还附记有咒符。可以说应对恶梦的意识较强。可推测其受到了使用咒文及咒符驱除恶事的道教仪礼的强烈影响。而在岳麓秦简《占梦书》中，则并无标记为"恶梦"的例子，即使是"不占"的情况，也如前所述，仅限于饮酒时或异常天气时。

本来，在《占梦书》中，也记载了"门"（第十四简）、"行"（第十四简、第四十二简）"伤（殇）"（第四十一简）、"明（盟）"（同前）、"疠（厉）"（同前）、"租（诅）"（同前）等鬼神或神名（记载了神欲祭祀的占断），还记载了关于作"祟"的占断（第十四简、第四十简）。此外，在睡虎地秦墓竹简《日书》中，也如前所记，有记述如何应对恶梦的例子。"恶梦"本身，未必一定受到道教的影响，或为自古就被人们意识到的内容。

但是，在岳麓秦简《占梦书》中，完全没有明确记述为"恶梦"的例子，未见有驱除恶梦的内容。因此，难以说受到道教的影响。

最后，对岳麓秦简《占梦书》在思想史上的地位加以总结。该《占梦书》，无论从时代方面，抑或是思想方面，均可定位于《周礼》中所见的古代的梦观、占梦书，与受到类书及道教强烈的影响的敦煌本《新集周公解梦书》之间。重视天气及时日占梦可以说具有《周礼》

[1] 详细参见拙著《故事成語の誕生と変容》（角川学艺出版，2010年）附录"主要类书解説"。

的要素，而将个别物体作为主体记述梦象一点，也可以说已经提前具备了显示类书分类的后世《梦书》的性质。

那么，《占梦书》与《日书》的关系又如何？两者在占梦一点上类似，但其结构以及内容多寡明显不同。《日书》中的梦，不过为各种占卜之一而已，而《占梦书》，正如其序论部分所明确记述的，侧重于论说占梦的理论，而且，还具有综合记述具体的梦象、占断的特色。因此，《占梦书》并非由睡虎地秦墓竹简《日书》的《梦》篇等分歧演变而成，《占梦书》与《日书》虽有部分性质相同，但在形成和发展上却分属于不同的系统。

结 语

本章对岳麓秦简《占梦书》进行了基础性的探讨。《占梦书》是现存最古的占梦书，在思想史方面，还具备了作为后代占梦书的先驱的性质。在序论部分记述了占梦的理论，而且，从基于梦象的内容下占断这一点来看，已明确具备了占梦书的体裁，值得予以评价。

那么，该《占梦书》包含在岳麓秦简中这一点，又具有怎样的意义？岳麓秦简的出土地尚未明确，且所收文献是否均为同一墓中的出土资料也无法判断。假使其确为同一墓中出土，则其中当有一定的共同点。岳麓秦简中，除《占梦书》之外，还含有《质日》（历谱）、《为吏治官及黔首》（与睡虎地秦墓竹简《为吏之道》内容类似）、《数》书（记述古代的数术）、《奏谳书》、《秦律杂抄》、《秦令杂抄》（秦的法律方面的文书）等文献。其共同点在于，均具有"技术书"的性质。这一点与睡虎地秦墓竹简最为相似，为推测墓主的重要根据。

因此，《占梦书》也并非单是个人的兴趣与秘术，而有可能为官吏必携的技术书。人们因做梦内容而或喜或忧，可以说梦具有超乎我们想象的巨大力量。而作为直接统治民众的官吏，当然也有必要顾及民众的习俗及迷信。占梦，或许也是一个有效的统治技术。

【附记】

本稿定稿之后,笔者获知森和发表了以岳麓秦简《占梦书》为对象的论考。本稿未能收录,谨此介绍如下:

[日]森和:《秦人の夢——岳麓書院蔵秦简〈占夢書〉初探》(《日本秦漢史研究》第13号,2013年)。

第二章
银雀山汉墓竹简“论政论兵之类”考释

序　言

1972 年，在中国山东省银雀山发现了西汉时期的墓葬，其中 1 号墓中随葬有大量的竹简。这就是给中国古代思想史研究带来巨大冲击的银雀山汉墓竹简。其内容为《孙子兵法》、《孙膑兵法》等古代兵书，之后，于 1985 年以《银雀山汉墓竹简（壹）》（银雀山汉墓竹简整理小组，文物出版社）的形式进行了公开。

不过，收录在第一辑中的，仅是银雀山汉墓竹简中的《孙子兵法》、《孙膑兵法》、《尉缭子》、《晏子》、《六韬》、《守法守令等十三篇》[1]。当然，这些都是银雀山汉墓竹简的中心文献，但据《银雀山汉墓竹简（壹）》的说明，此外还将在第二辑中收录“佚书丛残”，在第三辑中收录“散简”、“篇题木牍”、“元光元年历谱”。

其后在中国大陆及台湾地区，以《孙子兵法》、《孙膑兵法》为主的研究不断发展，分别于 1975 年出版了《孙膑兵法》（银雀山汉墓竹简整理小组，文物出版社）、《竹简兵法》（河洛图书出版社编辑部，台

---

[1]《守法守令等十三篇》，为《银雀山汉墓竹简（壹）》的编者（银雀山汉墓竹简整理小组）基于篇题木牍上列举的篇名所定的拟称。但其在篇数的认定方面尚存在一些问题，笔者认为实际应为 12 篇。关于此点详情，参看拙著《中国古代軍事思想史の研究》（研文出版，1999 年）。

湾河洛图书出版社),1976 年出版了《孙子兵法》(银雀山汉墓竹简整理小组,文物出版社),1984 年出版了《孙膑兵法校理》(张震泽,中华书局),2002 年出版了《孙膑兵法解读》(杨玲,军事科学出版社),2005 年出版了《银雀山兵学》(银雀山兵学研究会·银雀山汉墓竹简博物馆,解放军出版社)。[1]

在日本,则受银雀山汉墓竹简公开的影响,于 1976 年出版了《孙膑兵法》(金谷治,东方书店);另外,于 1999 年出版了充分利用银雀山汉墓竹简诸文献的拙著《中国古代軍事思想史の研究》(湯浅邦弘,研文出版)。

2010 年 1 月,《银雀山汉墓竹简(贰)》(银雀山汉墓竹简整理小组,文物出版社)终于出版。虽然在第一辑中曾经预告过,但第二辑的出版却是在几乎没有任何事先通知的情况下,突然进行了公开。这已经上距银雀山汉墓竹简发现 37 年,距《银雀山汉墓竹简(壹)》出版也已 24 年[2]。

其内容,正是在第一辑中预告过的"佚书丛残",全体分类为"论政论兵之类"、"阴阳时令·占候之类"以及"其他"三个部分。这三个部分,内容之间并无密切的关联,不过是对偶然未收入第一辑中的文献加以拾遗补编而已。因此,对于第二辑中收录文献的研究,也有必要对这三个部分分别加以考察。

而本章的目的,是对其中的"论政论兵之类"的成书时期及思想特征进行考察。

一、"论政论兵之类"十二篇的体系性

《银雀山汉墓竹简(贰)》收录的第一部分"论政论兵之类"共由

[1] 其他,还有刘心健:《孙膑兵法新编注译》(河南大学出版社,1989 年),荣挺进、李丹:《〈孙膑兵法〉白话今译》(中国书店,1994 年)等。

[2] 据《银雀山汉墓竹简(贰)》的"后记",第二辑的定稿完成于 1981 年。则从其定稿到出版共历 28 年。

五十篇组成。所谓“论政论兵之类”，只是编者（银雀山汉墓竹简整理小组）所定的一个简易的名称，竹简本身并未记载。但是，如下文所述，因为该类文献均为有关政治、军事的各种论述，所以这一拟称并无多大的问题。

不过，需要注意的是，其整体的体系性问题。整个五十篇是否有一定的体系性？篇与篇的前后关系是否有深意，还是疑问。众所周知，银雀山汉墓竹简的发现过程中发生过一个悲剧。即农民们把竹简误认为竹笼的残骸，将其胡乱搬出墓外，因此造成了很多残简。第二辑所收录的文献也正如其统称“佚书丛残”一般，在体系性和排序方面有诸多不明确之处。

不过，据编辑说明，将收录在第三辑的篇题木牍残片中记载有篇名。而其篇名则相当于收录在第二辑“论政论兵之类”的第一到第十二篇的篇名。即，“论政论兵之类”第一到第十二篇，姑且可以推定为一系列相关的文献。具体为《将败》、《[将失]》[1]、《兵之恒失》、《王道》、《五议》、《效贤》、《为国之过》、《务过》、《观卑》[2]、《持盈》、《分士》、《三乱三危》等各篇。

当然，这是不是一系列相关的文献，还有待于对内容进行分析。但是，《孙子兵法》、《守法守令等十三篇》曾经就是基于篇题木牍的记载而得以复原，因此，可认定其为具有一定相关性的文献这一点极为重要。在篇题木牍中列举有篇名，至少可以表明在记录篇题木牍时，强烈意识到其为一系列的相关文献。

以下，将从其他角度来探讨这十二篇是否为成体系的文献。

首先，概观十二篇全体的篇名可以发现，与政治或军事的“失”、

[1] 因竹简篇题部分缺损的篇名无法确认，编者（银雀山汉墓竹简整理小组）根据文章的内容，进行了补充。[ ]为对原文中所缺文字进行补充的符号。在此也从之。关于篇名，以下省略[ ]符号。

[2] 原文为“观庳”。编者（银雀山汉墓竹简整理小组）将其释读为“观卑”，在此也从之。

“乱”有关的内容较多。《将败》、《将失》、《兵之恒失》、《为国之过》、《务过》、《三乱三危》等，仅从篇名即可立刻推测到其内容。在论述政治和军事时，极端而言，有如此则必胜，而如彼则必败的论述方法，而就此十二篇而言，在以后者的论述为基调这一点上一致。其内容的共同性在于，与成功相比，失败更需留意。

第二点要注意的是，列条书写的文体风格。比如《将败》篇，篇首即为“将败，一曰……，二曰……，三曰……”，最后一直延续至“廿曰……”。同样，《将失》篇也从“将失，一曰……，二曰……，三曰……”开始，一直列条书写下来，最后结束于“卅二曰……”。

《兵之恒失》篇，虽然并非以“一曰”、“二曰”开头，但在文末却统一为“……，○兵也”、“……，○兵也”，这也仍是列条书写的文体。《王道》篇，则首先宣称“王道有五”，以下记载了从“一曰……”、“二曰……”到“五曰……”等5条。《五议》篇也同样，篇首为“有国之五议”，以下记载了从“一曰……”、“二曰……”到“五曰……”等5条。《效贤》篇几乎全部残缺，内容不详，但若从残简部分可确认的“……国贤之二效也”加以推测，则也可认为是“一效”、“二效”等逐条列举的篇章。

《为国之过》篇，为明显的列条书写。首先在各条之前均记有圆形墨点“·”，以下分别为“一，为国之过……”、“二，为国之过……”、“三，为国之过……”等，最后一直记至“十五”。《务过》篇与《五议》篇相同，篇首记有“有国之务过”，以下分别记载了从“一曰……”到“三曰……”等三条。《观卑》篇的竹简存在残缺，共有几条不详，但继“有国之观庳”，其文体为“一也，……”“二也，……”，一直到“八也，……”竹简残存。《三乱三危》篇的竹简残缺非常严重，具体内容不详，但从篇名也可得知，是将国的“三乱”、“三危”各分三条进行列举[1]。

---

[1] 此外，《持盈》篇因竹简残缺，内容几乎无法确认。《分士》篇也因竹简残缺严重内容未详，但似为由“汤王”与“伊尹”的问答构成，或仅有此篇为唯一例外的文体。不过，伊尹的言谈内容有分条列举的可能性。

如上所述,"论政论兵之类"十二篇在列条书写的文体上,具有共同的特点。整理政治、军事上失败的事例从而提出的意识极为明显。有关内容将在下节加以探讨,至少根据以上的考察结果可知,该十二篇当为具有一定相关性的文献。

二、十二篇的时代性

那么,如果这十二篇具有一定相关性,则其时代性又如何?可否从内容判别共同的时代性?以下即对此点进行探讨。

首先,来探讨《将失》篇[1]。

> 将失:一曰,失所以往来,可败也。二曰,收乱民而还用之,止北卒而还斗之,无资而九九五有资,可败也。三曰,是非争,谋事辩讼,可败也。四曰,令不行,众不壹,可败也。五曰,九九六下不服,众不为用,可败也。六曰,民苦其师,可败也。七曰,师老,可败也。八曰,师怀,可九九七败也。九曰,兵遁,可败也。十曰,兵□不□,可败也。十一曰,军数惊,可败也。十二曰,兵道九九八足陷,众苦,可败也。十三曰,军事险固,众劳,可败也。十四[曰,□□]□备,可败也。十五九九九曰,日暮路远,众有至气,可败也。十六曰,自私自乱,可败也。十七曰,卑垒无其资,一〇〇〇众恐,可败也。十八曰,令数变,众偷,可败也。十九曰,军淮,众不能其将吏,可败也。廿曰,一〇〇一多幸,众怠,可败也。廿一曰,多疑,众疑,可败也。廿二曰,恶闻其过,可败也。廿三曰,与不一〇〇二能,可败也。廿四曰,暴露伤志,可败也。廿五曰,期战心分,可

[1] 以下在引用原文时,参考《银雀山汉墓竹简(贰)》的释文以及注释,最后以笔者确定的文章为准。"九九五"、"九九六"等汉字数字,为原释文所记竹简编号。□为因竹简缺损而无法判读的文字,[ ]为补入原文中无法确认的文字的符号。此外,有关本节中后述的重要部分引以下划线,下节以后言及的重要部分引以波浪线。

败也。廿六曰，恃人之伤[一〇〇三]气，可败也。廿七曰，事伤人，恃伏诈，可败也。廿八曰，军舆无□，可败也。廿九曰，群[一〇〇四]下卒众之心恶，可败也。卅曰，不能以成阵，出于夹道，可败也。卅一曰，兵之前行后[一〇〇五]行之兵，不参齐于阵前，可败也。卅二曰，战而忧前者后虚，忧后者前虚，忧左[一〇〇六]者右虚，忧右者左虚。战而有忧，可败也。[一〇〇七]

此篇曾分类于《孙膑兵法》之中。其后因重视篇题木牍的记载而从《孙膑兵法》中去除，重新编入“论政论兵之类”之中。因此，有必要排除《孙膑兵法》的成见，对其时代性重新进行探讨。

在《将失》篇中，如“二曰，无资而有资，可败也”等重视物资充足和兵站，如“二曰，收乱民而还用之，止北卒而还斗之”或“九曰，兵遁，可败也”等留意民众的大量动员，并对其逃遁而担忧。此外，也有如“七曰，师老，可败也”、“十五曰，日暮路远，众有至气，可败也”或“十三曰，军事险固，众劳，可败也”等，以长途进攻或构筑坚固的要塞等为前提，设想持久战及总体战的文章。此种兵学性质的记述，当是以较《孙子》稍晚的战国时期为前提。

另外，在《兵之恒失》篇中，还重视以下几点：

兵之恒失，政为民之所不安为……[一〇〇九]

欲以敌国之民之所不安，正俗所……之兵也。欲以国[兵[一〇一〇]之所短]，难敌国兵之所长，耗兵也。欲强多国之所寡，以应敌国之所多，速屈[一〇一一]之兵也。备固，不能难敌之器用，陵兵也。器用不利，敌之备固，挫兵也。兵不[一〇一二]称，内疲之兵也。多费不固□[一〇一三]……[兵不能]长百功，不能大者也。兵不能昌大功，不知会者也。兵失民，不知过者[一〇一四]也。兵用力多功少，不知时者也。兵不能胜大患，不能合民心者也。兵多悔，

> 信一〇一五疑者也。兵不能见祸福于未形，不知备者也。兵见善而怠，时至而疑，去非而一〇一六处邪，是是而弗能居，不能断者也。一〇一七……使天下利其胜者也。一〇一八

其中的“欲以国兵之所短，难敌国兵之所长，耗兵也”、“欲强多国之所寡，以应敌国之所多，速屈之兵也”等，是以“（本）国”和“敌国”的对峙为前提，区分兵的形态。但同时，又有“使天下利其胜者也”等，具有面向整个“天下”的视野。由此，也可推测其或为战国时期，特别是以战国后半期为前提的记述。

以下，来看《王道》篇中的记述：

> 王道有五。一曰能知为君为国之致。二曰能以国家□［□□□］［邻］[1]一〇二四国之君亲，远方之君至。三曰能神化。四曰能除天下之共忧。五一〇二五曰能持尚功用贤之成功。一〇二六

此处，虽曰“王道”却言“能知为君为国之致”，即以胜任君王之任，治国有方作为“王道”的条件。此外，还论述了与“邻国之君”、“远方之君”的亲密交往关系。并且以全“天下”的“共忧”作为问题。仅就这一点，也有必要设想其与《兵之恒失》篇大致为同一时期。

如此将“国”与“天下”并记之例，也见于《五议》篇中：

> 有国之五议：一曰，百言有本，千言有要，万言有总。能总言，能知言之所至者也。一〇二八能知言之所至，能为有天下有国者定治之高卑。不能知言之所至，［不能为有一〇二九天］下有国者定

[1]《银雀山汉墓竹简（贰）》中，这一部分留有空白，考虑前后的句意，此处很有可能有一“邻”字。

治之高卑。有国之一议也。[一〇三〇]

[二曰、□□□□□能知知之所]至者也。能知知之所至，能为有天下有国者定可与[一〇三一]不可。不能知知之所至，不能为有天下有国者定可与不可。有[国之二议也]。[一〇三二]

三曰，言用行，行而天下安乐，能极得。能极得，万民亲之，天[地与之，鬼神相][一〇三三]助。不能极得，万民弗亲，天地弗与，鬼神弗助。有国之三议也。[一〇三四]

四曰，天不言，万民走其时，地不言，万民走其财。能知此，知治之所至[者也。能知治][一〇三五]之所至，能不以国乱，能不以国危。不能知治之所至，不能不以国乱，不能不以国[一〇三六]危。有国之四议也。[一〇三七]

[五曰]……[能知极不可乱]之治也。能知极不可乱[之治，能不以国惑]，[一〇三八]能不以国怠。不能知极不可乱之治，不能不以国惑，不能不以国怠。有国之五[一〇三九]议也。五议，有国之所以观……[一〇四〇]

如上所示，"有天下"与"有国"并记。而且，一面志在"天下"的"安乐"，一面表明对"万民"与"国乱"、"国危"的忧虑。

以下，来看《为国之过》篇：

[一]，为国之过，欲下之上合，民之上亲也，而法令不行，其下易得而进也，易得[而退][一〇四五]也，其民易得而利，易得而害也。故其下无道上合，民无道上亲。[一〇四六]

二，为国之过，欲士之用，民之固也，而国利所在失宜。故其士无以□[一〇四七]……

[三，为国之过]，欲民之易牧也，不定国风，而欲徒以名数、连伍、刑罚牧之。故其民[一〇四八]……数，遯伍，行奸，避

事[一〇四九]……

四，为国之过，欲民之和劝，不可与虑它也，而民无恃上之心，不固而轻变。故其民[一〇五〇]易动，可与虑它。[一〇五一]

五，为国之过，欲士卒之辑睦□□也，而其劳佚人也不等等进[一〇五二]……不如无辨，赏罚不信，功不贵，劳不利。故其士卒以远敌去危避劳为故，其吏便以为[一〇五三]重利。[一〇五四]

六，为国之过，欲国之富，有大事可以持久也，而以厚使。厚使则民相隔。民相隔也，则所有[一〇五五]□物见者病，匿者利。所有□物见者病，匿者利，则损于田畴，损于畜长，损于树艺，损于畜积，损于器[一〇五六]□。五者曲损，则国贫，有大事不可以持久，其吏便以为重利[一〇五七]。

七，为国之过，欲吏之毋获民利也，而其所以使民之势易奸也，不可以应大事，[一〇五八]有大事必畏，其吏便以为重利。[一〇五九]

八，为国之过，欲其吏大夫之毋进退禁令以相为，驱以为重利也，而无以审其吏治之[一〇六〇]失。故其吏大夫多进退禁[令以]相为，驱以为重利。[一〇六一]

九，为国之过，欲吏之廉忠毋[□]官也，欲民之毋行奸要利也，而无以论其吏大夫之士非[一〇六二]士。故其吏大夫多不矜节，民多奸。[一〇六三]

十，为国之过，欲下之尽智竭能也，而无数以知合与不合，中与不中。故其下无道[一〇六四]为上尽智竭能。[一〇六五]

[十]一，为国之过，欲国之治强也，而其所贵非君之所以尊也。其所富非国之所以富[一〇六六]也。故其国乱弱。[一〇六七]

十二，为国之过，欲国德之及远也，而骄其士曰“士非我无道贵富”。其士骄其君曰“国[一〇六八]非士无道安强”。其君至于失国而不悟，其士至于饥寒而不进。上下不合，国德无[以及远][一〇六九]……

十三，为国之过，其所欲与其端计相诡也。何以言之？以城量财物以易其国，端计[一〇七〇]无予者，而人君之所以侵民者之为财物也不央，如以城量之，而人君以亡其国，故其[一〇七一]……

十四，为国之过，欲有国之长久也，而不务其所以取尊安于民。万民之有君而共[一〇七二]尊之安之也，求得治焉也。夫君万民而以貇畜之，故其[一〇七三]……

十五，为国之过，欲有国之长久也，而行速失之道。其所以然，务过也。何谓务过？圣[一〇七四]王明君之为国也，务不可夺。夫不可夺，故人莫之务取。失国者之为国也，不务[一〇七五]不可夺，而务察夺，不[一〇七六]……□守战。何谓不可夺？圣王明君之为国也，下上合，民上[一〇七七]亲，孰能取之。[一〇七八]

在此，列举了执行政治之际将会导致失败的原则，其中，如"三，……徒以名数、连伍、刑罚牧之"，有以施行连坐制或刑罚为前提的记述。就篇名而言，此篇以"国"之存亡为前提，特别是，"五，……其士卒以远敌去危避劳"的态度，就是以"国"与"敌"的对峙状况为前提。此外，也可见如"十二，……其君至于失国而不悟"等念及"失国"即一国的衰亡的论述。凡此种种，当是以因战争胜败而引发各国急速统一与分裂的大时代为前提。

如此倾向，也可见于《务过》篇中：

有国之务过。一曰，不知城之不可以守地。[一〇八〇]

二曰，不知治之不可为万民先者。[一〇八一]

三曰，不知民之不可以应坚敌。[一〇八二]

在此，论述了本国之"民"与"坚敌"的关系。

同样，《观卑》篇，也是以与敌国征战而导致国家衰亡的危机感为前提。

> 有国之观卑。一也，不见亡地。二也，不见亡理。三也，不见将亡之一〇八四国。四也，不见忘民之国。五也，不见[□□。六也]，不见危国。七也，一〇八五不见亡国。八也，一〇八六不见失俗之一〇八六……

即，如“将亡之国”、“危国”、“亡国”等词语，正体现了此种危机感。

如上所述，“论政论兵之类”十二篇，基本上是以本国与敌国在军事上严峻对峙的状况为前提，有时还表现出本国或将“亡国”的危机感，同时，其又是一部具备全“天下”视野的文献。

本来，“天下”的视野及因战争导致的国家的衰亡等，可以说自古便有，但是，从设想民众的大量动员、长途侵攻作战以及连坐制的实施等方面综合考虑，则与该十二篇之前提的时代性最为相符，可以说正是略晚于《孙子》的战国时期后半期的时代状况。

此外，若将视野扩大至“论政论兵之类”的全体五十篇，则还可以发现更为重要的论据。例如，在第十四《客主人分》篇中，可见“带甲数十万”的语句。较之《孙子·作战》篇中的“革车千乘，带甲十万，千里馈粮，内外之费，宾客之用，胶漆之材，车甲之奉，日费千金，然后十万之师举矣”，以及《孙子·用间》篇的“凡兴师十万，出兵千里，百姓之费，公家之奉，日费千金”等“十万”的数值为大，恰好反映了战国中期以降的时代面貌。

另外，在第二十八《选卒》篇中，有“秦四世以胜”。这种表达方式也见于《荀子·议兵》篇中。这是论述战国中期以降，秦国（孝公、惠王、武王和昭王的时代）常胜状况的内容。

凡此也并未与上述探讨结果相抵触，更应看作是对其进行旁证的表达方式及内容。只是,因篇题木牍中似未记载十二篇以降各篇的篇名,因此在现阶段,原则上仅限定在十二篇之内对其时代性进行探讨。

三、兵学思想史上的性质

如上所述,“论政论兵之类”十二篇在文体、内容、时代性上并无大的矛盾,正如篇题木牍所记,推断其为具备一定相关性的文献较为妥当。

以下,将从思想特征方面对该点进行考证。在此需要注意的是,该十二篇在兵学思想上的特征。

《孙子》在当时具有比较突出的合理性思考,是以论述权谋术数为宗旨的兵学。《吴子》或《孙膑兵法》、《尉缭子》等,基本上也继承了此类兵学思想,它们后来都被称为“兵权谋”的兵法。但是,“兵阴阳”作为另一种思想潮流也无容忽视。所谓“兵阴阳”,《汉书·艺文志》将其定义为“阴阳者,顺时而发,推刑德,随斗击,因五胜,假鬼神而为助者也”,为一种巫术性色彩较浓的兵法。这种兵法,在战国时期具有很强的影响力。

那么,先来总结一下其他的兵书对“兵阴阳”持有何种态度。首先,《孙子》、《孙膑兵法》、《吴子》、《司马法》、《三略》等古代兵书,均论述了基于人为与权谋的兵学思想,其中几乎不含“兵阴阳”的要素。在春秋战国时代,开战前占卜吉凶,用种种占卜术来预测胜败被认为是理所当然的。而与此相对,上述的兵书几乎不含这类巫术的要素,而将合理性思考贯彻始终。

其次,虽然同为合理性思考,《尉缭子》的状况稍异。《尉缭子》立足于人为主体的思想基础之上,提出了极为现实的富国强兵思想。与此同时,对“兵阴阳”思想展开激烈的批判是其一大特征。比如“举贤任能,不时日而事利。明法审令,不卜筮而事吉。贵功养劳，不祷祠而得福”（《尉缭子·战威》篇）。即，主张如录用人材，则不依靠时日的吉凶，也必定事业有成；如法令严明，则不依靠卜筮，也定会诸事顺吉；如尊养有功绩者，则不祈祷也可得福。因而明确否定了“时日”、“卜筮”、“祷祠”等。《尉缭子》将“兵阴阳”具有巫术性质的兵法看作是放弃人为努力的欺瞒与诈术，进行了严厉的批判。

但这也从反面暗示了“兵阴阳”的兵法在当时的影响力是如何之强，并且，痴迷于其中的君主与将帅是如何之众。对于此点可作参考的，是《韩非子》的如下论述：

> 龟策鬼神不足举胜，左右背乡不足以专战。然而恃之，愚莫大焉。（《韩非子·饰邪》）

所谓“龟策鬼神”，指根据龟卜或筮竹进行占卜，以及对鬼神的祭祀。而“左右背乡”，则是根据我军与敌军的位置关系，从左右逆顺等空间位置来判断吉凶。对依赖此类的世上的将帅们，《韩非子》认为愚蠢至极并加以嘲笑。《韩非子》并非兵家之书，但与兵权谋的兵书一样，彻底的合理主义思想贯穿始终。兵阴阳的兵法，遭到了站在合理主义立场的思想家们严厉的批判。但也必须注意，当时存在令《尉缭子》与《韩非子》不得不进行大声批判的现实[1]。

那么，在“兵权谋”与“兵阴阳”的尖锐对立中，“论政论兵之类”十二篇，又采取了怎样的思想立场？

首先，《将败》、《为国之过》、《务过》、《观卑》各篇中，完全看不到“兵阴阳”的要素。这些篇章，列举了政治与军事以及将帅的过失

[1] 有关“兵权谋”和“兵阴阳”的思想对立和发展状况之详细，参见拙著《戦いの神——中国古代兵学の展開》（研文出版，2007年）。

等，但均是基于《孙子》那样的合理性思考进行论述。

而且，还有否定“兵阴阳”要素的部分，例如在《将失》篇中，论述将帅的失败如下：

> 廿曰，多幸，众怠，可败也。廿一曰，多疑，众疑，可败也。

在此指出的“幸”、“疑”中，正包含有祈祷和占卜等要素。《将败》篇就指出，如果此类求神保佑及心理不安在军队中蔓延开来，则必败无疑。

同样，在《兵之恒失》篇中也对“疑”做了如下论述：

> 兵多悔，信疑者也。

此处所说的“疑”中，也当包括凭借巫术获得的不可靠信息。因此，警告说若信此，则必定会后悔。

此外，“天”与“地”之语，因具有人格神的性质，有时也用于表示给予人们祸福的意思，在“兵阴阳”的兵法中有时也起着重要的作用。但是，十二篇中所说的天地却绝非此意。

例如，《五议》篇如此论述道：

> 四曰，天不言，万民走其时，地不言，万民走其财。（《五议》篇）

在此，天和地皆被作为“不言”的存在。而且，尽管天地不言，民却被认为是能够明辨时宜、谋求理财的存在。可见，其中具有强调人为的观念。

但是，也有两三个需注意的词语。例如，《王道》篇中，有“三曰，能神化”。若按字面意思来理解，“神化”则为巫术的兵法。但是，该篇整体决非在论述巫术。此处所谓的“神化”，当指贤德之君的治世，在民众眼中，仿佛呈现神妙变化的意思。词语的性质，近乎《孙子·虚实》篇中的“神乎神乎，至于无声”。该“神”并非字面意思的神仙。之所以使用“神”，是因为如此高明的军队的行动，对于敌人而言已经超出了人智能够理解的范围。到底是天命还是偶然，敌人对其败北的原因终因神秘莫测而百思不得其解。此处也当为此种意义上的“神化”。

要注意的另外一点，是《五议》篇的“鬼神”。在《五议》篇中，有“不能极得，万民不亲，天地弗与，鬼神弗助。有国之三议也”。确实，所谓“兵阴阳”的兵法，指欲借鬼神之力来取得胜利。但是，此处所说的鬼神，并非一定为带来军事胜利的超越性的存在。此处所说，不过是认为若不实行适当的政治，就会万民不亲，无法获取天地的恩惠，连祖先灵魂的帮助也得不到，而非表示要放弃人为的努力，一味祈祷鬼神。

如此概观十二篇全体，则其兵学思想的特征渐趋明朗。“论政论兵之类”十二篇，若以“兵权谋”与“兵阴阳”为指标来看，明显归类于“兵权谋”类型的思想。

而且，《银雀山汉墓竹简（贰）》中所收录佚书之中，第二部分便为“阴阳时令·占候之类”。因此，《银雀山汉墓竹简（贰）》总体的思想性格，尚有重新探讨的必要。但是，作为“论政论兵之类”收集在第一部分的诸篇，特别是篇题木牍中列举有篇名的十二篇，当具有同一思想性质。该十二篇中，如《将败》、《将失》等篇，曾被当作《孙膑兵法》中的篇章。但是，之所以迄今为止对此分法并无太大的异议，当是因为将其看作《孙膑兵法》中的一篇也并未有任何不自然之处。这十二篇，就其思想倾向而言，与《孙子》、《孙膑兵法》之间感觉不到有太大的龃龉。

四、十二篇的意义

最后，对“论政论兵之类”十二篇的意义做一总结。作为《银雀山汉墓竹简（贰）》第二部分公开的“论政论兵之类”，为五十篇的长篇文献。该文献在文体上的特征是，将政治、军事的要义以列条书写的方式加以总结。特别是，在篇题木牍上列有名称的十二篇，具有相同的文体及思想特征。这十二篇至少在记录篇题木牍之时，就已被视为具有一定相关性的文献。

其思想倾向，大致上与《孙子》、《孙膑兵法》相同，而其内容则更为丰富。这十二篇当是以战国时期诸多战争体验为基础，将由具体的战例整理获得的经验教训归纳并以列条形式书写总结而成。明显可见，在战国时期，除了所谓“武经七书”以外，尚存诸多此类兵学著作。这是十二篇的意义之一。

此外，古代兵书中的一大特征，是有视政治与军事为一体的倾向。《孙子》自不待言，《司马法》亦然，提出“国容”、“军容”的概念，认为平时的内政与危急时的战争表里一体[1]。“论政论兵之类”也正是这样的文献，显示了战国时期的政治思想与军事思想的密切关系。这是十二篇的意义之二。

结　语

如上所述，本稿对《银雀山汉墓竹简（贰）》收录的“论政论兵之类”五十篇中，在篇题木牍上列有篇名的十二篇进行了考察。此类文献无论从文体，抑或从思想性质等观点上，均可推测为具有一定相关性的文献。其作为反映战国时期政治思想、军事思想状况的重要文献应当给予重新评价。

---

[1] 有关该点的详情，参见拙著《中国古代軍事思想史の研究》（研文出版，1999 年）。

只是，“论政论兵之类”中也有曾编入《孙膑兵法》的篇章。的确，在《银雀山汉墓竹简（壹）》出版之际，对于因何将这些篇章编入《孙膑兵法》，曾有过若干的疑问，至少缺乏确实的证据。但是据此次出版的《银雀山汉墓竹简（贰）》的说明，“论政论兵之类”中十二篇，在篇题木牍中列有其篇名。显而易见，此为初期编入阶段发生的错误。至少有数篇已经判明并非为《孙膑兵法》中的篇章。

如此一来，则在这十二篇之外，曾被作为《孙膑兵法》介绍的篇章（例如，第十四《客主人分》、第十五《善者》、第十八《奇正》篇等），也有必要加以重新考察。必须排除其属于《孙膑兵法》的成见，重新进行分析。另外，对于《孙膑兵法》，也有重新考察的必要性。曾经被视为《孙膑兵法》的数篇，实则为不同文献“论政论兵之类”的一部分。因此，将该部分内容排除之后，重新考察《孙膑兵法》的体系性与思想特征的工作就变得非常有必要。

只有如此重新考察，中国古代兵学思想史的研究才会取得进一步的发展。

第三章
兴军之时——关于银雀山汉墓竹简《起师》

序　言

1972 年，从中国山东省临沂银雀山的汉墓出土了大量的竹简。该批竹简被命名为“银雀山汉墓竹简”，并于 1985 年，以《银雀山汉墓竹简（壹）》（银雀山汉墓竹简整理小组，文物出版社）的形式，公开了其中一部分。

第一辑中所收录的，为银雀山汉墓竹简中的《孙子兵法》、《孙膑兵法》、《尉缭子》、《晏子》、《六韬》、《守法守令等十三篇》，此外还预告了将在第二辑中收录“佚书丛残”，在第三辑中收录“散简”、“篇题木牍”以及“元光元年历谱”等。

在 2010 年 1 月，《银雀山汉墓竹简（贰）》（银雀山汉墓竹简整理小组，文物出版社）出版。此时，已距发现银雀山汉墓竹简 37 年，距出版《银雀山汉墓竹简（壹）》也已 24 年之久。

其内容，为在第一辑中预告的“佚书丛残”。全体分为“论政论兵之类”、“阴阳时令 · 占候之类”以及“其他”等三个部分。这三部分，在内容上并无密切的关联，不过是对偶然未收入第一辑中的文献加以拾遗补编而已。因此，对于第二辑中收录文献的研究，也有必要对这三个部分分别加以考察。

在前一章中，笔者对“论政论兵之类”全五十篇中，在篇题木牍中记载其名称的前十二篇进行了考察[1]。通过考察得出了如下假说，即此类文献基本上与《孙子》兵法保持同一基调，同时又实现了独自的发展。

而在本章中，将继续对“论政论兵之类”中的《起师》篇进行分析。之所以考察该篇，是因为其中提出了独特的兴军理论。

一、银雀山汉墓竹简《起师》释读

首先，对《起师》篇全体进行释读。所引原文，是在参考《银雀山汉墓竹简（贰）》的原释文以及注释的基础上，最终由笔者确定的文章。从“一一七〇”至“一一七四”的小字部分，为原释文中所记的竹简编号。“背”为竹简背面（反面）。□为竹简缺损不能判读的文字。[ ]为原文中不能确认而由笔者补充的文字，①②等为笔者所加的语注。以下按原文、文章大意、语注的顺序依次排列。

原文：

《起师》①一一七〇背

明王之起师也，必以春。春则沟浍②枯，□徐③（途）达，者君④（诸郡）婴儿桑蚕巨事⑤在一一七〇正外，六畜散而在野。故□□为客者利矣⑥。秋则主人小城并，法（废）邑移，大木一一七一□，□木伐，清徐（途）道，焚□泽⑦，孷（撤）庐屋，□外利⑧，注之城中，则为客者不一一七二利矣。冬则主人策会，脩（修）戍要塞，移水并险，竭戟而守狙（阻），谋士达于一一七三上，游士出交，起吏动劝，合交结亲，定其内虑，合其外交，则为客者危一一七四矣。　百廿九⑨一一七五

[1] 参见本书第三部分第二章《银雀山汉墓竹简“论政论兵之类”考释》。

文章大意：

英明的王兴军必在春季。春季沟水干涸，道路通达（易于行军），诸郡的儿童、桑蚕、物资出于屋外，家畜也放牧于郊外（易于夺取物资）。因此，春季对客方有利。

秋季，主人整理小城，转移废邑，将大木……，伐……木，清扫道路，焚烧山泽，撤掉（野外的）废屋，收城外之利，将其集中至城中，所以对客方不利。

冬季，主人策划与他国的会谈，修缮要塞，移动水路连接险阻之地，对戟类（等武器）进行总的检点，守护险要山关（等战略据点），向上（王）推荐谋略之士，游士则致力于外交，发动官员使之工作（致力于内政），（与他国）展开外交并结好，解决国内的忧虑，统合国外的外交关系，使客方置于危险之地。

语注：

① 起师：一一七〇简的简背所记篇题。《银雀山汉墓竹简（贰）》中，将之作为“论政论兵之类”的第十七篇进行登载。

② 沟浍：田间的沟渠。浍为小沟。一说为大沟。《孟子·离娄下》中有“七八月之间雨集，沟浍皆盈”。七八月相当于新历六七月，为梅雨时节。所谓“沟浍枯”，则表示因在梅雨时节之前所以并无泥泞的意思。

③ □途：可能为“道”途（涂）或“征”途又或“长”途等。

④ 者君：据字形，从原释文释读为“诸郡”。

⑤ 巨事：此语不见于传世文献中，然“巨”字多义，在此，取种种事物、物资之意。

⑥ 故□□为客者利矣：缺损的二字，据上下文或为“以春”，但

在照片图版中，上一字左端似为“亻”（人字旁），而下一字的左半部分似为“东”。

⑦ □泽：为“沛”泽（草木茂盛的湿地）抑或“山”泽。《管子·揆度》中有“至于黄帝之王，谨逃其爪牙，不利其器，烧山林，破增薮，焚沛泽，逐禽兽，实以益人”，《孟子·滕文公上》中有“益烈山泽而焚之，禽兽逃匿”。因照片图版中的缺损字左侧似为“氵”（三点水旁），试在此处填入“沛”字，此外，在《孙子·军争》中，有“山林险阻沮泽之形”，也或为“沮泽”。

⑧ □外利：可能为“收”外利或“刈”外利，又或“内”外利等。

一一七一简
“故 □□ 为客者利矣”

⑨ 百廿九：此数字与文中字数一致。但文中有可能遗漏有关“夏”的记述，可认为是在没有意识到遗漏，抄写全体之后进行的字数统计，并将此数字记录下来。此外，记录有此数字的一一七五简（下图）中仅有“矣　百廿九”，是否果为《起师》的文末，尚难以确定。如此简并非《起师》的文末，在一一七〇简与一一七一简之间，或另有一枚关于“夏”的竹简，则总字数也或超过150字。

一一七五简
“矣　百廿九”

如此，《起师》将行军的主体分为“客”与“主人”，并基于对客方是否有“利”的合理性思维来论述举兵的时期。

此时具体的“利”，指“客”方易于进攻“主人”一方，“客”方易于夺取“主人”一方的利益（粮食、物资等）等。

例如，春季与梅雨期不同，并无泥泞，道路通达易于行军。而秋冬季时收藏的种种物资被搬出屋外城外，则易于夺取。从这样的角度考虑，认为于

“客”方有利。

此外,秋季是收敛的季节。“主人”一方整理小城、废邑、材木等,把城外的物资集中到城内。因而“客”方夺取物资比较困难,即为不利。

而冬季“主人”一方充实内政,并策划外交,致力于国家基础的整备。若进攻这样的国家,对“客”不仅“不利”,而且会处于“危”险之中。

但此处未见有关夏季的记述。这或许并非是故意省略或忽视的结果。因为整体上显然是在就四时进行论述,当有误写(书写遗漏)的可能。这样的话,则文末的数字“百廿九”该如何理解?

在文献末尾记录数字的手法,不仅见于银雀山汉墓竹简中,也散见于上博楚简等其他出土文献中,或为避免错简、误脱的书写上的一种方法。如果是这种情况,“百廿九”的数字的确与文中数字相符。然而,此文明显存在误写(记载遗漏)。由此可见,该数字应该是竹简的书写者将竹简全篇误抄(抄写中遗漏了夏的部分)并计数之后,记录下来的数字[1]。

二、兴军的理论——时令说与《孙子》

《起师》的最大特色,在于提出了“春”季为对“客”方有利的季节这一点。如此观点在中国古代思想史上,具有何等的意义?

在此,首先令人想起时令说中军事的定位问题。关于兴军的时节,特别是对四时的论述,见于《吕氏春秋·十二纪》以及《礼记·月令》中。因二者的记述基本相同,此处仅对《吕氏春秋》进行考察。

---

[1] 不过,若进一步推想,则还可以设想有其他的可能性。其一,“百廿九”并非书写者所记入,或者有可能抄写时依据的原文本中已经记入,或为后人将漏抄后的竹简字数统计后记入。其二,如语注⑨所记,记录了该数字的一一七五简极有可能原本并非《起师》的末尾。

《吕氏春秋·十二纪》，记载了春、夏、秋、冬各应实行的人事。例如，在夏季安排有关音乐诸篇，在秋季安排军事诸篇等。

那么，军事在秋的部分是如何记述的[1]？

> 是月也，以立秋。先立秋三日，大史谒之天子，曰："某日立秋，盛德在金。"天子乃斋。立秋之日，天子亲率三公九卿诸侯大夫以迎秋于西郊。还乃赏军率武人于朝。天子乃命将帅，选士厉兵，简练桀俊。专任有功，以征不义，诘诛暴慢，以明好恶，巡彼远方。（《孟秋纪孟秋》篇）
>
> 是月也，命有司，修法制，缮囹圄，具桎梏，禁止奸，慎罪邪，务搏执。命理，瞻伤察创，视折审断，决狱讼，必正平。戮有罪，严断刑。天地始肃，不可以赢。（同上）

由此可见，《吕氏春秋》把军事与刑罚的执行，记述为应该在"秋"季实行的人事。秋季是各种事物收敛的时节。就具体的人事而言，应行压制恶事的刑罚与军事。那么，若违反此类人事又会如何？

> 孟秋行冬令，则阴气大胜，介虫败谷，戎兵乃来。行春令，则其国乃旱，阳气复还，五谷不实。行夏令，则多火灾，寒热不节，民多疟疾。（《孟秋纪孟秋》篇）

如此，若违反了四时与人事的关系，就会引起种种灾祸。例如，在孟秋行"冬令"，则警告说会发生阴气大胜，害虫损害谷物，外敌来袭等。

那么，在《十二纪》中，如何评价春、夏、冬季的军事行动？首先，

[1] 以下对于需要特别注意的部分加下划线。

来看关于春季的记述。

> 是月也，不可以称兵，称兵必有天殃。兵戎不起，不可以从我始。无变天之道，无绝地之理，无乱人之纪。(《孟春纪孟春》篇)
>
> 孟春行夏令，则风雨不时，草木早槁，国乃有恐。行秋令，则民大疫，疾风暴雨数至，藜莠蓬蒿并兴。行冬令，则水潦为败，霜雪大挚，首种不入。(同上)
>
> 季春行冬令，则寒气时发，草木皆肃，国有大恐。行夏令，则民多疾疫，时雨不降，山陵不收。行秋令，则天多沈阴，淫雨早降，兵革并起。(同上)

如此，在春季的兴军被严厉否定。如若举兵则必有“天殃”，绝不可由己方来兴军。若在春季行“秋令”(即若兴军)，则民众会发生疫病，疾风与暴雨会经常发生等，会产生种种混乱。若在春季行“冬令”，则冬季不兴的“兵革”即会并起。因此，春季并非军事的季节。

那么，夏季又如何？

> 是月也，树木方盛，乃命虞人入山行木，无或斩伐。不可以兴土功，不可以合诸侯，不可以起兵动众。无举大事，以摇荡于气。无发令而干时，以妨神农之事。水潦盛昌，命神农，将巡功。举大事则有天殃。(《季夏纪季夏》篇)

夏季也被认为是不应大兴军事、动员民众的季节。理由是不可妨害“神农之事”，即农业。并说，若兴“大事”(军事)，则会有“天殃”。

最后，来确认关于冬季的记述。

仲冬行夏令，则其国乃旱，气（氛）雾冥冥，雷乃发声。行秋令，则天时雨汁，瓜瓠不成，国有大兵。行春令，则虫螟为败，水泉减竭，民多疾疠。（《仲冬纪仲冬》篇）

冬季为藏敛的季节。冬季若行“秋令”，则会降霙不断，国内爆发大的战争。

如此，在十二纪中，将“秋”作为军事的季节，并警告说如在此外的春、夏、冬季实行军事行动，则会降下“天殃”，发生种种弊害。

时令说，为论述各个时节均有与其相符的人事，若实行与时节相违的人事则会降下天灾的天人相关思想。出于这种立场，《吕氏春秋》与《礼记》，仅认可秋季的军事行为。

那么，《孙子》十三篇又如何？《孙子》从完全异于这种天人相关思想的角度，对军事之时进行了论述。即，将是否合乎“利”作为兴军可否的标准，而并未特定于某一季节。以下《九地》篇的观点即是典型一例：

古之善用兵者，能使敌人前后不相及，众寡不相恃，贵贱不相救，上下不相收（扶），卒离而不集，兵合而不齐。合于利而动，不合于利而止。（《孙子·九地》）

其以是否符合“利”来对军事行动的可否进行了论述。以下的《火攻》篇的记述也同样，而且进一步提出了君主或将帅个人的怨恨不可作为兴军的动机：

故曰：明主虑之，良将修之。非利不动，非得不用，非危不战。主不可以怒而兴师，将不可以愠而致战。合于利而动，不合于利而止。怒可以复喜，愠可以复悦，亡国不可以复存，死者不

可以复生。故明主慎之，良将警之，此安国全军之道也。(《火攻》篇)

君主不能以一己之怒命令开战，将帅不能为发泄私恨而发动战争。总之，合乎利益则发动战争，不合利益则中止战争。愤怒终究会变为欢喜，仇恨终究会变为快乐。但国家灭亡了就不能再次复兴，死者也无法再次苏醒。

在此论述了发动战争的契机，必须符合客观的条件。《孙子》强调的乃是合乎"利"与否这一点。

那么，"利"具体指什么？首先可以认为，是指作为战略据点的城塞与重要的行军道路，以及支援军事行动的粮食、物资等。而其中的物资与粮食，《孙子》认为应该向敌人夺取。

善用兵者，役不再籍，粮不三载。取用于国，因粮于敌。故军食可足也。(《作战篇》)

智将务食于敌。食敌一钟，当吾二十钟，萁秆一石，当吾二十石。(同上)

取敌之货者，利也。故车战，得车十乘已上，赏其先得者，而更其旌旗，车杂而乘之。卒善而养之，是谓胜敌而益强。(同上)

在此《作战》篇中所论述的，是物资、粮食等的就地筹措的原则。我军越过国界攻入他国时，因后勤补给线拉长，从本国调拨物资便会发生困难。因此，军队应向"敌"方夺取"粮"、"货"等"利"。对于孙子而言，只有在判断如此的"利"容易夺取时，才是应该发动战争的时机。

此外，在《孙子》中，也可见到"时"的用语，但并非时令说中的四时。例如在《计》篇中，列举有"五事"之一的"天"，并论述其内容为

“天者，阴阳、寒暑、时制也”。又如，在《火攻》篇中论述说，“孙子曰：凡火攻有五……发火有时，起火有日。时者，天之燥也。日者，月在箕、壁、翼、轸也。凡此四宿者，风起之日也”，认为容易起风之日是火攻有效之日。

如此对《孙子》中所说的“时”与“利”进行确认后，则可认为，《起师》篇将“春”作为举兵的时节，是一种在重视“利”的《孙子》思想的基础之上，又进一步将其具体化的观点。

《起师》主张春季是向敌人夺取粮食与物资的有利季节。然而，将季节特定为春季，是否也存在弊害？《孙子》主张“时”的重要性，却毫无将军事行动限于特定季节之意。与其相比，《起师》认为只有春季才是兴军的季节。《孙子》具有普遍性、应用性，而《起师》则极为具体。此点即为《孙子》与《起师》重要的不同点。虽说春季是兴军的有利季节，但在实际的战争中也并非一定如此。也有夏季或秋季举兵获胜的例子。如此即可推测，《起师》的此种主张，虽然在具有具体性上值得评价，但会与实战或实际体验的状况发生龃龉，导致此种观点逐渐失传。那么，在其他的古代兵书中是否也存在如此的观点？

以下，就将视野扩展至其他的兵书进行探讨。

三、古代兵书中所论述的兴军之时

首先在《吴子》中，作为举兵的仪式（手续）虽也略见巫术的要素，但基本上与《孙子》相同，贯彻了是否与利相符的合理性观念。

> 是以有道之主，将用其民，先和而造大事，不敢信其私谋，必告于祖庙，启于元龟，参之天时，吉乃后举。（《吴子·图国》）

在此，论述了考虑“天时”（自然的时节），天时吉则举兵。而更为具体的有关时节方面的论述，则在《料敌》篇：

> 吴子曰："凡料敌，有不卜而与之战者八：一曰疾风大寒，早兴寤迁，刊木济水，不惮艰难。二曰盛夏炎热，晏兴无间，行驱饥渴，务于取远。……"（《料敌》篇）

在大寒与盛夏艰难行军的敌人，可以击破之。换言之，即严寒期与酷暑时节为不宜兴军之时。

以下《孙膑兵法》中，也基本上继承了《孙子》的重视人事的合理性观念。只是在《月战》篇中，尚有论述取胜概率与天体关系的部分。

> 孙子曰：间于天地之间，莫贵于人。战□□□□不单。天时、地利、人和，三者不得，虽胜有央（殃）。……孙子曰：十战而六胜，以星也。十战而七胜，以日者也。十战而八胜，以月者也。十战而九胜，月有……[十战]而十胜，将善而生过者也。（《孙膑兵法·月战》）

月为阴气的聚集，象征事物的刑杀。因此也促成了战争应在月盛之时发动的观念。认为"月战"的取胜概率达到八成则宣扬了"月战"的优越性。但是，《孙膑兵法·月战》，也在其篇首部分明言"间于天地之间，莫贵于人"，认为最重要的为人事。此处重视的也是人事之利，并非单纯论述月之时即为有利。

以下再看《六韬》。在《六韬·农器》中，有论述农事与军事关系的一节：

> 太公曰："战攻守御之具，尽在于人事。……春钹草棘，其战车骑也；夏耨田畴，其战小兵也；秋刈禾薪，其粮食储备也；冬实

仓廪,其坚守也。……春秋治城郭修沟渠,其堑垒也。故用兵之具,尽于人事也。……”武王曰:“善哉!”(《六韬·农器》)

此处对照农事与战事,论述在不同的季节中各自有重要的行动,而非如《起师》一般,仅将春季作为兴军的季节;并且,主张最重要的为“人事”。

以下的《司马法》又如何?《司马法》认为兴军不应违时,具体指出了在冬季和夏季不应行军。

战道不违时,不历民病,所以爱吾民也;不加丧,不因凶,所以爱夫其民也;冬夏不兴师,所以兼爱民也。故国虽大,好战必亡;天下虽安,忘战必危。天下既平,天子大恺,春蒐,秋狝,诸侯春振旅,秋治兵,所以不忘战也。(《司马法·仁本》)

文中认为避开农繁期与疫病,在冬夏不举兵是出于爱民。这一点与主张严冬期与酷暑时节戒举兵的《吴子》相同。此外,《司马法·仁本》还主张平时在春秋也应该举行军事演习,但并非鼓励在春秋时节兴军,而只是在论述即使在平时也要有不忘战争的心理准备而已。

以下,再来看银雀山汉墓竹简“论政论兵之类”中的《兵失》一篇。此篇在发现后的整理过程中,一度被编入《孙膑兵法》,后来在1985年出版的《银雀山汉墓竹简(壹)》中又被排除在外,在此次出版的《银雀山汉墓竹简(贰)》中被编入“论政论兵之类”之中。

兵用力多功少,不知时者也。(银雀山汉墓竹简《兵失》)

兵见善而怠,时至而疑,去非而弗能居,止道也。(同上)

此处论述了兴军之“时”，但其并非具体的四时；而是与《孙子》论述的“利”相一致的“时”。

最后，对新出土资料张家山汉简《盖庐》进行探讨。1980 年，在中国的湖北省江陵的张家山发现了伴有很多随葬品的汉代墓。在那座被命名为张家山 247 号墓的墓中，随葬有记载于竹简之上的古代文书，《盖庐》便是其中之一。

张家山汉简《盖庐》第一简至第三简（据《张家山汉墓竹简［247 号墓］》）

《盖庐》共由 55 枚竹简组成。竹简的长度约为 30 cm。内容共分为 9 章。所谓“盖庐”，为记在第五十五简背面的文字，当为文献的标题。各章体裁统一，均始于吴王阖庐（原文记作“盖庐”）提问，后由臣下伍子胥（原文记作“申胥”）进行回答[1]。

在篇首的第一章中，盖庐就“有天下”的方法进行询问，对此伍子胥如此作答：

凡有天下，无道则毁，有道则举；行义则上，废义则下。

其理为遵从“道”、“义”者，运气就会上升；而无视“道”、“义”者，运气便会下降。至此，似乎在说人为努力，如此观点

[1] 以下在《盖庐》的释读、引用之际，以《张家山汉墓竹简（247 号墓）》（张家山 247 号汉墓竹简整理小组编，文物出版社，2001 年）为基础，参考了邵鸿《张家山汉简〈盖庐〉研究》（文物出版社，2007）等著作。

由《孙子》、《吴子》等兵书论述也似无不妥。

然而《盖庐》的具体内容，则是在论述与“天之时”的关系：

循天之时，逆之有祸，顺之有福。

其认为吉凶祸福，与是否顺应“天之时”有关。即并非仅限于人事范围内思考战争，而是认为超越人智的“天之时”掌握着胜败的归趋。

那么，具体何为“天之时”？据伍子胥的说明，乃指春、夏、秋、冬“四时”，木、火、土、金、水“五行”。是否顺从四时与五行的循环法直接决定胜负。

这样的观念，也适用于空间与时间的关系。伍子胥对阖庐之问作答如下：

① 左青龙，右白虎可以战。

② 太白入月，荧惑入月可以战，日月并食可以战。是谓从天四殃，以战必庆。

③ 彼兴之以木，吾击之以金。

④ 春击其右，夏击其里，秋击其左，冬击其表。此谓背生击死，此四时胜也。

比如，对于①的“青龙”与“白虎”的关系。据阴阳五行说，青龙、白虎分别为东方、西方的守护神。如此一来，则伍子胥的①的主张，即以我军在北侧，敌军在南侧为前提。因为从北视南，左手为青龙，右手为白虎。如果保持这样的位置关系，即会得到四神的庇佑而取得胜利。

其还认为②的太白（金星）与月重合，荧惑（火星）与月重合的天体位置关系，以及日与月的“食”等，属于必胜之时。因为从侵食（覆盖)对方的天象能令人联想到胜利。③提出对方若以“木”来,己方则以“金”来应战。即以“金胜木”的五行相克的关系为前提。

此外,从与本章关系来看,最应该注意的是④的四时与战争的关系。春季攻击敌阵的右侧,夏季袭击对手的背后,秋季攻击对手的左侧,冬季则从对手的正面进行攻击。

此皆为典型的“兵阴阳”的兵法[1]。关于兵阴阳的兵法,迄今为止仅传承了一些片断,并未留有完整的兵书。而《盖庐》则完全传承了其原理与具体的言说。此一思想并未特定军事的季节。既非如《起师》特定为“春”季,也非如时令说特定为“秋”季,而是如四时五行总在运行变化一样,根据各自的季节存在各种兴军的方法。

通过概观古代兵书中所论述的兴军的时节,便会重新理解,主张“春”季为适合兴军的时节是《起师》最大的特点。严格而论,严冬期与酷暑时节,无论如何考虑也不宜兴军。认为“春”季于兴军有利的观点,除银雀山汉墓竹简《起师》之外尚未发现。

而在《吕氏春秋》与《礼记》等文献中的时令说,是以“秋”为军事的季节,可以推测,此说是作为天人相关的一个理念类型被传承下来的。虽然实际上并非只有“秋”为军事的季节,但时令说的理念本身,在其后也被继承下来。

与此相对,《起师》并非从天人相关思想的理念出发,而是从现实的“利”的观点出发,将“春”季作为兴军的时节。但是,可以想见即使在春季兴军,实际上也有被打败的时候,作为一种思想,《起师》的限度正在于此。而《起师》的主张不具影响力的一个重要原因,也正在于此。

那么,《起师》的此种思想,与《孙子》及《孙膑兵法》等兵书的关

[1]《汉书·艺文志》将兵书大致分为4种,就其中的“兵阴阳”,定义为“阴阳者,顺时而发,推刑德,随斗击,因五胜,假鬼神,而为助者也”。

系该如何理解？

首先，就成书时期可以做如下的推测。银雀山汉墓竹简的年代属西汉武帝初期，则竹简的书写时期可推测为文帝与景帝时期[1]。此即为银雀山汉墓竹简成书时间的下限。但《起师》在区分“客”与“主人”来论述兴军之利这一点，暗示了其有可能属于先秦著作。因为，如此主张只有以战国诸国的敌对关系为前提才具有说服力。

虽无直接记载时间上限的资料，但还是将其视为《孙子》以后的著作较为稳妥。因为“客”、“主人”这样的军事用语，本来就是以存在长距离进攻作战为前提而构建的《孙子》所特有的军事用语，而在《孙子》以前的战争形态中，则很难考虑其存在的理由[2]。

因此，最具可能性的是，其应为《孙子》以后的战国时期成书的兵学著作。但据《汉书·艺文志》，《孙子》有“吴孙子兵法八十二篇”、“齐孙子兵法八十九篇”。如此一来，则《起师》是否也有可能为现在流传的十三篇以外的“吴孙子”（即《孙子》）或“齐孙子”（即《孙膑兵法》）的一部分？的确，此种可能性也并非全无。但是，《孙子》十三篇与《孙膑兵法》中，并无将“春”特定为兴军之时的观点。难以设想在同一书内，一面论述“时”极为重要，而一面又将其特定为“春”季。此种观点，当为一种在重视“时”的《孙子》及《孙膑兵法》的基础之上，又独自发展并进一步具体化的观点，可以说如此考虑，才是当前最妥当的看法。

---

[1] 参见《银雀山汉墓竹简（壹）》（银雀山汉墓竹简整理小组，文物出版社，1985年）。

[2] 2004年，在《上海博物馆藏战国楚竹书（四）》中公开的《曹沫之陈》的内容是，鲁庄公（公元前693—前662年在位）被齐夺去领土后不去努力收复失地，而是沉浸在音乐中，但在曹沫的劝谏下决意与齐一战。鲁庄公就具体的阵法连续询问曹沫，曹沫一一回答。作为可能是《孙子》之前的一部完整的兵书，该文献尚属首次发现。据其内容，《曹沫之陈》的兵法，是以在中原进行的以车战为主的战争形态为前提的。因为战争的目的是夺回失地，所以战场限定于国界附近，战斗时间较短，并没有设定深入敌国国境进行攻击，以及为长距离攻击的部队补给物资等局面。因此，在此类以春秋时代的战争为基本场面设定的兵书中，“客”、“主人”的概念也就没有登场的必然性。

四、中国古代兵法的发展

如果《起师》是基于《孙子》及《孙膑兵法》的观念独自发展而来的兵书，则在银雀山汉墓竹简"论政论兵之类"之中，是否还有其他具有如此性质的文献？最后，以《将义》篇为例进行探讨。

首先，释读《将义》篇全文。释读之凡例，与《起师》篇相同。在《银雀山汉墓竹简(贰)》中，将其列为"论政论兵之类"的第十九篇[1]。

原文：

《义将》一一九四背

将者不可以不义，[不]义则不严，[不严]则不威，[不威]则卒弗死。故义者，兵之首也。将者不可以不仁，不仁则军不剋(克)，军不剋(克)一一九四正则军无功。故仁者，兵之腹也。将者不可以无德，无德则无力，无力则三军之利不得。故德者，兵之手一一九五也。将者不可以不信，不信则令不行，令不行则军不槫，军不槫则无名。故信者，兵之足也。将者不可以智(知)胜，不智(知)胜一一九六……则军无□。故夬(决)者，兵之尾也。　《将义》一一九七

文章大意：

为将者必须具备义。无义则不严，不严则不威，不威则兵卒不会(为将而)死。因此义为兵之首。为将者必须具备仁。无仁

[1] 在银雀山汉墓竹简发现之初，《将义》篇一度被编入《孙膑兵法》，但在1985年出版的《银雀山汉墓竹简(壹)》中，又被从《孙膑兵法》中删除。在此次出版的《银雀山汉墓竹简(贰)》中，被重新编入"论政论兵之类"。

则军队无法取得胜利，恢复和平。军队战而不克，则军队无功绩。因此仁为兵之腹。为将者必须具备德。无德则无力，无力则无法取得全军之利。因此德为兵之手。为将者必须具备信。无信则命令无法施行，命令无法施行则军队无法专一，军队不专一则无功名（无法留下足迹）。因此信为兵之足。为将者必须知晓胜利的法则。不知晓胜利的法则，则军无……因此决断为兵之尾。　《将义》

语注：

① 义将：一一九四简背面所记篇题。但文末为“将义”，与此处语序相反。据内容来看，作为篇题“将义”较佳。此处或为书写之际的笔误而将其写反。

② 槫：柩车、圆之意，此处于意弗通。原释文释读为“团”，此处尊重字形读作“专”。

③ 不智（知）胜：“智”、“胜”各有重文符号。此为一一九六简下端，其次的一一九七简上端记有“则军无”字样，原释文似乎推测此处存在脱简，加以“……”。据此前文意，下文当有“……故知胜者兵之……”，即关于“知胜”的总结性的说法，而以下或接续有关“决”的内容，因此确有脱简的可能性。此外，“知胜”之语，在《孙子・谋攻》中，有“故知胜有五：知可以与战不可以与战者胜，识众寡之用者胜，上下同欲者胜，以虞待不虞者胜，将能而君不御者胜。此五者，知胜之道也”。

《将义》的文章结构极为简约明快。统一为“将者不可以不○，不○则不△，不△则不◇，……。故○者，兵之◎也”的句式。

其内容主要论述了作为将领应有的重要资质。此处列举了“义”、“仁”、“德”、“信”、“知（胜）”和“决”，并将各种资质结合身体的部位进行了论述[1]。

那么,如上观点,与其他的兵书又有怎样的关系?众所周知,《孙子·计》中有"将者,智、信、仁、勇、严也",列举了将领的5种资质。而首先列举"智",于《孙膑兵法》亦同,具体如下:

孙子曰:知不足,将兵自恃也。勇不足,将兵自广也。不知道,数战不足,将兵幸也。(《孙膑兵法·八阵》)

在《孙膑兵法》中,认为将领的重要条件有"知(智)"、"勇"、"知道"。在《孙子》所举五点之中,特别重视"智"与"勇"。

而在《吴子》中,如下论述了"义"与"仁"的重要性:

明主鉴兹,必内修文德,外治武备。故当敌而不进,无逮于义矣;僵尸而哀之,无逮于仁矣。(《吴子·图国》)

其认为,大敌当前而不进攻则谈不上"义",看到敌人的尸骸而哀之,则谈不上"仁"。

此外,《图国》篇还对"圣人"的"四德"论述如下:

是以圣人绥之以道,理之以义,动之以礼,抚之以仁。此四德者,修之则兴,废之则衰。故成汤讨桀而夏民喜悦,周武伐纣而殷人不非,举顺天人,故能然矣。(《图国》篇)

即,以"道"、"义"、"礼"、"仁"为四德,修此四德者则隆盛,废之

[1] 因为有"首"、"腹"、"手"、"足"、"尾"之说,可以说,这是把将领比作勇猛的动物,把将领的资质比喻为动物的身体部位。此外,在广义上将领事比喻为动物的,有《六韬》,如龙韬、虎韬、豹韬、犬韬。

者则衰亡。虽然此处论述的“四德”的主体为“圣人”，也可见关于“讨”、“伐”的记述，但是该内容也可应用于描述将帅的资质。《吴子》提出“义”、“仁”这一点，与《将义》篇类似。

但同为《吴子》，《论将》篇中却论述如下：

吴子曰：“夫总文武者，军之将也。兼刚柔者，兵之事也。凡人论将，常观于勇，勇之于将，乃数分之一尔。夫勇者轻合，轻合而不知利，未可也。故将之所慎者五：一曰理，二曰备，三曰果，四曰戒，五曰约。”（《论将》篇）

在《孙子》中，“勇”作为将帅的资质仅被排在第四位。同样，在以上《吴子·论将》中对其的评价也不甚高。《论将》篇认为，人们总是仅从“勇”的观点来看待将帅，其实“勇”仅为将帅资质中的“数分之一”。过信于“勇”的将帅总会轻率地同敌人交战。因此，将帅真正应当谨慎者，为“理”、“备”、“果”、“戒”、“约”五点。

其中，所谓“理”，是指动员并统率大众，却如统率少数人一般整然有序。所谓“备”，指一旦出征便常作临敌的万全准备。“果”为临敌不思生还的果断。“戒”指即便取得胜利，也不忘开战之初的心情加以警戒。“约”，指军令简明易懂[1]。

此外，《论将》篇还认为，知晓军事的“四机”（四要义）者，若进而具备四点资质则可评价为“良将”。

吴子曰：“凡兵有四机。一曰气机，二曰地机，三曰事机，四曰力机。……知此四者乃可为将。然其威、德、仁、勇，必足以率

[1] 该部分原文为：“理者治众如治寡，备者出门如见敌，果者临敌不怀生，戒者虽克如始战，约者法令省而不烦。”

> 下安众，怖敌决疑。施令而下不犯，所在寇不敢敌。得之国强，去之国亡，是谓良将。”（《论将》篇）

在此，作为良将应具备的资质，举出“威”、“德”、“仁”、“勇”。此即为，统率部下安抚民众，怖慑敌军，消除疑念，发布命令而无违犯，敌不敢相向等资质。

如此，在《吴子》中，从多个角度论述了将领的条件、资质。其与《孙子》的共同点，在于一面承认“勇”为资质之一，却未将其作为最重要的资质这一点。

而在《司马法》中，则论述如下：

> 古者以仁为本，以义治之之谓正，正不获意则权。权出于战，不出于中人。是故杀人安人，杀之可也；攻其国，爱其民，攻之可也；以战止战，虽战可也。故仁见亲，义见说，智见恃，勇见身（方），信见信。内得爱焉，所以守也；外得威焉，所以战也。（《司马法·仁本》）

在此，将“仁”、“义”作为兵道之“正”，认为战争的意义在于“权”（临机应变的措施）。并且认为，其时最为重要的，是“仁”、“义”、“智”、“勇”、“信”。加入“仁”、“义”，与《吴子》类似，此外，将“勇”列为第四则与《孙子》相类似。

《仁本》篇的另一处论述，与此相同，内容如下：

> 古者，逐奔不过百步，纵绥不过三舍，是以明其礼也；不穷不能而哀怜伤病，是以明其仁也；成列而鼓，是以明其信也；争义不争利，是以明其义也；又能舍服，是以明其勇也；知终知始，是以明其智也。六德以时合教，以为民纪之道也，自古之政也。（《仁

本》篇)

此处,在上述五点资质之外又加上“礼”,将“礼”、“仁”、“信”、“义”、“勇”、“智”作为古代军事之“六德”。

此外,在《严位》篇中,也有与之类似的论述:

> 凡民,以仁救,以义战,以智决,以勇斗,以信专,以利劝,以功胜。故心中仁,行中义,堪物智也,堪大勇也,堪久信也。(《严位》篇)

此处也与前文记述相同,作为将领的资质,举出“仁”、“义”、“智”、“勇”、“信”,又加上了作为胜利条件的“利”与“功”。列举“仁”、“义”这一点与《吴子》及《将义》篇类似。这一点未必与《孙子》一致,但在意将将领的资质表述为明确的德目一点上相同。

以下的《尉缭子》又如何?在其《兵谈》篇中,有如下论述:

> 将者,上不制于天,下不制于地,中不制于人。宽不可激而怒,清不可事以财。夫心狂、目盲、耳聋,以三悖率人者,难矣。(《尉缭子·兵谈》)

即作为将领的资质,列举了不制于天、地、人的权威,宽大以及清廉。但是,与《孙子》、《吴子》及《司马法》的定义相比,尚略欠明确。在《攻权》篇中有“故善将者,爱与威而已”,与其说是在论述将领的资质,不如说是在论述善用所谓糖果与皮鞭。

以下,来看《六韬》中如何论述将领的资质:

> 武王问太公曰:“论将之道奈何?”太公曰:“将有五材十

过。”武王曰：“敢问其目？”太公曰：“所谓五材者，勇、智、仁、信、忠也。勇则不可犯，智则不可乱，仁则爱人，信则不欺，忠则无二心。”（《六韬·论将》）

在周武王与太公望吕尚的问答中，吕尚对将的“五材”进行了论述，作为将的“五材”，列举了“勇”、“智”、“仁”、“信”、“忠”。在《孙子》及《吴子》中并未列为首要的“勇”在此位列第一，并加入“忠”这一点，是为其特色所在。

故曰：将不仁，则三军不亲；将不勇，则三军不锐；将不智，则三军大疑；将不明，则三军大倾；将不精微，则三军失其机；将不常戒，则三军失其备；将不强力，则三军失其职。（《奇兵》篇）

此处则认为“仁”、“勇”、“智”、“明”、“精微”、“常戒”、“强力”等为将领的必要条件。特别是，之所以首举“仁”，是因为在“三军”亲和的观点上“仁”最为重要。此外，将“勇”列于“智”之前，则与前述《论将》篇相同。

通过概观古代兵书可知，各个兵书从各自的角度对将领的资质进行了论述。尤其是在《孙子》、《吴子》、《司马法》中，有意将将领的资质表述为明确的德目。而银雀山汉墓竹简《将义》所说的将领的资质，虽与《孙子》等其他的兵书部分内容类似，但仍具有独特的内容。可以说，其内容“义”、“仁”、“德”、“信”、“知（胜）”、“决”，尤其是以“义”为首的观点，并非引用自其他文献，而是《将义》独有的特色。

结　语

在本章中，笔者以《银雀山汉墓竹简（贰）》中“论政论兵之类”的《起师》篇为主，对其兴军的论理进行了探讨。其中，断定对“客”而言“春”为兴军的有利季节，是《起师》最大的特色。可以推测，这样的观点正是将论述“时”的重要性的《孙子》的思想具体化的产物。将有利的季节特定为春季，虽然在具有具体性一点上值得评价，但同时也缺乏思想上的普遍性，恐怕与实战及实际体验之间存在龃龉。《起师》的观点未见于其他兵书之中，其后未得到传承，其中的一个理由可以说正在此点。

此外，在银雀山汉墓竹简的《将义》篇中，将将领的资质列举为“义”、“仁”、“德”、“信”、“知（胜）”、“决”，并将其与动物的身体部位联系起来进行论述。这种观点，可以说也是将论述“将者，智信仁勇严也”的《孙子》的将领论独自发展而形成的。

由上可见，在银雀山汉墓竹简“论政论兵之类”之中，含有与《孙子》及《孙膑兵法》基调相同，并实现独自发展的著作[1]。在古代中国，除所谓“武经七书”之外，还有多种多样的兵学著作，它们相互影响，共同形成了中国兵学思想史。我们期待通过研究银雀山汉墓竹简“论政论兵之类”诸篇，进一步弄清这种相互影响的状况。

[1] 此外，“论政论兵之类”中还有《客主人分》、《奇正》等涉及重要军事用语的篇章。这些篇章曾被作为《孙膑兵法》下篇，今后有必要作为“论政论兵之类”的诸篇重新进行探讨。关于这一点，参见下一章。

第四章
先秦兵学的发展——以《银雀山汉墓竹简(贰)》为线索

序　言

通过以上两章,对《银雀山汉墓竹简(贰)》所收“论政论兵之类”诸篇进行了探讨。本章将进一步以兵学思想的关键词为线索,对其体系性及思想特征加以考察。具体以论及重要兵学用语“客”、“主人”及“奇”、“正”等的诸篇为主进行探讨。

一、“客”与“主人”——《客主人分》篇

首先探讨重要军事用语“客”与“主人”。该用语在前述的《起师》篇中已有提及,但在“论政论兵之类”中,尚有一篇专门论述该用语的《客主人分》篇。以下为其篇首部分,原文乃基于《银雀山汉墓竹简(贰)》,根据同书的释文,将部分文字替换为通行字。

原文:

兵有客之分,有主人之分。客之分众,主人之分少。客倍主人半,然可敌也。负……定者也。客者,后定者也。主人安地抚(撫)势以胥。夫客犯隘逾险而至。

文章大意：

> 战斗有客(侵入他国境内的部队)之分与主人(在自国境内进行防御的部队)之分。客之分必须众多,而主人之分少数即可。客以两倍的兵力,才得以与主人的兵力相匹敌。负……(客为首先)确定(防卫体系)者。客为随后确定攻击态势者。主人借助于地形保持形势,以待敌军的到来。彼客侵犯隘路逾越危险而至。

该篇的特色,在于对客与主人之"分"(分量、能力)进行了明确的解说。其认为,对于编成远征军深入他国境内作战的"客"一方而言,有必要确保众多的兵力,客以两倍的兵力,对主人的兵力,才可成为"敌"(对等)的关系。并且,主人一方可以事先整顿防卫态势,而客随后才可确定攻击态势;主人一方可以利用地形及形势之利等待敌人的到来,而客必须强行经过危险四伏的遥远征途。

关于客方必须具备必死的觉悟一点,《孙子》中已有如下论述:

> 凡为客之道,深入则专,主人不克;掠于饶野,三军足食;谨养而勿劳,并气积力;运兵计谋,为不可测。投之无所往,死且不北,死焉不得。士人尽力。(《孙子·九地》)

大凡编成远征军赴敌地作战(客)的原则在于,若越过国境深入敌国进行攻击,士卒鼓足气力殊死作战,则在本国迎击之敌(主人)无法与之对抗。若在肥沃的土地掠夺农作物,则军队粮食充足。以这些粮食使士卒充分休养不致疲惫,使士气高涨竭尽全力,巧妙运用军队谋划策略,使敌人无法预测己方的动向。使士卒深入敌后进行攻击,不胜利则不得归还,则士卒必出死力奋战,无人临阵逃亡。怎么会不抱必死的决心？全体士卒必定会全力以赴。

《孙子》这样说,是因为基本上认为客方处于绝对不利。而且同在《孙子·九地》中,也有如"凡为客之道,深则专,浅则散(如越过国界线深入敌境进攻,则士卒团结一致,但如果只是半途而废不深入敌境,则士卒会逃散)"的论述。也是对客方表示极大的担忧。

《客主人分》篇原来被当作《孙膑兵法》的一篇,此次,在《银雀山汉墓竹简(贰)》出版之际,重新编入"论政论兵之类"之中。可以认为,即使该篇并非《孙膑兵法》的篇章,仍基本上继承了《孙子》的"客、主人"观,而且进一步将其战斗力表述为"倍"、"半"等具体的比率。

二、"奇"与"正"——《奇正》篇

其次,再来探讨另外一个重要的军事用语"奇"与"正"。银雀山汉墓竹简《奇正》篇,原来也被编入《孙膑兵法》,此次作为"论政论兵之类"的一篇,被从《孙膑兵法》之中删除。

以下为对"奇"、"正"明确定义的部分。

原文:

> 形以应形,正也;无形而制形,奇也。奇正无穷,分也。分之以奇数,制之以五行,斗之以□□。分定则有形矣,形定则有名[矣。□□□]则用矣。同不足相胜也,故以异为奇。是以静为动奇,佚为劳奇,饱为饥奇,治为乱奇,众为寡奇。发而为正,其未发者奇也。奇发而不报,则胜矣。

文章大意:

以明确的形应对形,为正(正攻法)。以无形制御形,为奇(奇袭)。奇与正发展无穷尽,由分(部队的组编)而定。以奇数划分部队,以五行制御部队,以□□使部队战斗。部队的划分(组编)确定则形整,形定则名定,名定则可运用。同(正攻法对正攻法)方法则不足以战胜对手。故与对手方法相异则为奇。因此,静为动之奇,佚为劳之奇,饱为饥之奇,治为乱之奇,众为寡之奇。发动的(采取明确的形)为正,而未发动的(无形之物)为奇。发动奇而敌不知,则可取胜。

这种奇正的定义,与《孙子》比较,又具有怎样的特征?《孙子》也明确主张齐整的部队组编,及奇正的绝妙运用。

孙子曰:凡治众如治寡,分数是也;斗众如斗寡,形名是也;三军之众,可使毕受敌而无败者,奇正是也;兵之所加,如以碫投卵者,虚实是也。(《势》篇)

并且,对"奇正"的配合无穷无尽一点,也论述如下:

凡战者,以正合,以奇胜。故善出奇者,无穷如天地,不竭如江河。(《势》篇)

在敌军之前布阵,首先为常规的"正"兵。但是,最终掌握胜利关键的为"奇"兵。巧妙投入奇兵,如天地运行般无穷,如大河奔流般无尽。

这种主张与银雀山汉墓竹简《奇正》基本相同。但《奇正》篇,应当是从《孙子》所论述的"奇正"进一步发展而来的。

首先,是"无形而制形,奇也",将奇与"无形"相关连这一点。此点也见于《淮南子・兵略训》,而《奇正》篇早于《淮南子・兵略训》率先认识到奇、正与有形、无形的关系[1]。而且,还需注意"同"的概念。在《奇正》篇中,将以正攻法对正攻法的方法定义为"同",认为如此则无法取得胜利。并指出各种现象上的与"正"对应的"奇",而且,论述说发动的有形者为"正",未发的无形者为"奇"。此外,既已发动"奇",而敌人未能察知,则己军可取得胜利。

可以说,如此对奇正的详细论述,正是在《孙子》的奇正观的基础上,又进一步发展而来的,应当予以较高评价。

结　语

以上第三部分的第二章至第四章,以 2010 年公开的《银雀山汉墓竹简(贰)》所收"论政论兵之类"诸篇为线索,对古代兵学思想发展的状况加以考察。通过对篇数多达 50 篇的"论政论兵之类"的探讨可以发现,其思想倾向大致与《孙子》、《孙膑兵法》相同,但内容更为丰富。它们或许都是基于战国时期众多的战争体验而著述的篇章。在战国时期,除所谓的"武经七书"以外,还有如此众多的兵学著作。

此外,正如"论政论兵之类"的拟称所示,其特征是倾向于对政治与军事作一体化思考。《孙子》自不待言,《司马法》也提出"国容"、"军容"的概念,认为平时的内政与事变时的战斗是表里一体的关系[2]。"论政论兵之类"也正是这样的文献。由此明确可见,在战国时期,政治思想与军事思想密切关联着发展起来。

---

[1]《淮南子・兵略训》的兵学思想详情,参见拙著《戦いの神——中国古代兵学の展開》(研文出版,2007 年)。
[2]《司马法》的思想详情,参见拙著《中国古代軍事思想史の研究》(研文出版,1999 年)。

第五章
北京大学藏西汉竹书《老子》的特征

序　言

2010年，笔者的研究小组访问北京大学，得到了阅览“北大简”的机会（详细情况参看本书第三部分序章）。其后，北大简以分册形式进行公开，其第一弹即为《北京大学藏西汉竹书（贰）》，出版于2012年12月。第二分册先行于第一分册，是因为北大简各分册的执笔、编辑各有分工，而由韩巍负责的北大简《老子》这一分册先行完成整理，因此便作为《北京大学藏西汉竹书（贰）》予以出版。

承蒙北京大学出土文献研究所的厚意，笔者也受惠赠，并被邀请参加2013年10月于北京大学召开的“简帛《老子》与道家思想国际学术研讨会”，还获得发表论文的机会。以下便基于该会议论文，对《北京大学藏西汉竹书（贰）》即北大简《老子》进行初步的考察。

关于北大简《老子》的基本性质，韩巍已经指出：“西汉竹书《老子》的文本形态介于帛书甲、乙本与传世本之间，而更接近于帛书本。”（《北京大学藏西汉竹书（贰）》，2012年）笔者的观点也大致如此。不过在本章中，笔者还将以韩巍未言及的部分为主进行若干考察，以进一步明确北大简《老子》的特征。

在此需要注意的是,与《老子》的结构有关的《上经》第一章(通行本第三十八章)与《下经》第四十五章(通行本第一章),与文句及词汇有关的《上经》第二章(通行本第三十九章)、第三章(通行本第四十章)、第四章(通行本第四十一章)、第五章(通行本第四十二章)、第七章(通行本第四十四章)、第九章(通行本第四十六章)、第十章(通行本第四十七章)、第十二章(通行本第四十九章)、第十四章(通行本第五十一章)、下经第六十章(通行本第十八章、第十九章包含于其中)等部分。

一、《老子》的结构

通过马王堆帛书本的发现,明确了汉代的《老子》写本,具有“德”与“道”两个部分,而且,还可能存在由“德”至“道”的先后关系。只是在帛书本中,没有记载《老子》这一书名,因此在日本的学界中,也有观点认为当时尚未确立书名及结构。

但随着北大简《老子》的发现,这个观点便不攻自破。因为在北大简中明确记载有《老子上经》、《老子下经》这样的篇题。而且,其结构、顺序与马王堆帛书本相同。可以认为,最迟在汉代初期,《老子》这部文献的结构与内容已基本确定,并开始流传。

《老子上经》篇题(第二简背面)

那么,为何《上经》第一章(即通行本第三十八章)在当时被作为《老子》的首章?可以认为,有以下两种可能性。一种可能性是,作为古代文献的特征,可能并无特别深刻的含义。例如,《论语·学而》的首章确实为名言,但即使不为首章对之后各章的理解也无大碍,可以说在编辑上较为松散。而《老子》也有可能是此种类型的编辑物。

另一种可能性是,该章确实具有象征《老子》全篇的深刻含义,有放置篇首的必要性。以下就来探讨是否确实具有这种可能性。首先,参考韩巍所作的“《老子》主要版本全文对照表”,来比较诸本的必要部分[1]。

《上经》第一章(通行本第三十八章)

[北京]上德不德,是以有德。下德不失德,是以無德。

[马甲]□□□□,□□□□。□□□□□,□□□德。

[马乙]上德不德,是以有德。下德不失德,是以無德。

[王弼]上德不德,是以有德。下德不失德,是以無德。

[河上]上德不德,是以有德。下德不失德,是以無德。

[严遵]上德不德,是以有德。下德不失德,是以无德。

[傅奕]上德不德,是以有德。下德不失德,是以無德。

此处并无大的异同。可能是因为从“德”说起,所以后来被认为是“德经”。作为古代文献的特征之一,篇题在原则上通常为最初的数字或开头部分有特征的一字。这一点从近年来被发现并取得一定研究成果的上博楚简、清华简等竹简群中,也可明确得知。所以,此处也有可能是被附以了“德”或“德经”等的篇题。

[北京]上德無爲而無以爲,　下德□之而無以爲,上仁爲之而無以爲,

[马甲]上德无□□无以爲也,　上仁爲之□□以爲也,

[马乙]上德无爲而无以爲也,　上仁爲之

[1]《老子》文本的略称如下:北京——北京大学藏西汉竹书本、郭店——郭店楚简本、马甲——马王堆帛书甲本、马乙——马王堆帛书乙本、王弼——王弼本、河上——河上公本、严遵——严遵本、傅奕——傅奕本。

而无以爲也,

[王弼]上德無爲而無以爲, 下德爲之而有以爲,上仁爲之而無以爲,

[河上]上德無爲而無以爲, 下德爲之而有以爲,上仁爲之而無以爲,

[严遵]上德無爲而無不爲, 下德爲之而有以爲,上仁爲之而無以爲,

[傅奕]上德無爲而無不爲, 下德爲之而無以爲,上仁爲之而無以爲,

此处,第一句与第二句的差别较多。意思易懂的是严遵本及傅奕本,但何为原型还无法判断。总之,有可能是由类似语句的连续,引发了文本中较大的混乱。

[北京]上義爲之而有以爲, 上禮爲之而莫之應,則攘臂而乃之。

[马甲]上義爲之而有以爲也,上禮□□□□□□□,□攘臂而乃之。

[马乙]上德爲之而有以爲也,上禮爲之而莫之應也,則攘臂而乃之。

[王弼]上義爲之而有以爲, 上禮爲之而莫之應, 則攘臂而扔之。

[河上]上義爲之而有以爲, 上禮爲之而莫之應, 則攘臂而仍之。

[严遵]上義爲之而有以爲, 上禮爲之而莫之應, 則攘臂而仍之。

[傅奕]上義爲之而有以爲, 上禮爲之而莫之應, 則攘臂

而仍之。

［北京］故失道而後德，失德而後仁，失仁而後義，失義而後禮。

［马甲］故失道而后德，失德而后仁，失仁而后義，□□□□□。

［马乙］故失道而后德，失德而句仁，失仁而句義，失義而句禮。

［王弼］故失道而後德，失德而後仁，失仁而後義，失義而後禮。

［河上］故失道而後德，失德而後仁，失仁而後義，失義而後禮。

［严遵］故失道而後德，失德而後仁，失仁而後義，失義而後禮。

［傅奕］故失道而後德，失德而後仁，失仁而後義，失義而後禮。

此处，明示了“道”与“德”的顺序。同样论述“道”与“德”关系的，还有第十四章（通行本第五十一章）中的“道生之，德畜之”。但在同章的后句“故道生之畜之”中，“生、畜”的主题被统一为“道”。显示了虽是从“德”说起，但最终《老子》中最重要的概念还是“道”。

《上经》第一章对《老子》最重要关键词“道”与“德”进行了论述，而且，还触及在与儒家思想关系上也受到重视的“仁”、“义”、“礼”等思想元素。因此，本章被置于《老子》的开头部分，极有可能是因为具有这种思想方面的必然性。遗憾的是，因为在郭店本中无法确认此点，所以祖本如何，还无法确定，但本来该章才是首章的可能性完全可以考虑。

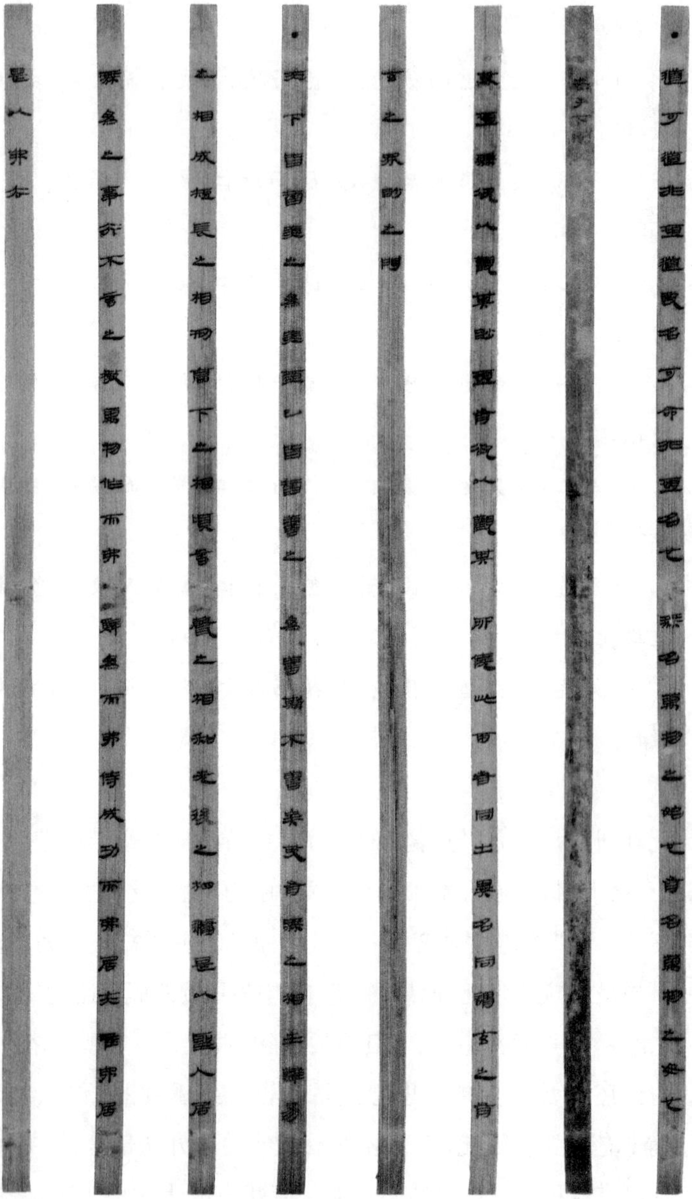

北大简《老子下经》的开头部分
(《北京大学藏西汉竹书[贰]》)

那么，通行本第一章也即北大简《下经》第四十五章（参看第246页图），该如何定位？

《下经》第四十五章（通行本第一章）

［北京］道可道，　非恒道殹，名可命，　非恒名也。無名萬物之始也，有名萬物之母也。

［马甲］道可道也，非恒道也，名可名也，非恒名也。无名萬物之始也，有名萬物之母也。

［马乙］道可道也，□□□□，□□□□，□恒名也。无名萬物之始也，有名萬物之母也。

［王弼］道可道，　非常道，　名可名，　非常名。　無名天地之始，　有名萬物之母。

［河上］道可道，　非常道，　名可名，　非常名。　無名天地之始，　有名萬物之母。

［傅奕］道可道，　非常道，　名可名，　非常名。　無名天地之始，　有名萬物之母。

在此首先需要注意的一点是，北大简与马王堆本为“无名—万物之始”、“有名—万物之母”，而通行本却为“无名—天地之始”、“有名—万物之母”，存在很大的差异。基于通行本的向来的解释认为，其论述了道→天地→万物这样一个宇宙生成的过程，但因为马王堆本的不同，所以就有了一个疑问：是否无法按照这种流溢说性质的宇宙论来单纯考虑问题？而北大简，则正好为这种观点提供了旁证。这样就可以理解为，宇宙的本源为“道”，“无名”（人类对对象世界无知无识）才是万物之始，加上“有名”（认识行为）后，生成万物。也即是说，有可能论述了更为认识论性质的宇宙生成论。

如果这一假设妥当的话,则《老子》本来也曾论述过认识论性质的宇宙论,但后来统一变更为流溢说性质的宇宙论。而其最重要的原因则应该是,为了与现行本第四十二章的“道生一,一生二,二生三,三生万物”等明显论述流溢说性质的宇宙论的章节进行统一。

总之,该章论述了宇宙的本源与万物的生成,在更为形而上地理解《老子》的立场上,可能被认为是极为重要的一章。因而在某一个时期,汉代写本的顺序发生逆转,形成了“道”、“德”的结构。其思想方面的重要原因就是上述的宇宙论。

而北大简《老子》与马王堆帛书本,均显示了《老子》在结构上的这个巨大变化。

二、文句与词汇

对照《老子》诸本,就会发现在重要文句及词汇上存在的差异。韩巍已指出了其中数点,以下将进一步就“万物”、“天象”等词进行探讨。

《上经》第二章(通行本第三十九章)

[北京]昔　得一者,天得一以精,地得一以寧,神得一以霝,谷得一以盈,

[马甲]昔之得一者,天得一以清,地得□以寧,神得一以霝,浴得一以盈,

[马乙]昔　得一者,天得一以清,地得一以寧,神得一以霝,浴得一以盈,

[王弼]昔之得一者,天得一以清,地得一以寧,神得一以靈,谷得一以盈,萬物得一以生,

[河上]昔之得一者,天得一以清,地得一以寧,神得一以靈,谷得一以盈,萬物得一以生,

[严遵]昔之得一者,天得一以清,地得一以寧,神得一以靈,谷得一以盈,

[傅奕]昔之得一者,天得一以清,地得一以寧,神得一以靈,谷得一以盈,萬物得一以生,

首先,《上经》第二章(通行本第三十九章)中,北大简、马王堆本、严遵本中无"万物……"句,而王弼本、河上公本、傅奕本中存在该句。这种现象该如何理解?在此,首先应当考虑的是,"天"、"地"、"神"、"谷"(自然)与"侯王"(人)之间稍感存在隔绝这一点。如果此处原本并无"万物"一句,则有可能是为了填补"天"、"地"、"神"、"谷"(自然)与"侯王"(人间)之间的隔绝,后来被插入的。

[北京]侯王得一　以爲　　正。

[马甲]侯□□□而以爲□□正。

[马乙]侯王得一　以爲天下正。

[王弼]侯王得一　以爲天下貞。

[河上]侯王得一　以爲天下正。

[严遵]侯王得一　以爲天下正。

[傅奕]王侯得一　以爲天下貞。

[北京]其致之　也,　天毋已精將恐死,　地毋已寧將恐發,

[马甲]其致之　也,胃天毋已清將恐□,胃地毋□□將恐□,

[马乙]其至　　也,胃天毋已清將恐蓮,　地毋已寧將恐發,

[王弼]其致之,　　　天無以清將恐裂,　地無以寧將

恐發，

[河上]其致之，　　　天無以清將恐裂，　地無以寧將恐發，

[严遵]其致之，　　　天無以清將恐裂，　地無以寧將恐發，

[傅奕]其致之一也，　天無以清將恐裂，　地無以寧將恐發，

[北京]　神毋已靈將恐歇，　谷毋已盈將恐渴，

[马甲]胃神毋已霝□恐歇，胃浴毋已盈將恐渴，

[马乙]　神毋□□□恐歇，　谷毋已□將　渴，

[王弼]　神無以靈將恐歇，　谷無以盈將恐竭，萬物無以生將恐滅，

[河上]　神無以靈將恐歇，　谷無以盈將恐竭，萬物無以生將恐滅，

[严遵]　神無以靈將恐歇，　谷無以盈將恐竭，

[傅奕]　神無以靈將恐歇，　谷無以盈將恐竭，萬物無以生將恐滅，

[北京]　侯王毋已　　　貴以高將恐厥。是故必貴以賤爲本，　必高以下爲基。

[马甲]胃侯王毋已　　　貴□□□□□。　故必貴而以賤爲本，必高矣而以下爲基。

[马乙]　侯王毋已　　　貴以高將恐欮。　故必貴以賤爲本，　必高矣而以下爲基。

[王弼]　侯王無以爲　　貴高將恐蹶。　　故　貴以賤爲本，　　高以下爲基。

[河上] 侯王無以爲 貴高將恐蹷。 故 貴以賤爲本， 高必以下爲基。

[严遵] 侯王無以爲正而貴高將恐蹷。 故 貴以賤爲本， 高以下爲基。

[傅奕] 王侯無以爲貞而貴高將恐蹷。 故 貴以賤爲本， 高以下爲基。

另外，接下来的第三章（通行本第四十章）中，北大简、郭店本、傅奕本、马王堆本也作“天下之物”，而严遵本作“天地”，王弼本、河上公本作“天下万物”，可以看出与前章具有关联性。但是，严遵本以前章与本章为一章（得一篇），而马王堆本中，本章则记载于通行本四十一章与四十二章之间，诸如此类，从中可以看出，章的定位具有一定摆幅。与此相比，北大简由简背划痕明确了现在的顺序，而且在开头还附有圆形墨点，为明确的分章形态。

《上经》第三章（通行本第四十章）

[北京]反者道之動也， 弱者道之用也。 天下之物生於有，有生於無。

[郭店]返也者道僮(動)也，溺也者道之甬也。 天下之勿生於又，生於亡。

[马甲]□□□道之動也。 弱者者道之用也。 天□□□□□□□□□□

[马乙]反也者道之動也。 □□者道之用也。 天下之物生於有，有□於无。

[王弼]反者道之動， 弱者道之用。 天下萬物生於有，有生於無。

[河上]反者道之動，　弱者道之用。　天下萬物生於有，有生於無。

[严遵]反者道之動，　弱者道之用。　天地之物生於有，有生於無。

[傅奕]反者道之動，　弱者道之用。　天下之物生於有，有生於無。

其次需注意的是《上经》第四章(通行本第四十一章)。

《上经》第四章(通行本第四十一章)

[北京]是以建言有之曰，明道如沬，進道如退，夷道如類，
[郭店]是以建言又之，　明道女孛，遲道女繢，□道若退，
[马乙]是以建言有之曰，明道如費，進道如退，夷道如類，
[王弼]　故建言有之，　明道若昧，進道若退，夷道如類，
[河上]　故建言有之，　明道若昧，進道若退，夷道如類，
[严遵]　故建言有之，　明道若昧，進道若退，夷道如類，
[傅奕]　故建言有之曰，明道若昧，夷道如類，進道若退，

以上部分中引用了《建言》这部文献的句子。以“曰”字明确表示引用的，有北大简、马王堆乙本、傅奕本等。关于引用，将在后文详述，先来看“天象”一语。

[北京]大方無隅，大器勉成，大音希聲，天象無刑，道殷無名。夫唯道，善貣且成。

[郭店]大方亡禺，大器曼成，大音祗聖，天象亡坓，道□□□□□□□

[马甲]

□□道，善□□□□。

[马乙]大方无禺，大器免成，大音希声，天象无刑，道褒无名。夫唯道，善始且善成。

[王弼]大方無隅，大器晚成，大音希聲，大象無刑，道隱無名。夫唯道，善貸且成。

[河上]大方無隅，大器晚成，大音希聲，大象無刑，道隱無名。夫唯道，善貸且成。

[严遵]大方無隅，大器晚成，大音希聲，大象無刑，道隱無名。夫唯道，善貸且成。

[傅奕]大方無隅，大器晚成，大音稀聲，大象無刑，道隱無名。夫唯道，善貸且成。

北大简、郭店本、马王堆乙本作“天象”，其他作“大象”。北大简原注从字形的类似认为“天”与“大”通用，但在北大简中，前面的“大方”、“大器”、“大音”句中作“大”字，明显区别使用。倒有可能是，本来为“天象”，而受上句的“大方”、“大器”、“大音”影响，后来变为“大象”[1]。

而且，北大简作“殷”字，马王堆乙本作“褒”，含义均为“大”之义。而他本作“隐”。如参考第六十六章(通行本第二十五章)中“吾不智其名，其字曰道，吾强为之名曰大”，则此处本来可能是为“大”之义的“殷”字。

其次，是《上经》第十章(通行本第四十七章)。

《上经》第十章(通行本第四十七章)[2]

---

[1]“大象”一语，也见于北大简第七十五章(通行本第三十五章)。诸本均作“大象”。

[2]《吕氏春秋·君主》篇、《韩非子·喻老》篇的相应部分，也附[吕览]、[喻老]略号列于此，以供参考。

[北京]不出於戶,以智天下,不規於牖,　　以智天道。
[马甲]不出於戶,以知天下,不規於牖,　　以知天道。
[马乙]不出於戶,以知天下,不䙺(窺)於□,□知天道。
[王弼]不出戶,　知天下,不闚牖,　　　見天道。
[河上]不出戶,　知天下,不窺牖,　　　見天道。
[严遵]不出戶,　知天下,不窺牖,　　　見天道。
[傅奕]不出戶,可以知天下,不窺牖,　　可以知天道。
[吕览]不出於戶,而知天下,不窺於牖,　　而知天道。
[喻言]不出於戶,可以知天下,不闚於牖,可以知天道。

此处,通行本作“见天道”句,北大简、马王堆本、傅奕本等作“知(智)天道”。有可能本来为“知天道”,但因嫌与上句“知天下”重复,后将“知”字改为“见”字。

具有同一种可能性的,还有《上经》第十二章(通行本第四十九章)。

《上经》第十二章(通行本第四十九章)

[北京]聖人恒無心,以百生之心爲心。
[马甲]□□□□□,以百□之心爲□。
[马乙]□人恒无心,以百省之心爲心。
[王弼]聖人無常心,以百姓心爲心。
[河上]聖人無常心,以百姓心爲心。
[严遵]聖人無常心,以百姓心爲心。
[傅奕]聖人無常心,以百姓心爲心。

北大简、马王堆乙本作“恒无心”,而他本作“无常心”。此处显示出北大简与马王堆本的亲缘关系，可能本来为“恒无心”，但后来变为“无常心”。

具有词汇变化可能性的，同样还有以下的《上经》第十四章（通行本第五十一章）。

《上经》第十四章（通行本第五十一章）

[北京]道生之，德畜之，物刑之，埶成之。是以萬物莫道而貴德。

[马甲]道生之而德畜之，物刑之而器成之。是以萬物尊道而貴□。

[马乙]道生之，德畜之，物刑之而器成之。是以萬物尊道而貴德。

[王弼]道生之，德畜之，物形之，勢成之。是以萬物莫不尊道而貴德。

[河上]道生之，德畜之，物形之，勢成之。是以萬物莫不尊道而貴德。

[严遵]道生之，德畜之，物形之，勢成之。是以萬物尊道而貴德。

[傅奕]道生之，德畜之，物形之，勢成之。是以萬物莫不尊道而貴德。

北大简的“莫道”，因字形相似，当与马王堆本的“尊道”相通。但可能是因为后世以此“莫”字为否定词，认为意思不通，所以又增加文字变为“莫不尊道”。

总之，从这些文句、词汇上，可以看出郭店本、北大简、马王堆本具有很近的亲缘关系。当然，如分别对各章进行探讨，则它们之间也有细微的差别,但可以认为它们在相当早的阶段存在共同的祖本,随后文本系谱逐渐形成分支。特别是,北大简与马王堆本较为接近,还必须考虑到在北大简与马王堆本之前,存在共同祖本的可能性。

三、"故"字的含义与《老子》的文句特征

接下来看《上经》第五章(通行本第四十二章)。

《上经》第五章(通行本第四十二章)

[北京]是故物或損 而益,或益 而損。 人之所教,亦我而教人。

[马甲] 勿或敗(損)之□□,□之而敗(損)。故人□□教,夕議而教人。

[马乙] □□□□□云,云之而益。 □□□□,□□□□□。

[王弼] 故物或損之而益,或益之而損。 人之所教,我亦 教之。

[河上] 故物或損之而益,或益之而損。 人之所教,我亦 教之。

[严遵] 損之而益, 益之而損。 人之所教,亦我 教之。

[傅奕] 故物或損之而益,或益之而損。 人之所以教我,亦我之所以教人。

[北京]故強梁者不得 死,吾將以爲學父。

[马甲]故強良者不得 死,我□以爲學父。

[马乙] □□□□□□□,□將以□□父。

［王弼］　強梁者不得其死，吾將以爲教父。

［河上］　強梁者不得其死，吾將以爲教父。

［严遵］　強梁者不得其死，吾將以爲教父。

［傅奕］　彊梁者不得其死，吾將以爲教父。

关于该章，向来认为其中包含有古语（格言）的引用。该部分在北大简中记载为“是故……”，或“故……”。该“故”字，可能并非意味着与前句在逻辑上有紧密的连续，而是为了显示其后的文句为引用句而被置于句首。同样的现象其他章中也有。例如，《上经》第七章（通行本第四十四章）。

《上经》第七章（通行本第四十四章）[1]

［北京］是故甚愛必大費，多藏必厚亡。故智足不辱，智止不殆，可以長久。

［郭店］　　甚悉（愛）必大寶（費），㡱（厚）贇（藏）必多貢（亡）。古智足不辱，智歨不怠，可以長舊。

［马甲］　　甚□□□□，□□□□亡。故知足不辱，知止不殆，可以長久。

［王弼］是故甚愛必大費，多藏必厚亡。　知足不辱，知止不殆，可以長久。

［河上］　　甚愛必大費，多藏必厚亡。　知足不辱，知止不殆，可以長久。

［严遵］是故甚愛必大費，多藏必厚亡。故知足不辱，知止不殆，可以長久。

［1］《韩诗外传》的相应部分，也附［韩诗］略号列于此，以供参考。

[傅奕]是故甚愛必大費，多藏必厚亡。　知足不辱，知止不殆，可以長久。

[韩诗]是故甚愛必大費，多藏必厚亡。　知足不辱，知止不殆，可以長久。

据木村英一推测，“甚爱必大费，多藏必厚亡”与“知(智)足不辱，知(智)止不殆”，为使用了格言类的成语[1]，北大简中各自的开头置以“是故”、“故”字，证实了这种可能性。

《上经》第九章(通行本第四十六章)也是同样。

《上经》第九章(通行本第四十六章)[2]

[北京]故罪莫大於可欲，禍莫大於不智足，咎莫瀸(憯)於欲得。

[郭店]　辠莫厚虐(乎)甚欲，咎莫僉虐(乎)谷得，化莫大虐(乎)不智足。

[马甲]　罪莫大於可欲，𥚃(禍)莫大於不知足，咎莫憯於欲得。

[马乙]　罪莫大　可欲，禍□□□□□□□，□□□□□□□。

[王弼]　禍莫大於不知足，咎莫大於欲得。

[河上]　罪莫大於可欲，禍莫大於不知足，咎莫大於欲得。

[严遵]　罪莫大於可欲，禍莫大於不知足，咎莫憯於欲得。

[傅奕]　罪莫大於可欲，禍莫大於不知足，咎莫憯於欲得。

[1] 关于木村英一的观点，参见《老子の新研究》(创文社，1959年)以及《老子》(木村英一译，野村茂夫补，讲谈社学术文库，1984年)。
[2] 《韩非子・解老》、《韩非子・喻老》两篇的相应部分，也附[解老]、[喻老]略号列于此，以供参考。

［解老］　禍莫大於可欲，禍莫大於不知足，咎莫僭於欲利。

［喻老］　罪莫大於可欲，禍莫大於不知足，咎莫僭於欲得。

此处也是木村据文气推测为成语、格言的部分。仅有北大简在开头置以“故”字。

［北京］故智足之足，　　恒足矣。

［郭店］　智足之爲足，此亙足矣。

［马甲］□□□□□　　恒足矣。

［马乙］□□□□□　　□足矣。

［王弼］故知足之足，　　常足矣。

［河上］故知足之足，　　常足。

［严遵］　知足之足，　　常足矣。

［傅奕］故知足之足，　　常足矣。

［喻老］　知足之爲足矣。

此处也是木村推测为格言的部分。北大简、王弼本、河上公本、傅奕本置以“故”字。

如上所示，《老子》中具有多处引用古语、格言构成文句的部分[1]，而北大简可以说是最为深刻地认识到此点，并将其明确表示出来。

四、《老子》的思想特征

与“故”字的问题有关，需要注意的是，通行本第十七章和十八章。如韩巍已经指出的，通行本第十七章、十八章、十九章，在北大简

［1］还有《上经》第十三章（通行本第五十章）的“盖闻……”也同样。

中未被分章，而是作为一章（《下经》第六十章）。

此处先根据通行本的分章来探讨具体内容。

《下经》第六十章（通行本第十八章）

[北京]故大道廢，安有仁義，智慧出，安有大僞，六親不和，安有孝茲，國家捪亂，安有貞臣。

[郭店]古大道發（廢），安又悬（仁）義，六新（親）不和，安又孝孳，邦家緍□，安又正臣。

[马甲]故大道廢，案有仁義，智快出，案有大僞，六親不和，案有畜茲，邦家閲（昏）亂，案有貞臣。

[马乙]故大道廢，安有仁義，知慧出，安有□□，六親不和，安又孝茲，國家閲（昏）亂，安有貞臣。

[王弼] 大道廢， 有仁義，智慧出， 有大僞，六親不和， 有孝慈，國家昏亂， 有忠臣。

[河上] 大道廢， 有仁義，智慧出， 有大僞，六親不和， 有孝慈，國家昏亂， 有忠臣。

[严遵] 大道廢， 有仁義，智慧出， 有大僞，六親不和， 有孝慈，國家昏亂， 有忠臣。

[傅奕] 大道廢，焉有仁義，智慧出，焉有大僞，六親不和， 有孝慈，國家昏亂， 有忠臣。

这一部分，根据通行本的文句，具有以下含义。

大道废，开始论说"仁义"的重要。自作聪明的"智慧"开始生出大伪。近亲的人际关系崩溃，"孝慈"开始受到尊崇。国家混乱，"忠臣"开始受到重视。

对其颇为晦涩的反论式的表述，向来的理解重视其与儒家思想的关系，认为其所说内容大致如下：

即儒家宣扬“仁义”的重要，是因为世上大道不被奉行的缘故，如果是奉行“大道”的良好世道，所谓“仁义”根本就没有必要宣扬。世上各种恶行、欺诈、虚伪横行，原本就是由人的“智慧”所生，而在没有自作聪明的“智慧”以前，人性纯朴，这些根本就不存在。对双亲的孝行以及对孩子的慈爱受到重视，是因为父子关系等最重要的人际关系开始崩溃的缘故。忠臣受到重视，是因为国家混乱，怀有忠心的臣下越来越少的缘故。

因此，《老子》认为，儒家所说的“仁义”、“孝”、“忠”，均是因在乱世当中，其重要性才得到提倡，如果本来就是太平之世，根本就没有提及的必要。人们都不失纯朴之心，能够怜恤他人，奉行孝道，尽忠事君的话，“仁义”、“孝慈”、“忠臣”等根本就不会成为被特别强调的思想了。有鉴于此，在日本的学界中，认为《老子》的成书尚在《孟子》之后的观点也较为有力[1]。

但在此需要注意的是，见于北大简、郭店本、马王堆本，而未见于通行本中的“安”字[2]。因为“安”是“怎么会……？不，并非如此”式的反问，如果利用其语意进行解释，则第一句可以理解为：“如果大道荒废，怎么会有仁义？不，仁义之心早已失去。”同样其后的句子也可以理解为：“如果充分发挥人本来的智慧，怎么会生大伪？如果基本的人伦关系崩溃，怎么会怀孝慈之心？如果国家混乱，怎么会有正直之心的臣下？”

如此一来，则“仁义”、“智慧”、“孝慈”、“贞臣”等未必即为被否定的概念。而且，通行本《老子》中“忠臣”的部分，在北大本与马王堆本中为“贞臣”，在郭店本中则为“正臣”，这一点也很重要。因此，该节到底可否理解为在进行儒家批判尚存在疑问。

---

[1] 例如，小川环树《老子 莊子》(中央公论新社，1978年)等。

[2] 因“安”通“焉”，所以也可能为各自前句末尾的文末助词，但考虑到各句的字数，还是作为句子开头助词(反问)的可能性较大。

同样的问题,也可见于以下部分。

《下经》第六十章(通行本第十九章)

[北京]絶聖棄智,　民利百倍。絶仁棄義,　民復孝茲。絶巧棄利,盗賊無有。

[郭店]㡭(絶)智弃卞(辯),民利百伓(倍)。㡭(絶)攷(巧)弃利,覜(盗)惻(賊)亡又(有)。㡭(絶)惎(僞)弃慮(慮),民复(復)季(孝)子(慈)。

[马甲]絶聲棄知,　民利百負。絶仁棄義,　民復畜茲。絶巧棄利,盗賊无有。

[马乙]絶耶(聖)棄知,而　民利百倍。絶仁棄義,而民復孝茲。絶巧棄利,盗賊无有。

[王弼]絶聖棄智,　民利百倍。絶仁棄義,　民復孝慈。絶巧棄利,盗賊無有。

[河上]絶聖棄智,　民利百倍。絶仁棄義,　民復孝慈。絶巧棄利,盗賊無有。

[严遵]絶聖棄知,　民利百倍。絶仁棄義,　民復孝慈。絶巧棄利,盗賊无有。

[傅奕]絶聖棄知,　民利百倍。絶仁棄義,　民復孝慈。絶巧棄利,盗賊無有。

这一节,在北大简、马王堆甲本及乙本、通行本中,基本相同。而且,其中还含有“圣”、“智”、“仁”、“义”等,使人立刻联想起儒家思想的关键词语。特别是“仁义”,是可以直接作为儒家口号的重要词语。《老子》认为,绝“圣”弃“智”,则人民的利益就会增为百倍。如果舍去儒家宣传的“仁”、“义”,则人民就会恢复纯朴的“孝慈”之心。

如果都能停止竞赛技巧，不再谋求过度的利益，那么盗贼就根本不会有。即此处可见鲜明的儒家批判。

那么这种向来的解释，是否对出土本也照样通用？郭店本的这一部分大不相同。

为慎重起见，按其原文译为现代文，则为："如果舍去自作聪明的智慧和辩论，人民的利益就会增为百倍。如果停止对技巧和利益的追求，盗贼就不会存在。如果舍去谎言和虚伪之心，人民就会恢复纯朴孝慈之心。"

需要注意的是，在通行本中所见的"仁"、"义"，在此完全没有出现。通行本因有"圣、智"、"仁、义"、"巧、利"的组合，所以被解释为表现出对儒家思想的批判意识。但在郭店本中，仅仅对"智、辩"、"巧、利"、"伪、虑"进行了批判，而未见"仁义"之语。批判的对象，是人自作聪明的智慧和作为，而非"仁义"。

相比之下，可以说北大简、马王堆本与通行本同样，为"圣、智"、"仁、义"、"巧、利"的组合，而未见如郭店本一样的特色。但是，与前章（通行本第十八章的相应部分）综合考虑的话，即使有"仁"、"义"之语，也无法认为就是表明了儒家批判的思想。

总之，产生如此差异，恐怕是《老子》祖本在相当早时期就形成郭店本与北大简、马王堆本的共同祖本两个分支的结果。

另外，关于此类章节在北大简中作为一章（《下经》第六十章）连续书写这一点，韩巍注目于北大简的"故大道废"的"故"字，认为："故学者多怀疑这两章本应为一章，而遭后人强行割裂，现在就得到汉简本的证实"，"而且汉简本在'大道废'之前还有一个连词'故'，将上下文连接在一起"（《北京大学藏西汉竹书（贰）》，2012年）。该观点的确颇为妥当[1]。但正如本章中已经指出的，北大简的"故"

[1] 正如韩巍所指出的，这种现象也可见于通行本第三十二章、第三十三章的相应部分。

字，未必仅具有明示与前句在逻辑上紧密连接的功能，也具有导出引用句的作用。虽然有一个“故”字，但是还无法立刻断定与前句有较强的逻辑关系并本来为一章。不过，因在某个时期，失去该“故”字，导致原本的一章被分割却是毫无疑问的。

总之，以通行本第十八章、第十九章的相应部分为线索，来考虑《老子》的思想特征，就会发现特别是在与儒家思想的关系上存在一个重要的问题。即《老子》的思想是否如一向被认为的那样，可以概括为“反儒家的思想”？如进一步大胆推测，则在郭店本成书时期的战国中期以前，有可能尚不存在“儒家”对“道家”这种深刻对立的构造，而在之后的诸子百家深刻的对立当中，“反儒家”因素才逐步被附加到《老子》中。

结　语

以上，本章从北大简《老子》的结构、文句、词汇等方面，对其特色进行了一些探讨。笔者现阶段的见解，虽然并未超出韩巍所指出的大框架，但经仔细探讨，还是发现尚存不少问题有待解决。特别是在本章中探讨的“故”字的用法、以与儒家思想的关系为主的思想性定位，以及北大简与马王堆本的共同祖本的问题等，今后还需要进一步加以关注。

附　录

书评　陈伟等著《楚地出土战国简册(十四种)》

一、楚地出土资料与武汉大学

1993 年,在中国湖北省荆门市的郭店 1 号楚墓中发现了大量的竹简。这批被命名为"郭店楚墓竹简(郭店楚简)"的竹简群,给中国古代史及古代思想史研究带来了巨大的冲击。

1998 年,其全貌以《郭店楚墓竹简》(文物出版社)的形式公开后,众多的研究论文也陆续发表。当初研究论文基本发表于纸媒,不久在互联网上也开始公布相关论文。

提供论文发表平台的,为武汉大学简帛研究中心的"简帛网"(http://www.bsm.org.cn/)。由此,新出土文献研究迎来了巨大的转机。郭店楚简以及其后的上海博物馆藏战国楚竹书(上博楚简)的发现,使研究呈现了日新月异的盛况,在纸媒上的发表也逐渐滞后于研究的速度。郭店楚简及上博楚简为楚地出土的新资料。坐落在湖北省省会的武汉大学,利用地利之便引领了研究的潮流。2006 年 6 月,武汉大学召开了"新出楚简国际学术研讨会",来自世界各地的约百名研究者进行了为期三天的研究发表。

武汉大学的不断努力,终于化为一个丰硕的果实,即《楚地出土战国简册(十四种)》。该书是以武汉大学的陈伟教授为中心的研究团队的一部大作。

二、《楚地出土战国简册(十四种)》的出版

本书作为2003年开始的中国教育部的哲学社会科学研究重大课题攻关项目“楚简综合整理与研究”的最终成果,总括而成。标题并未使用“楚简”或“楚系简牍”等名称,而作“简册”,是因为竹简的出土地也包含战国时期其他的一些诸侯国。

其特长在于:第一,为竹简的精密解读。在早稻田大学COE项目的协助下,使用红外线拍摄装置对竹简进行拍摄,确认了一些不清晰的文字。释读及注释均基于新拍摄的图片,其结果是,与既存的释文等相比在以下几点上有了巨大改善。

(一) 参考国内外的大量文献,反映了最新的研究成果。参考文献甚至包含2008年冬季定稿前的同期文献。

(二) 尽量通过竹简图片及实物,或用红外线摄影来确认不清晰文字。提出了很多前所未有的新解释。

(三) 重视不明所属的竹简残片,将此类残片包含在内,重新探讨了竹简的分类及排序问题。

此外,按竹简分别附以说明、释文及注释,在卷末还附有千百种参考文献。

第二,收录范围非常广。本书以楚地出土的14种3 500枚竹简,总计5万字为对象,按其出土地,以湖北、河南、湖南的顺序进行排序。迄今为止,楚地出土资料通过各种杂志及文献等分别进行了公

开。本书将其汇集为一册,极大地提高了使用的便利性。概观此14种竹简,可以重新理解楚地的重要性。

为有助理解这14种竹简的内容,特将本书的目录揭示如下。

《楚地出土战国简册(十四种)》(经济科学出版社):陈伟等著,2009年8月,B5,558页,繁体字横排版,168元。

一　包山2号墓简册
(一) 文书
(二) 卜筮祭祷记录
(三) 遣策赗书
(四) 签牌
二　郭店1号墓简册
(一) 老子
(二) 太一生水
(三) 缁衣
(四) 鲁穆公问子思
(五) 穷达以时
(六) 五行
(七) 唐虞之道
(八) 忠信之道
(九) 成之闻之
(十) 尊德义
(十一) 性自命出
(十二) 六德
(十三) 语丛一
(十四) 语丛二

（十五）语丛三
（十六）语丛四
（十七）竹简残片
三 望山 1 号墓简册
（一）卜筮祭祷记录
（二）签牌
四 望山 2 号墓简册
五 九店 56 号墓简册
（一）䊷梅等数量
（二）建除
（三）丛辰
（四）成日、吉日和不吉日宜忌
（五）五子、五卯和五亥日禁忌
（六）告武夷
（七）相宅
（八）占出入盗疾
（九）太岁
（十）十二月宿位
（十一）往亡
（十二）移徙
（十三）裁衣
（十四）生、亡日
（十五）竹简残片
六 九店 621 号墓简册
七 曹家岗 5 号墓简册
八 曾侯乙墓简册
（一）入车

(二) 甲胄

(三) 乘马

(四) 綮马及其他

(五) 签牌

九 长台关1号墓简册

(一) 竹书

(二) 遣策

(三) 签牌

十 葛陵1号墓简册

(一) 卜筮祭祷

(二) 簿书

(三) 未归类简

十一 五里牌406号墓简册

十二 仰天湖25号墓简册

十三 杨家湾6号墓简册

十四 夕阳坡2号墓简册

如上所示,本书列举了从包山2号墓简册至夕阳坡2号墓简册的14种竹简。其中以包山楚简和郭店楚简的内容分量最大。

三、楚地出土简册的历史与本书的意义

本书内容庞大厚达558页,为阐明其意义所在,以下将其中收录的14种竹简,以发现之时为基准按照时间顺序排列如下(以下,按本书说明列举其发现年代、竹简名称、总枚数、由墓的建造年代推测的竹简年代等)。

1951年 五里牌406号墓简册 38枚 战国

1953 年　仰天湖 25 号墓简册　39 枚　战国
1954 年　杨家湾 6 号墓简册　72 枚　战国
1957 年　长台关楚简　137 枚　战国中期
1965 年　望山 1 号墓楚简　207 枚　战国中期
　　　　望山 2 号墓楚简　66 枚　战国中期后段
1978 年　曾侯乙墓简册　240 枚　公元前 433 年前后
1981—1989 年　九店 56 号墓楚简　205 枚(有字简 145 枚)
　　　　战国晚期
　　　　九店 621 号墓楚简　127 枚　战国中期后段
1983 年　夕阳坡 2 号墓简册　2 枚　战国中晚期
1986 年　包山楚简　448 枚(有字简 278 枚)　公元前 316 年
1992—1993 年　曹家岗楚简　7 枚　战国晚期前段
1993 年　郭店楚简　730 枚　公元前 4 世纪末
1994 年　葛陵楚简　1 568 枚　公元前 400 年前后

据这一年表可知如下几项。第一,竹简枚数的增加。20 世纪 50 年代以降,楚地便陆续有竹简出土,从当初的只有数十枚左右,增加到近年的动辄数百枚。正是由于对楚墓的大规模考古学调查以及盗掘等原因,才使如此大量的竹简被成批发现。

第二,完简数量增加。如五里牌 406 号墓简册以及杨家湾 6 号墓简册等初期的竹简,多数是残简。断断续续的简文,也限制了研究的飞跃发展。与此相比,近年出土的竹简往往达数百枚,其中多数在发现时为无缺损的完简。这也使竹简的释读更为容易,极大地推进了研究的发展。

第三,思想文献大量出土。1993 年发现的郭店楚简中,除与《老子》、《缁衣》等传世文献有紧密关系的文献以外,还有大量的诸如道家系列的《太一生水》、儒家系列的《鲁穆公问子思》、《穷达以时》等思想文献。与初期的竹简或为断片式的行政文书,或为遣策或签牌等大不相同。这些文献的出土提供了或将改写古代思想史的划时代的资料。

第四,下葬年代可以特定。初期的资料,或许其年代可确定为战国时期,但除此以外则无法确定。相对而言,近年的出土资料,通过对墓的营造状况的分析,对随葬品的鉴定,加之通过碳 14 的年代测定等,可以将年代进一步特定至如战国中期、公元前 4 世纪末等更小的范围。这一点对于确定资料意义具有重要的作用,也为判断其与传世文献的前后关系提供了重要的研究视点。

第五,卜筮祭祷简与思想文献的关系。在包山楚简、望山楚简等竹简中,含有大量的卜筮祭祷简,却未见有思想文献。而郭店楚简的总数超 700 枚的竹简中,却仅由思想文献构成,不知为何不含卜筮祭祷简。现阶段,因出土事例尚少,无法断言,但二者不共存这一点却应当予以关注。

以上几点,是将本书收录的竹简按时间顺序重新排列后注意到的一些问题。而排列资料如此便捷,则无他,皆拜本书集全部楚地出土资料于一册所赐。此前如欲研究楚地出土资料,必当逐一调查各杂志及文献中刊登的个别论考,且这些论考多为断片性质的介绍。由此也可知本书欲介绍楚地出土简册全貌的深远意义之所在。

此外,另一楚地出土文献为上博楚简。上博楚简为遭盗掘流入香港后,由上海博物馆购入的竹简。通过其竹简所附泥土成分及竹简所书具有楚系文字的特征,上博楚简被确定为楚地出土文献。但是,本书却并未将现在出版中的上博楚简收入其中。若将来可出版包括上博楚简的增订版,则可堪称为楚地出土简册的终极版。

结　语

相比木简而言，竹简的知名度较低。仅从平城京遗址出土了一枚木简的碎片便可成为一个大的话题，而数百枚数千枚的竹简陆续在中国被发现的事实，却罕为人知。为何竹简如此不受瞩目？这首先是因为，竹简文化并未传到日本。遣隋使、遣唐使开始输入中国文物的时代，在中国纸已经取代了竹简作为书写材料得到普及。纸与木简的文化流传到日本，是在竹简遭到淘汰以后的事情了。

然而，随着近年竹简的相继出土和发现，中国古代思想史也不得不从根本上进行改写。现在已经进入了一个不了解竹简便无法叙述中国古代思想的时代。如何对待竹简？海量的各个方面的竹简作为研究材料汹涌而至，而在日本学界，专门研究出土资料的研究人员却少之又少。

因此，本书特以“竹简学”为题，来发表使用出土竹简进行研究的部分成果。竹简仍在持续出土和被发现，从这个意义而言，本书成果也仅仅是一种阶段性产物。但如果此种状况再持续 10 年，从事竹简研究的人员数量进一步减少，最终也会导致中国思想史研究走向衰退。这种种危机正是促使笔者构思本书最大的要因。

各篇论考，基本上已在学术杂志等上发表过，其初出题目及初出杂志等如下所示。只是，如开头所记，其后随研究的发展，又多有提笔修正之处。

初出一览

第一部分 儒家思想与古圣王的传说

第一章 原题:《戦国楚簡と儒家思想——“君子”の意味》
(《中国研究集刊》第43号,2007年6月)

第二章 原题:《上博楚簡〈顔淵問於孔子〉と儒家系文献形成史》
(《中国研究集刊》第55号,2012年12月)

第三章 原题:《上博楚簡〈舉治王天下〉の古聖王伝承》
(《中国研究集刊》第56号,2013年6月)

第四章 原题:《太姒の夢と文王の訓戒——清华簡〈程寤〉》
(《中国研究集刊》第53号,2011年6月)

第二部分 王者的记录与教诫——楚王故事研究

第一章 原题:《〈莊王既成〉の“予言”》
(《戦国楚簡研究二〇〇七》〈《中国研究集刊》第45号〉,2007年12月)

第二章 初出

第三章 原题:《〈平王與王子木〉——太子の“知”》
(《戦国楚簡研究二〇〇七》〈《中国研究集刊》第45号〉,2007年12月)

第四章 原题:《〈平王問鄭壽〉——諫言と予言》
(《竹簡が説る古代中国思想(二)》(浅野裕一编,汲古书院,2008年9月)

第五章 原题:《父母の合葬——上博楚簡〈昭王毀室〉について》

(《東方宗教》第107号,2006年5月)

第六章　原题:《教戒書としての〈君人者何必安哉〉》

(《竹簡が語る古代中国思想(三)》(浅野裕一编,汲古书院,2010年3月)

第三部分　新出秦简、汉简中体现的思想史

第一章　原题:《岳麓秦簡〈占夢書〉の思想史的位置》

(《中国研究集刊》第57号,2013年12月)

第二章　原题:《银雀山漢簡"論政論兵之類"考释》

(《中国研究集刊》第52号,2011年2月)

第三章　原题:《興軍の時——銀雀山漢簡〈起師〉》

(《大阪大学文学研究科紀要》第52卷,2012年3月)

第四章　原题:《先秦兵学の展開——〈銀雀山漢墓竹簡(貳)〉を手がかりとして》

(第四届日中学者中国古代史论坛发表论文集,日本教育会馆,2012年5月25日)

第五章　原题:《北大简〈老子〉的特质——结构、文章及词汇》(中文)

(简帛《老子》与道家思想国际学术研讨会发表论文集,北京大学出土文献研究所,2013年10月25日)

附录

书评　原题:《楚地出土文献へのいざない——陳偉等著〈楚地出土戦国簡册(十四種)〉》

(《中国研究集刊》第51号,2010年10月)

此外,本书还为大阪大学教员出版奖励制度下的出版物。本制度的校内选拔分为两个阶段，在笔者所属的文学研究科进行第一次选拔，然后经过大阪大学出版会出版委员会的最后选拔决定出版。谨对于提供了这一机会的大阪大学以及大阪大学出版会表示深挚谢意。此外，也对在各个选拔需要推荐人之际，拨冗推荐的岛根大学竹田健二教授，以及大阪大学文学研究科的永田靖教授表示衷心感谢。

索引的制作，得到了大阪大学文学研究科助理教授中村未来（旧姓金城）的协助，编辑工作，得到了大阪大学出版会大西爱女士的大力协助。在此一并鸣谢。

中文版后记

拙著《竹簡学——中国古代思想の探究》于2014年5月由日本大阪大学出版会出版,本书为其中文译本。此次承蒙东方出版中心提供宝贵机会,并蒙白雨田担纲翻译,终于得以出版。

反观自1993年发现郭店楚简以来,上博楚简、清华简等新出土文献资料陆续提供学界,为研究开辟了新路。笔者至今也用日文发表过不少研究论文,但此类成果却罕有机会闻于中文圈内。因此,谨向提供此次翻译出版机会的东方出版中心深表感谢。

在中国,从事出土文献研究的学者众多,并且每年都会在一些主要大学召开有关出土文献的国际学术会议。笔者也曾受邀参加武汉大学、北京大学、台湾大学等高校召开的国际学术会议,并以中文宣读过论文。同时,还访问过清华大学、复旦大学等高校,与相关学者们进行过亲密的学术会谈。

可以说,正是这些学术交流活动,促进了笔者的研究,并促成了本书的出版。谨以此书,回报各位中国学者的学恩之万一。

汤浅邦弘

2016年夏于日本大阪吹田

索 引

文献名索引

B

《白氏六帖》 79
包山楚简 190,271
《保训》 7,70,169
北大简 167,241
北京大学藏西汉竹书(北大简)《老子》 241
《北堂书钞》 191
《博物志》 78,82

C

《曹沫之陈》 121,227
《册府元龟》 80
《程寤》 69
《成之闻之》 29
《初学记》 191
《从政》 16,17,18

D

《大戴礼记》 41
《地典》 171,172
《弟子问》 11,14,15,18
敦煌本《新集周公解梦书》 176,179,181,189,192

E

《尔雅翼》 80,82

G

《甘德长柳占梦》 178,179
郭店楚墓竹简(郭店楚简) 5,59,165,265,270
《国语》 94,99,161

H

《韩非子》 53,54,56,57,66,207
《鹖冠子》 65
《盖庐》 224,225,226
《淮南子》 93,111,240
《黄帝长柳占梦》 178,179
《魂魄赋》 170,174

J

《季康子问于孔子》 11,12,13,15

《将义》 228,229
《节》 172
《荆决》 172
《举治王天下》 43
《君臣问答》 61
《君人者何必安哉》 151
《君子为礼》 11,13,18

K

《椹(堪)舆》 172
《客主人分》 205,236,238

L

《老子上经》 169,242
《老子下经》 169,242
《礼记》 40,135,141,146,147,216,219,226
《良臣》 61
《六博》 172
《六德》 29
《六韬》 222,230,233
《鲁邦大旱》 150
《鲁穆公问子思》 150
《吕氏春秋》 91,216,217,219,226
《论语》 11,15,16,20,36,37,38,39,41,51
论政论兵之类 61,196,240

M

马王堆汉墓帛书(马王堆帛书) 5,242
《孟子》 29,50,51,55,57,78,261
《墨子》 18,22,53

P

《平王问郑寿》 115,119,122
《平王与王子木》 109,113,129,134,161

Q

《起师》 212
《奇正》篇 238
《潜夫论》 75,78,81,83,189
清华简 6,61,69
《穷达以时》 59

R

《日忌》 172
《日书》 172,179,180,181,190,191,192,193
《日约》 172
《荣成氏》 62

S

《三略》 206
上海博物馆藏战国楚竹书(上博楚简) 5,69,165,271
《尚书》 6,18,49,77
《申公臣灵王》 101
《慎子曰恭俭》 91
《圣迹图》 83
《世本》 66
《史记》 110,132,133,137
《诗经》 74,80
《史蒥问于夫子》 62
《守法守令等十三篇》 195
睡虎地秦墓竹简(云梦秦简) 5,9
《说苑》 97,98,116,117,118
《司马法》 206,210,223,232,233
《孙膑兵法》(齐孙子兵法) 195,200,206,211,222,227,228,230,238

《孙子》 205,206,219,220,227,229,230,237,238,239
《孙子兵法》(吴孙子兵法) 195,197,227

T

《太平御览》 70,74,79,81,189
《唐虞之道》 59,60

W

《安稽》 170,174
望山楚简 271
《尉缭子》 206,207,233
武经七书 210,235
《五十二病方》 173
武威汉简 180
《吴子》 206,221,223,230

X

《孝经》 19,20,41
《选卒》 61
《荀子》 40,41,52,53,55,56,57,58,59,63,64,65,205

Y

《颜渊问于孔子》 31
《晏子春秋》 139,141,176,179
佚书丛残 196,197
《艺文类聚》 70,79,81,191
《逸周书》 84
《逸周书·程寤》 70
银雀山汉墓竹简(银雀山汉简) 4,9,61,171,195,212
《雨书》 172
岳麓秦简 177,193

Z

《占梦书》 176
张家山汉简 8,224
《昭王毁室》 135
《赵正(政)书》 168
《仲弓》 39,41
《忠信之道》 29
《周礼》 40,147,191
《周驯(训)》 169
《周易》 40,41,92,100
《竹书纪年》 6,9,69
《庄王既成》 89,134
《庄子》 58,63
《子羔》 62
《缁衣》 60
《左传》 15,94,103,104,105,107,126,132,190

人名、组织机构名索引

A

奥莱尔·斯坦因 3

B

保罗·伯希和 3
北京大学出土文献研究所

166,241

C

出土文献研究与保护中心 7
穿封戌 103

D

敦煌研究院 4

G

鲧 47,49,50

K

孔子 11,13,15,26,31,36,83,135,149

L

伶州鸠 94,95

R

阮元 28

S

舜 43

T

太公望吕尚 234
太史公 66,110,133
太姒 71,72,75,76,81

W

王圆箓 3,4
文王 7,72,76,77,81,82,169
吴王阖闾(阖庐、盖庐) 93,98,224
伍子胥 96,224,225

Y

晏婴 142,144,145
颜渊(颜回) 13,14,31,37,38
尧 43
禹 43

Z

中国出土文献研究会 166,181

词语索引

A

爱 145

B

邲之战 97,116
编线 167
兵权谋 206
兵阴阳 171,206,207,226
卜筮祭祷简 190,271

C

藏经洞 3,4
从政者 18,20,21,22,23,24,25,

29,30

D

道 245
德 245
敦煌学 3,4

E

恶梦 192

G

葛陂寺楚墓 147
鬼神 125,158,207,209

H

合葬 135,141,146
横断式读法 181

J

纪年简 167
君子 11,137,148,149

K

客 215,227,236

L

类书 81,191
礼 245
连坐制 204,205
两段式书写 181
流溢说性质的宇宙论 247,248

M

墨线 181

P

篇题木牍 195,197,210

Q

奇 238

R

仁 145,245
仁义 260,261,262,263
仁义之兵 58
认识论性质的宇宙生成论 247,248

S

禅让 52,59,62
时令说 216,219

T

碳14(C14)年代测定(法) 6,7
悌 145
天人相关思想 219,226
天象 253

W

五百年周期说 57
无名 247
无形 239,240
无射 91,95,99
五行 191,225
五行相克 226

X

孝 145,149
孝慈 260

小人 16,17,18
性恶说 53
性善说 51

Y

“尧舜”型传说 67,68
“尧禹”型传说 67,68
义 23,24,145,234,245
有名 247
雨台山楚墓 147
圆形墨点 169,198,251

Z

正 238
智慧 260
治水 47,49,50,62,67,68
忠 145
忠臣 260,261
主人 215,227,236

译者后记

经过4个月时间的苦战，汤浅邦弘教授的《竹简学》中文译文终于脱稿，作为译者的我在如释重负的同时，也多了一丝焦虑，不知本译文能否准确表达出原著的神韵，能否给读者带来阅读的愉悦？

自2001年赴日求学以来，我便以日本古典文学研究为主业，早期略有译作，也主要是以日本文学方面的作品为主。但机缘巧合，在大阪大学文学研究科读博期间，我有幸结识了汤浅教授。最初只是作为汤浅教授的TA(Teaching Assistant，学生助手)，做一些辅导学生中文的简单工作，之后正好赶上汤浅教授的专著准备在我国台湾地区出版(《战国楚简与秦简之思想史研究》，台湾万卷楼出版社，2006年)，于是，我有幸负责翻译了其中一篇。从此便一发不可收拾，开始不断接手汤浅教授论文的翻译工作。2012年在代理大阪大学中国哲学研究室助教期间，我又与人合译了汤浅教授在我国台湾地区出版的第二本专著(《中国出土文献研究——上博楚简与银雀山汉简》，台湾花木兰文化出版社，2012年)。与此同时，我还陆续翻译了汤浅教授所主持的中国出土文献研究会中其他老师的相关论文及著作(算来包括合译在内已翻译两本专著以及十数篇论文)。除论文翻译之外，从2007年以来，研究会每年一度的暑期中国实地考察活动我也大都参与，并每每获得阅览竹简原物的宝贵机会。这些珍贵的机会不但加深了我对竹简的理解，而且对翻译本身也极有帮助。

汤浅教授从20世纪80年代中期便开始关注中国新出土的竹简资料，并在日本学界率先将出土竹简新资料的解读成果运用到中国古代思想史的研究当中。后随郭店楚简的公开，于1998年组织成立了“郭店楚简研究会”(2001年随上博楚简的公开，改为“战国楚简研究会”，又随清华简、北大简以及岳麓书院秦简的公开，改名为现在的“中国出土文献研究会”)，现在，该研究会已经发展为日本国内最为活跃的中国出土文献研究团体，并以《中国研究集刊》这一学术刊物为阵营发表了大量有价值的新出土文献方面的论文。正鉴于此，汤浅教授被收入北京大学日本校友会编著的《日中百人传》(日本白帝社出版,2013年)，并被评价为“战国楚简研究的日本人先驱”。

作为日本国内的战国楚简研究的领军人物，汤浅教授不但在日本国内著述颇丰，还以过人的精力频繁参加国际学术会议，积极发表中文论文，近年先后有两部中文专著问世。但是，由于两部专著均在我国台湾地区出版，而其余论文也都分散在各类专业学术刊物之中，因此对于中国大陆的读者而言，难得一窥其学术体系之全豹。而本书作为汤浅教授在中国大陆出版的首部专著，涵盖了汤浅教授从2006至2013年的有关出土文献方面的重要论著，较为完整地展现了近年来汤浅教授竹简研究的精华，相信一定可以满足读者此方面的需求。

在翻译本书之际，基本上坚持了以下两个原则：第一是最大限度忠实于原著；第二个原则，是既要面向专家学者，也要面向一般读者。对于第一个原则，首先便是力求准确完整表达原文含义。尤其是专业术语的表达，力求与中文一致。第二个原则，其实也是汤浅教授一贯的主张。汤浅教授的文章，一向极为简洁明快，语言的韵律感较强，且整体上深入浅出，尤擅长以大量例证说理，论证丝丝入扣，极具可读性。因此，在译文中也尽量保持了原著简明平易的语言风格。

另外，本书第二部分的第一、三、四、六章，原已有刁小龙先生译本（汤浅邦弘著《中国出土文献研究》第二部分第五章至第八章，台湾万卷楼出版社，2012 年），此次在整体重译之际，对原译文多有参考，且获益良多，特此铭记。

我衷心希望此译本有助于读者了解汤浅教授学问之一隅，了解日本的竹简研究现状，并以此为中日两国的学术交流尽一份微薄之力。

白雨田

2016 年仲夏于日本冈山赤磐